Herzensunterweisungen eines Mahāmudrā-Meisters

Gendün Rinpoche

Herzensunterweisungen eines Mahāmudrā-Meisters

NORBU VERLAG

Bibliographische Information der Deutschen Bibliothek
Die Deutsche Bibliothek verzeichnet diese Publikation in der Deutschen Nationalbibliografie; detaillierte bibliografische Daten sind im Internet über http://dnb.ddb.de abrufbar

ISBN: 978-3-944885-38-4

5. Auflage 2024

Norbu Verlag
in der Ekayana gGmbH
www.norbu-verlag.de

Die Texte in den Herzensunterweisungen wurden von Öser Bünker und Tilmann Lhündrup zusammengetragen und von Tilmann Lhündrup weiter bearbeitet und herausgebracht. Die Zusammenstellung entspricht den Wünschen von Gendün Rinpotsche, die er noch zu Lebzeiten geäußert hat und die damals zum Veröffentlichen einer, inzwischen vergriffenen, französischen Vorversion dieses Werkes führte.

Umschlaggestaltung und Satz: Friederike Schütt
Zeichnungen: Pierre Chauvet
Druck: Steinmeier GmbH & Co.KG, Deiningen

Gedruckt auf alterungsbeständigem, säurefreiem Papier aus chlorfrei gebleichtem Zellstoff

Die Unterweisungen Buddhas zu lesen
oder anderen zur Verfügung zu stellen,
ist eine spirituelle Praxis.
Mögen die Buddhas durch diese Gabe erfreut sein
und ihren Segen gewähren.

Möge sich die hieraus entstehende positive Kraft
mit dem Strom all der heilsamen Handlungen verbinden,
die seit anfangslosen Zeiten
in unzähligen Welten ausgeführt wurden,
und möge diese gesamte Energie
der Erleuchtung aller Wesen gewidmet sein.

Inhaltsübersicht

Einführung

In diesem Buch stellen wir Ihnen die Lehren von Lama Gendün Rinpotsche, einem Meister der Kagyü-Tradition des tibetischen Buddhismus vor. Seine Unterweisungen zeigen uns den Weg bis hin zum vollständigen Erwachen, beginnend mit grundlegenden Unterweisungen. Lama Gendün, wie wir ihn einfach nannten, brachte die Lehren Buddhas in unser Leben, das von der westlichen Kultur geprägt ist. Dabei unterwies er uns nicht nur durch Worte, sondern zeigte vor allem als lebendes Vorbild den Weg des Erwachens, der jenseits aller philosophischen Vorstellungen führt. In seinen klaren Worten begegnet uns sein klares, reines Wesen; seine einfachen Sätze haben die Kraft, ein Leben zu verändern. Manchmal hob er beim Unterrichten spontan an, in Versen zu sprechen oder gar singend der befreienden Wahrheit Ausdruck zu verleihen. Fünf dieser kleinen, spontanen Gesänge haben wir in diesem Buch festgehalten. Im Buddhismus gehört es dazu, dass erwachte Meister die Qualitäten des Erwachens gelegentlich in solchen Gesängen oder Gedichten ausdrücken. Als spontaner Ausdruck des offenen Geistes laden sie uns ein, den Geist in diese Öffnung hineingleiten zu lassen.

Diese Einführung gibt eine Anleitung für den Weg zur Befreiung, einfach, tief und umfassend. So einfach sie auch erscheinen mögen, sind diese Unterweisungen doch Ausdruck einer tiefgründigen Schau der buddhistischen Lehre, so wie sie in den Sutras des Großen Fahrzeuges (z.B. im *Samādhirāja-Sutra*) und in den großen Kommentaren gelehrt wird (z.B. im *Uttāratantra-Śāstra*). Sie dürfen als repräsentativ für die Herangehensweise der Kagyü-Tradition des tibetischen Buddhismus gelten. Es sind Hinweise zur Praxis mit allen Aspekten unseres Lebens, die uns vermutlich sehr herausfordern werden, aber dann auch reiche Frucht bewirken. Wie solch eine Frucht ausschauen kann, dafür ist das Leben von Gendün Rinpotsche ein besonders inspirierendes Beispiel.

Um den Weg des Erwachens zu gehen, gibt es nichts Besseres, als persönlich einem Meister oder einer Meisterin zu begegnen, die uns den Weg mit anschaulichen, leicht verständlichen Worten erklären und ihn uns Schritt für Schritt zeigen. Die vorliegenden Unterweisungen sind das Dokument solcher Begegnungen eines buddhistischen Meditationsmeisters aus Tibet mit westlichen Schülerinnen und Schülern.

In der buddhistischen Überlieferung wird die Essenz der Übertragung vom spirituellen Meister oder der spirituellen Meisterin verkörpert. Wir können die Übertragung deshalb nicht nur in den Texten suchen, sondern uns auf die lebendige Beziehung mit solchen Lehrenden einlassen. Seit Buddhas Erscheinen, rund 500 Jahre vor unserer Zeitrechnung, hat sich diese Form der mündlichen Übertragung von Lehrern zu Schülern und Schülerinnen bis heute ohne Unterbrechung fortgesetzt. Lama Gendün Rinpotsche[1] war ein Erbe dieser langen Tradition der Übermittlung von Erkenntnis und spiritueller Praxis. Er war einer der herausragenden Yogis jener Generation, die noch im alten Tibet aufwachsen und in den Höhlen des Himalajas praktizieren konnte. Bevor er von seinem Lehrer nach Frankreich entsandt wurde, hatte er in Tibet und Indien dreißig Jahre lang in Zurückgezogenheit meditiert und

---

1 Anmerkung zur Schreibweise: Auf der Titelseite schreiben wir auf die englische Art »Rinpoche«, weil Gendün Rinpotsches Name in früheren Werken so geschrieben wurde. Ansonsten folgen wir einer deutschen Umschrift der tibetischen Worte. Sanskrit-Ausdrücke werden in der geläufigeren englischen Schreibweise wiedergegeben.

nach Aussagen anderer Meister (wie der 16. Gyalwa Karmapa, Düdjom Rinpotsche und Dilgo Khyentse Rinpotsche) vollkommene Verwirklichung erlangt. Von 1975 bis zu seinem Tod 1997 lebte er in Frankreich und unterrichtete in vielen Ländern Europas. Alles, was Gendün Rinpotsche lehrte, hatte er selbst zutiefst verwirklicht. Als vorbildlicher Mönch, vollkommener Bodhisattva und verwirklichter Yogi wendet er sich in seinen Unterweisungen an Menschen aus allen Lebensbereichen. Er betont dabei, wie notwendig es für alle Praktizierenden ist, das Herz zu öffnen, Mitgefühl und Hingabe zu entwickeln sowie tiefes Entspannen und das Loslassen aller Ichbezogenheit zu üben.

Leider kann dieses Buch nur seine Worte wiedergeben und nicht seinen überraschend aufblitzenden Humor, sein freies Lachen, seinen unnachahmlich abwechslungsreichen Tonfall, seine treffsichere Mimik, die fließenden, vollendeten Gesten seiner Hände und auch nicht die Liebe, die aus seinen Augen strahlte. Doch seine Worte erleichtern uns – heute, wie zu seinen Lebzeiten – den Zugang zum Wesenskern der Lehre des Erwachens. Er lehrte nur das, was für uns auf dem Erleuchtungsweg wirklich wichtig ist. Seine Worte sind einfach und tiefgründig zugleich. Sie kommen unmittelbar aus dem Herzen, aus dem reichen Schatz seiner persönlichen Erfahrung.

In der vorliegenden Zusammenstellung von Unterweisungen erläutert Gendün Rinpotsche die Grundlagen spiritueller Praxis. Er spricht über das Eintreten in die Zuflucht und macht uns damit vertraut, wie wir den Erleuchtungsgeist hervorbringen können, denn nur auf dieser Basis werden Erklärungen zur Natur des Geistes und zur Mahāmudrā-Meditation wirklich auf fruchtbaren Boden fallen. Gendün Rinpotsche geht auf viele Schwierigkeiten ein, denen wir auf dem Weg begegnen können. Er beschreibt unsere emotionalen Mechanismen und erklärt, wie wir uns von ihnen befreien können. Abschließend erläutert er uns, wie wir unser Leben nutzen können, um uns auf den Tod vorzubereiten – schon jetzt, wo wir ihn noch fern wähnen mögen. Auf diese Weise werden die Lesenden durch einen Zyklus von Unterweisungen geführt, wie er von Gendün Rinpotsche oft gegeben wurde. Wir erfahren, wie wir – den Fußstapfen der großen buddhistischen Meister folgend – Mitgefühl, Hingabe und tiefe Meditation entwickeln können. Wir lernen, mit den Energien unseres Geistes zu arbeiten und die Weisheit hervorzubringen, die unser Leben von Grund auf verändert.

Nur intensive Meditationspraxis ermöglicht es uns, die Schleier mangelnden Gewahrseins zu durchdringen und die Natur des Geistes und aller Erscheinungsformen zu erkennen. Wenn wir uns dabei von den mündlichen Unterweisungen eines erfahrenen Meisters führen lassen, gelangen wir ohne große Schwierigkeiten und Umwege schnell zu einem persönlichen, direkten Verständnis der Lehre Buddhas. Die enge Beziehung zwischen Lehrenden und Schülern setzt sich fort, bis die Schüler die direkte, zweifelsfreie Einsicht in die Natur des Geistes erlangt haben. Verwirklichte Schüler werden so zu Lehrern und geben dann ihrerseits die Unterweisungen weiter. Durch diese Form der Übertragung blieb die ursprüngliche Verwirklichung des Erwachens, die der historische Buddha *Śākyamuni* unter dem Bodhibaum erfuhr, bis heute lebendig.

Dieses Buch gibt eine Einführung in den Weg spiritueller Praxis, wie ihn der Buddha gelehrt hat. Wenn Gendün Rinpotsche lehrte, entstand bei den Anwesenden oft das Gefühl, der historische Buddha selbst würde aus seinem Mund sprechen. Eine schriftliche Zusammenstellung seiner Unterweisungen kann aber nicht mehr als die äußere Form dieser überaus lebendigen Übertragung wiedergeben. Ihr voller Gehalt wird sich erst durch einfühlendes, vertiefendes Kontemplieren und Meditieren sowie durch den Kontakt mit Lehrenden erschließen. Den größten Nutzen werden wir aus diesem Buch ziehen, wenn wir immer wieder innehalten, um das Gelesene tief auf uns wirken zu lassen und es zu unseren Gedanken und Erfahrungen in Beziehung setzen. Die eigentliche Bedeutung der Erläuterungen eröffnet sich uns jedoch erst durch persönliche Meditationspraxis. *Gom*, das tibetische Wort für Meditieren, bedeutet *sich üben*, sich an eine Praxis oder Sicht *gewöhnen*, d.h. sich immer wieder mit ihr befassen, bis sich uns ihre wahre Bedeutung enthüllt.

Der vorliegende Text wurde aus öffentlichen Unterweisungen Gendün Rinpotsches der Jahre 1990 bis 1997 in Dhagpo Kagyü Ling (Dordogne) sowie aus Gesprächen mit Praktizierenden in Dhagpo Kündröl Ling (Auvergne) zusammengestellt.

Beim Zusammenstellen der Texte war es ein Anliegen, den natürlichen Fluss der Unterweisungen zu erhalten und es wurden deshalb nur wenige Überschriften eingefügt. Um einzelne Passagen aber leichter auffinden zu können, wurde ein ausführlicher Index angehängt. Des Weiteren wurden im laufenden Text einzelne Sätze hervorgehoben, die den Inhalt der betreffenden Passage zusammenfassen oder besonders charakteristisch für Gendün Rinpotsche sind. Auch gehörte es zu seinem Unterrichtsstil, ein Thema mehrfach von verschiedenen Seiten zu beleuchten. Gelegentliche Wiederholungen ähnlicher Inhalte sind von daher durchaus beabsichtigt.

Rinpotsches Worte sind klar und leicht verständlich. Doch trotz oder gerade wegen ihrer Einfachheit brauchen wir die Führung durch qualifizierte Lehrende, um sie wirklich korrekt anzuwenden und so tiefe Erkenntnis in unserem Geist freizulegen. Wer weitere Anregungen sucht, um auf seinem Weg voranzukommen, ist deshalb herzlich eingeladen, Kontakt mit Lehrenden und Gruppen aufzunehmen, die sich durch die Aktivität von Gendün Rinpotsche gebildet haben. Kontaktadressen finden sich am Ende des Buches. Ausführlichere Erklärungen zu den im Text verwendeten Dharma-Begriffen finden die interessierten Lesenden im Grundlagenwerk *Der Kostbare Schmuck der Befreiung* von *Gampopa*, dessen Studium Gendün Rinpotsche allen Praktizierenden sehr ans Herz legte.

Allen, die am Erscheinen dieser *Herzensunterweisungen eines Mahāmudrā-Meisters* mitgewirkt haben, sei an dieser Stelle herzlich gedankt, insbesondere den persönlichen Übersetzern und Übersetzerinnen von Gendün Rinpotsche.

Vorwort zur fünften Auflage

In der vorliegenden Auflage wurden, mit der dankenswerten Hilfe von Ruth Groth, einige sprachliche Verbesserungen vorgenommen. Unnötige Imperative, die im Tibetischen eher als guter Rat gemeint sind, wurden durch einladendere Formulierungen ersetzt. Für einseitig männliche Worte, wie Meister, Lehrer, Schüler und dergleichen, benutzen wir gelegentlich Begriffe, die beide Geschlechter erfassen, so wie im Tibetischen. »Leerheit« wurde an manchen Stellen durch »leere Natur« ersetzt und unnötig bewertende Worte durch Ausdrücke, die den kausalen Zusammenhang aufzeigen, wie »heilsam« statt »positiv« und »nichtheilsam« oder »schädlich« statt »negativ«. »Wesen« wurde vielfach durch »Lebewesen« ersetzt und vergegenständlichende Substantive durch substantivierte Verben, wie »Gedanken« durch »Denken«, welche die Prozesshaftigkeit besser ausdrücken und zudem näher am Tibetischen sind. Und nebenbei haben wir auch die Sanskrit-Ausdrücke korrekter geschrieben. Ansonsten ist alles gleichgeblieben.

Besondere Freude macht uns, dass wir auch die Zeichnungen von Gendün Rinpotsche, die der französische Künstler Pierre Chauvet uns vermacht hat, in den Text integrieren konnten. Sie ermöglichen uns, uns tief mit dem Wesen von Rinpotsche zu verbinden.

Viele Freude beim Lesen!

Tilmann Lhündrup
Auvergne, im Sommer 1999 und
Raitenbuch, im Sommer 2024 (5. Auflage)

Gendün Rinpotsche ist wie Milarepa:
Er hat in diesem Leben die Ebene
von Dordje Tschang[2] *erreicht.*

Der 16. Gyalwa Karmapa[3]

---

2 Die Stufe der Verwirklichung von Buddha *Dordje Tschang* ist das Erkennen der höchsten Wahrheit frei von sämtlichen Schleiern, so wie sie auch der berühmte tibetische Yogi *Milarepa* verwirklicht hatte. Dordje Tschang, auch *Vajradhara* genannt, ist Symbol der Quelle erleuchteter Unterweisungen und des Geistes aller Buddhas.

3 Der *Sechzehnte Gyalwa Karmapa* war bis zu seinem Tod im Jahre 1981 das Oberhaupt der Karma Kagyü Linie des tibetischen Buddhismus. Als Wurzellama von Gendün Rinpotsche beauftragte er ihn, in Europa zu lehren.

Gendün Rinpotsche: Sein Leben und Wirken

Mögen diese Einblicke
in das Leben eines erwachten Meisters
viele Menschen auf ihrem Weg inspirieren!

Sehr selten nur erzählte Gendün Rinpotsche aus seinem Leben. Gewöhnlich winkte er ab, wenn wir ihn danach fragten, und sagte dann zum Beispiel Folgendes:

»Ich wurde von meiner Mutter geboren.
Dann wurde ich ein Kind.
Dann wurde ich ein Mann.
Dann wurde ich alt.
Und jetzt bin ich hier.« (Lachen)

»Ich habe keine Lebensgeschichte.
Ich habe nur Tee getrunken
und Tsampa[4] *gegessen.*
Das ist alles.«

---

4 *Tsampa* ist Mehl aus gerösteter Gerste. Es wird mit heißem Buttertee angerührt und stellt die Hauptnahrung der Menschen in Tibet dar.

Doch einige Male erzählte er mehr. Und auch Lama Garwang, der in Holland lebte und Gendün Rinpotsche noch aus Tibet kannte und mit ihm auf der Flucht war, hat uns einiges über ihn erzählt.

Die frühe Kindheit

Lama Gendün Rinpotsche wurde 1918, im tibetischen Jahr des Erdpferdes bei Singka Dsong, der »Festung der Klarheit« auf 5000 Metern Höhe in der Provinz Nangtschen in Kham, Osttibet, geboren. Die Bewohner von Kham waren in Tibet bekannt für ihren Mut und ihre aufrechte Lebenshaltung und viele von ihnen schlugen den Weg der Yogis ein, die sich intensiv der Meditation widmeten. So wird auch der stets von Schnee bedeckte Berggipfel über Lama Gendüns Geburtsort von den Tibetern als heiliger Platz verehrt, denn dort soll unter außergewöhnlichen Bedingungen der Asket Sangyä Yerpa zur Welt gekommen sein. Die Überlieferung erzählt, dieser Yogi sei dann von einer Dzo (einer Yak-Kuh) mit Milch aufgezogen worden. Später meditierte er in einer Höhle des Berges und erlangte vollkommenes Erwachen. Auf der Seite eines Felsens ist noch heute ein spontan im Stein erschienenes Dharma-Rad[5] zu sehen, das von seiner Verwirklichung zeugt.

Gendün Rinpotsches Eltern waren »weder arm noch reich«. Sein Vater Mongdje Dargyä meißelte als Bildhauer Mantras in Holz und Stein, einschließlich riesiger Mantras auf Felswänden. Seine Mutter hieß Gadoma. Von frühester Kindheit an hatte der Sohn tiefe Sehnsucht nach dem Weg der Yogis. Während der Sommermonate, wenn die Familie ihre Herden auf die Weiden führte, lebten alle in einem großen Zelt. Das Lieblingsspiel des kleinen Jungen war, sich etwas abseits eine

5 Ein *Dharma-Rad* besteht aus acht Speichen, der Radnabe und dem äußeren Ring. Es steht für die Lehre Buddhas vom edlen achtfachen Pfad, dessen Quelle die eine Wahrheit der Befreiung von allem Anhaften ist und der alle Wesen und Phänomene umfasst.

Hütte aus belaubten Zweigen zu bauen, in der er sich in Meditationshaltung hinsetzte und verkündete: »Ich bin ein Einsiedler.« Er baute sich einen Sitz aus Erde, füllte eine Vase mit Wasser, fügte verschiedene Substanzen hinzu, setzte sich auf seinen improvisierten Thron und gab Ermächtigungen, zu denen er Gebete rezitierte. Über diesen Lebensabschnitt erzählt Rinpotsche:

»Obwohl ich damals noch keinerlei religiöse Erziehung erhalten hatte, sehnte sich mein Geist schon nach dem heiligen Dharma. Bereits mit vier Jahren wünschte ich mir, einen Lama zu finden und den Dharma (die Lehren Buddhas) zu praktizieren. Ich erinnere mich an nächtelanges Weinen wegen des Leidens der Lebewesen in den Höllenbereichen und meiner Unfähigkeit, ihnen zu helfen. So betete ich sehr intensiv dafür, einem spirituellen Meister zu begegnen. Ich betrachtete genau das Leben meiner Eltern, die einfache und aufrichtige Leute waren. Da ich sah, dass die Belange dieses Lebens sie ganz und gar in Anspruch nahmen, sagte ich mir: »Alle weltlichen Aktivitäten sind nutzlos und ohne Bestand. Worin besteht ihr Nutzen zur Zeit des Todes? Ein gewöhnliches Leben bringt nichts Gutes hervor, es kann nur zu Leid führen.« Ich dachte eingehend über das Leiden nach, welche Lebewesen in ihren höllischen Qualen und auch im Bereich der hungrigen Geister[6] zu ertragen haben, und ich verstand, dass ihr

---

6 Nach Aussagen erleuchteter Meister wie Gendün Rinpotsche, die diese Bereiche sehen können, gibt es nicht nur den Menschen- und Tierbereich, sondern darüber hinaus auch Daseinsbereiche von größerem bzw. geringerem Leid. Alle diese Daseinsbereiche entstehen aufgrund des Haftens an der Illusion eines Ichs. Das größte Leid wird in den *Höllenbereichen* erfahren, wo die Wesen in den Projektionen von Hass, Verfolgungswahn, Folter und ständigem Kampf gefangen sind. Etwas geringer, aber immer noch unvorstellbar groß, ist das Leid im *Bereich der hungrigen Geister*, wo die Wesen unter ständigem Hunger und Durst leiden, weil sie keine Nahrung zu sich nehmen können, sei es aus Ekel, aus Angst oder weil die Nahrung sie innerlich verbrennt. Auch die Tiere haben viele Formen intensiven Leides zu ertragen. In den Bereichen geringeren Leides finden sich die Götter, Halbgötter und Menschen.

Zustand das Ergebnis früherer Leben war, in denen sie sich ausschließlich mit weltlichen Angelegenheiten beschäftigt hatten. Ich empfand tiefes Bedauern und großes Mitgefühl für ihr Elend und befürchtete, auch meine Eltern werde zur Zeit ihres Todes ein ähnliches Schicksal ereilen. Durch dieses intensive Nachdenken wandte sich mein Geist für immer von weltlichen Dingen ab.

Mein Vater versuchte immer wieder, mir sein Handwerk als Steinmetz beizubringen, aber all seine Mühe war vergebens. Mir gelang es einfach nicht, mit dem Werkzeug geschickt umzugehen. Meine Eltern waren um meine Zukunft besorgt. Schließlich gaben sie meiner wiederholten Bitte nach, einen Meister ausfindig zu machen, von dem ich den heiligen Dharma lernen könnte. Sie entschlossen sich, mich in das nahe gelegene Kloster von Khyodrag (»Felsen des Überdrusses«) zu bringen, wo ich eine spirituelle Erziehung und zugleich auch alles andere für meinen Lebensunterhalt erhielt. Das Wort ›Felsen‹ (drag) bedeutet hier ›Stärke‹ und weist auf die große Freude hin, die aus einem intensiven Vertrauen in die Belehrungen entsteht.«

Erste Klosterjahre: 1925 bis 1939

So begann Gendün Rinpotsche mit sieben Jahren seine Lehrzeit als kleiner Novize (allerdings noch ohne Gelübde) im Kloster Khyodrag der Bharam-Kagyü-Linie. Er lebte sehr einfach und befolgte in allem die Regeln der Klostergemeinschaft. Schon bald wurde er aufgrund seiner vorbehaltlosen Bereitschaft, anderen zu helfen und alles mit ihnen zu teilen, für viele ein Vorbild. Doch er interessierte sich wenig für die traditionellen Aktivitäten der Mönche, die aus Lektüre und Rezitation von Texten, Herstellen von Tormas, rituellen Tänzen und anderen formellen Studien bestanden. Anders als die übrigen Mönche wollte er vor allem meditieren und, um dies zu lernen, verbrachte er seine jungen Jahre zu Füßen der großen Meister im Kloster. Er sehnte sich zutiefst nach der Praxis des Vajrayāna[7] mit seinen besonders intensiven Methoden geistiger Verwirklichung. Über diese Zeit der Ausbildung erzählt Rinpotsche:

»Im Alter von sieben bis dreizehn Jahren widmete ich meine Zeit dem Studium von Dharmatexten. Danach begann ich, das Gelernte durch Meditation in die Praxis umzusetzen. Meine erste Zurückziehung in vollständiger Abgeschiedenheit machte ich im Alter von dreizehn Jahren in einem Haus, sie dauerte aber nur einen Monat. Die nächsten Klausuren erstreckten sich über mehrere Monate: die zweite war in einer Höhle in einem Berghang, die dritte in einer Höhle unter der Erde und die vierte in einer kegelförmigen Holzhütte.

Ich war 15 oder 16 Jahre alt, als der 16. Gyalwa Karmapa Rangjung Rigpe Dordje, das Oberhaupt der Karma Kagyü Linie, unser Kloster besuchte. Er war damals noch ein kleines Kind und wurde vom letzten Situ Rinpotsche Pema Wangtschog begleitet. Der Karmapa blieb drei Tage bei uns und gewährte uns auch eine Kronzeremonie, die er allerdings mit der kleinen schwarzen Krone gab, da er die große nicht dabei hatte, die noch zu schwer war. Außerdem gab er uns eine Tschenresig-Ermächtigung. Damals wurde mir klar, dass der Karmapa mein eigentlicher Wurzellama war.

Mit siebzehn Jahren erhielt ich dann in einer Zeremonie zunächst die Laiengelübde und dann die Getsül- und Gelong-Gelübde eines Mönches. Normalerweise muss man mindestens 21 Jahre alt sein, um die vollständige Mönchsordination zu erhalten, aber meine Eltern

---

7 *Vajrayāna*, auch Diamantenes Fahrzeug, Geheimes Mantra oder Mantrayāna genannt, ist eine Form buddhistischer Praxis im *Mahāyāna*, dem Großen Fahrzeug und baut auf Entsagung, Mitgefühl und Hingabe auf. Dabei wird durch Segensübertragung, Gebete, Visualisationen, Mantras und körperliche Übungen die Buddhanatur freigelegt. Mit Hilfe des Meisters findet der Schüler schrittweise durch tägliche Praxis in die erleuchtete Sicht und Aktivität eines Buddhas hinein.

›liehen‹ mir jeder zwei Jahre und so war ich in der Lage, die Gelübde früher zu nehmen.«

Frage: »Hattest du in den Jahren als junger Mann viele Hindernisse und Ablenkungen beim Meditieren?« Rinpotsche: »Nein, denn ich hatte Unterweisungen erhalten, durch die ich verstand, dass alles eine Manifestation des Geistes ist.« – »Bist du denn später im Verlauf deiner Praxis vielen Hindernissen begegnet?« – »Nein, denn da ich mir keine großen Fähigkeiten zuschrieb, habe ich die Dinge sich natürlich entwickeln lassen und hatte nie Hindernisse.«

Einmal erzählte Rinpotsche seinen Retreat-Schülern und -Schülerinnen etwas mehr über sein Kloster: »Die Geschichte unseres Klosters begann mit einem Koch namens Bharam Dharma Wangtschuk, der für einige Zeit der Klausurkoch des großen Meisters Gampopa[8] gewesen war. Aber schon nach drei Jahren sagte Gampopa zu seinem Koch, er habe nun dieselbe Verwirklichung erreicht wie er selbst und er könne den Dharma jetzt in aller Freiheit unterrichten, wo es ihm beliebe. So zog Dharma Wangtschuk von dannen und begann, Schüler um sich zu sammeln. Dies war der Anfang der Bharam-Kagyü-Linie, zu der mein Kloster gehörte. Sie ist eine der vier Kagyü-Schulen, die auf Gampopas direkte Schüler zurückgehen. Der Koch hatte dank seiner grenzenlosen Hingabe an Gampopa nicht nur selbst Befreiung erlangt, sondern auch die Fähigkeit, anderen den Weg zur Erleuchtung zu zeigen.« Zu seiner Linie gehörte später auch der Lehrer von Trungmase, dem ersten Trungpa Rinpotsche, der das Kloster von Surmang gründete.

Lama Gendün fährt fort: »Es gibt eine Sammlung der Lebensgeschichten von dreizehn hoch verwirklichten Meistern unserer Linie, die in meinem Kloster und den umliegenden Höhlen lebten. Sie waren sehr berühmt, weil sie sich durch die Luft fortbewegen konnten und in Höhlen lebten, die für Menschen zu Fuß nicht erreichbar waren.

---

8 *Gampopa* (1079-1153) war ein großer tibetischer Yogi, von dem die verschiedenen Linien der Kagyü-Schule ihren Ausgang nahmen. Unter seinen Hauptschülern war auch der Erste Karmapa.

Sie hatten weder Angst vor den Schneeleoparden und Bären noch vor der Eiseskälte. Gelegentlich kamen sie gemeinsam für Festrituale ins Kloster hinuntergeflogen. Einmal flog einer dieser Lamas etwas langsamer als die anderen und entschuldigte sich, er habe morgens etwas viel Gerstensuppe gegessen! Der Felsen, von dem sie starteten und wo sie ihre Fußabdrücke im Stein hinterließen, ist heute noch zu sehen.

In unserem Kloster lebten nicht ständig Mönche; meistens war es ziemlich leer, denn nur wenige Lamas blieben das Jahr über dort, während alle anderen in Höhlen und Holzhütten in den Bergen praktizierten. Sie alle trugen, auch im Winter, als einzige Kleidung das weiße Baumwolltuch der Yogis. Nur zu besonderen Anlässen, für wichtige Rituale, trafen sie sich im Kloster. Wenn alle zusammenkamen, waren es etwa 600 bis 700 Mönche, doch für gewöhnlich waren nicht einmal hundert Yogis anwesend. Es gab das kleine Mutterkloster, ein deutlich größeres Tochterkloster und vier Retreat-Zentren für Gruppenklausuren. In jeder dieser Klausurgruppen gab es ein, zwei oder auch drei herausragende Praktizierende. Eines dieser Zentren war dem kontinuierlichen Rezitieren des Mantras OM MANI PADME HUNG vom Buddha des Mitgefühls gewidmet, ein zweites diente den Übertragungen der Bharam-Kagyü-Linie, das dritte war der Karma-Kagyü-Linie gewidmet und dann gab es noch ein viertes. Der Unterschied zwischen diesen beiden Kagyü-Linien ist sehr gering, beide gehen auf Schüler von Gampopa zurück und die Unterschiede ergaben sich vorwiegend aus unterschiedlichen Betonungen in der mündlichen Übertragung und geringfügig anderen Ritualen. Das Besondere der Bharam-Kagyü-Linie sind die Unterweisungen zu Mahāmudrā und den Sechs Dharmas von Naropa, welche die Lamas in Visionen von Ḍākinīs erhalten hatten. Zum Beispiel darüber, wie Gedanken als die Natur der Dinge (*Dharmata*) und die Unwissenheit als erhellende Klarheit erkannt werden können und wie die Meditation auf einen Jidam mit der Praxis des Illusorischen Körpers zu verbinden ist. Auch gab es besondere Instruktionen für das Übertragen des Bewusstseins im Tod (*Phowa*). Aber insgesamt sind da keine großen Unterschiede. Zuerst praktizierte ich in der Bharam-Kagyü-Linie und jetzt unterrichte ich – wie mein Wurzellama, der Gyalwa Karmapa – die Karma-Kagyü-Linie.«

Einmal erklärte Rinpotsche einem Schüler auf die Frage nach der Bedeutung des Hutes mit mehreren Spitzen, den er stets bei Ermächtigungen trug, und erzählte ein wenig über die Heiligtümer seines Klosters: »Die Form dieses Hutes geht auf Maitrīpa zurück, den großen Mahāmudrā-Yogi und Lehrer von Naropa und Marpa. Maitrīpa war ein Prinz und eigentlich war dieser Hut das Zeichen seiner Familienlinie. Doch durch ihn wurde es zum Zeichen der Mahāmudrā-Übertragung. Er gab seinen Hut an Marpa weiter, dieser gab ihn an Milarepa als Zeichen von dessen Verwirklichung der Praxis der subtilen Energien und Kanäle. Milarepa gab ihn an Gampopa als dem wichtigsten Mahāmudrā-Linienhalter und von ihm wurde der Hut in die Bharam-Kagyü-Linie weitergegeben, vermutlich über seinen Koch Bharam Dharma Wangtschuk und dessen Hauptschüler, dem Yogi Detschen Repa, der sehr berühmt war, weil er manchmal unsichtbar wurde. Andere Male konnten ihn einige seiner Schüler sehen, aber andere nicht, und manchmal war er strahlendes Regenbogenlicht. Er war unglaublich aktiv und gründete insgesamt achtzehn Klöster. Durch ihn kam der Hut in unser Bharam-Kagyü-Kloster, wo er in einer großen, versiegelten Kiste aufbewahrt wurde. Ich konnte ihn nur einmal sehen und durch die schützende weiße Seide hindurch berühren, als er in unser Klausurzentrum gebracht wurde. Nach seinem Vorbild sollten wir uns ebenfalls solche Hüte machen, da sie das Zeichen aller autorisierten Lamas in unserem Kloster waren.

Es gab noch mehr Heiligtümer in unserem Kloster, aber sie gingen vermutlich verloren, als das Kloster zerstört wurde. Darunter war eine Ḍākinī-Statue, die spontan aus einem Klumpen Lehm in Naropas Hand entstanden war und dann über seiner Hand in der Luft schwebte. Es gab auch Reliquien von Nagarjuna, die einmal von visionären Ḍākinīs

gebracht worden waren, als die Lamas intensiv praktizierten und Gebete an Mañjuśrī richteten. Es wurden auch Gegenstände von vielen verwirklichten Meistern der Umgegend aufbewahrt, zum Beispiel eine Tasse und andere Gegenstände vom Vater einer armen Familie, der mit seinen sieben oder acht Kindern in den Felsen auf der anderen Seite des Flusses lebte. Immer, wenn Bettler zu ihm kamen, nahm er ein klein wenig geröstetes Gerstenmehl, vervielfältigte es und gab ihnen davon. Bei seinem Tod manifestierte er den Regenbogenkörper und ebenso seine Frau und seine Kinder.

Als der Tertön (Finder von Geistesschätzen) Tschögyal Dordje eine Ansammlung von 100.000 Festopfern ausführte, zeigte sich Guru Rinpotsche am Himmel und ließ eine Statue in seinen Schoß fallen, die ebenfalls bei uns im Kloster blieb. Dieser Tertön zählte seine Ansammlung des Rituals der Einfachheit halber, indem er mit seinen Fingern Abdrücke in den Felsen machte.« (Rinpotsche lacht)

Die Jahre zurückgezogener Praxis in Khyodrag: 1939 bis 1953

Lama Gendün begann im Jahr 1939 mit 21 Jahren die traditionelle Gruppen-Klausur von drei Jahren, drei Monaten und drei Tagen. Das Klausurzentrum seines Klosters lag etwas oberhalb des Klosters seiner Lamas. Mit unerschütterlichem Vertrauen und tiefer Hingabe und konnte er die Übertragungen der Lamas vollkommen in sich aufnehmen und so wurde sein Geist vollständig von ihrem erwachten Geist durchtränkt. Er praktizierte die Sechs Dharmas von Naropa und meisterte die Praxis der subtilen Kanäle und Winde. Von da an trug er wie die Yogis früherer Generationen nur noch ein einfaches Baumwolltuch und erlangte durch sein Verwirklichen des Yogas der inneren Wärme (*Tummo*) die Fähigkeit, Schnee und Eis zu schmelzen. Durch seine Körperwärme brachte er bereits im ersten Dreijahres-Retreat das Eis in seinen Opferschalen, das sich nachts bei vielen Grad minus gebildet hatte, zum Schmelzen. Auch wird berichtet, dass im dritten Winter seiner Zurückziehung kein Schnee mehr auf dem Dach über seiner Zelle und in drei Metern Umkreis um seine Tür herum liegen blieb. Selbst im tiefsten Winter lebte er ohne das geringste Feuer in seiner Zelle und verbreitete darin laut Aussagen anderer durch seine meditative Versenkung eine beständige Wärme. Er hatte weder Hunger noch Durst und nahm nur noch äußerst wenig zu sich. Er erlangte bereits in diesem ersten Retreat direkte und bleibende Kenntnis der subtilen geistigen Zustände und brachte viele tiefe Meditationserfahrungen hervor. Zurückblickend lässt er uns jedoch wissen:

»Am Ende dieser Zurückziehung dachte ich, ich hätte die Natur des Geistes verstanden. Zwanzig Jahre später aber sah ich, dass ich zu diesem Zeitpunkt absolut nichts verstanden hatte. Nach dieser Klausur verbrachte ich ein weiteres Jahr allein praktizierend im Klausurzentrum. Dann machte ich, es muss 1943/44 gewesen sein, eine einjährige Pilgerreise, auf der ich alle heiligen Orte Tibets besuchte. Diese Reise führte mich auch nach Tsurphu, dem Hauptsitz der Karma-Kagyü-Linie. Dort traf ich den 16. Gyalwa Karmapa wieder und nahm nochmals an einer Kronzeremonie teil. Von Zentraltibet reiste ich dann direkt in meine Heimat zurück nach Osttibet und verbrachte dort weitere sieben Jahre in Zurückgezogenheit.«

Während dieser erneuten Klausur im Kloster Khyodrag praktizierte er allein in strenger Abgeschiedenheit. Seine Tür blieb stets verschlossen; sein Koch hütete den Schlüssel zu seiner Zelle, die gerade so groß war, dass er darin Niederwerfungen und Yogaübungen machen konnte. Sie hatte nur ein winziges, mit Papier abgedichtetes Fenster. Für gewöhnlich stellte ihm der Koch das Essen nur vor seine Tür, ohne je ins Zimmer einzutreten. Rinpotsche erzählt, dass er während dieser Zeit nie mehr Nahrungsmittel zu sich in seine Zelle nahm, als er selbst für einen Tag brauchte. Alle darüber hinausgehenden Nahrungsmittel und Spenden, die ihm Besucher gelegentlich hinstellten, ließ er vor der Tür, damit andere Mönche sich davon nehmen konnten.

Er berichtet:
»Nach siebeneinhalb Jahren sagte mir mein damaliger Wurzellama Khenpo Mingyur, ein völlig verwirklichter Lama, der im Kloster lebte, dass ich die Tür öffnen, herauskommen und tun könne, was ich wolle, denn ich hätte einen Punkt erreicht, an dem es nicht länger nötig sei, im Retreat zu bleiben. Ich tat, wie mir geheißen. Daraufhin kamen viele Leute, um mich zu sehen und mir Fragen über den Dharma zu stellen. Dies bereitete mir einige Schwierigkeiten, da ich während langer Zeit niemanden gesehen hatte. Ich fand es schwer, mit so vielen Leuten zusammen zu sein, die mir so viele Fragen stellten. Dann verbrachte ich drei weitere Jahre in Zurückziehung, ebenfalls im Kloster, denn ich merkte, dass ich meine Praxis noch tiefer entwickeln musste, um anderen wirklich zu helfen.«

Nach insgesamt zehn Jahren Retreat im Kloster, besuchte ihn im Jahre 1953 Tulku Tenzin von Khyodrag, sein anderer Wurzellama. Dieser ließ die Tür zu seiner Zelle öffnen und sagte: »Es ist jetzt an der Zeit für dich hinauszugehen. Dein Anhaften an Gedanken hat sich spontan befreit. Deine Meditation ist vollendet, du hast Verwirklichung in der Praxis erlangt und es ist nicht länger nützlich, in Zurückgezogenheit zu bleiben. Du bist wahrhaftig zu einem ›Halter des Segens‹, einem wahren Vermittler unerschöpflicher Güte, geworden und kannst von nun an durch ein Leben unter den Menschen zum Wohl der Lebewesen wirken. Deine Verwirklichung ist unumstößlich. Du bist wie ein goldener Fels; dessen kannst du gewiss sein. Handle von jetzt ab nach deinem eigenen Ermessen.«

Trotz dieser Worte blieb Rinpotsche zunächst weiter im Retreat. Erst nach einem zweiten Besuch von Tenzin Rinpotsche und auf das nachdrückliche Drängen von Khenpo Mingyur befolgte er schließlich ihre Anweisungen und beendete die formelle Zurückziehung.

In den Bergen Tibets: 1953-1960

Lama Gendün erzählt, wie es weiter ging: »Dann kam der 16. Gyalwa Karmapa erneut zu uns nach Nangtschen. Es wurde ein großes Zelt aufgestellt und viele fuhren hin, um ihn zu sehen. Fast alle aus unserer Gemeinschaft, außer den Köchen, waren mit dabei. Zwei meiner Freunde aus der Gruppenklausur waren mit mir unterwegs und nach unserer Begegnung mit Karmapa zogen wir uns einige Jahre zur Meditation in die Berge zurück. Am Ende dieser Zeit hatte ich viele Träume und Zeichen, die mir sagten, dass die Zeit gekommen war, fortzugehen. Zusammen mit einem Mönch aus meinem Kloster, der ebenfalls lange in Zurückziehung praktiziert hatte, machte ich mich auf nach Zentraltibet. Wir zogen los, ohne irgendeine Vorstellung davon zu haben, wohin wir gehen würden. In Zentraltibet angekommen, zogen wir uns ein Jahr zum Praktizieren in eine Höhle zurück, die einst von Guru Rinpotsche (Padmasambhava) genutzt worden war. Dann machten wir eine Pilgerreise zu vielen heiligen Stätten in Tibet und Nepal, wo wir überall große Opfergaben darbrachten und kraftvolle Wunschgebete verrichteten.«

Danach zog Lama Gendün weiter alleine durch Tibet und praktizierte als Yogi der Mahāmudrā-Tschöd-Tradition. Als solcher akzeptierte er nicht einmal im Winter ein Dach über dem Kopf. Nachts zog er sich die Stiefel aus und setzte sich darauf, um im Schnee von unten her vor dem Auskühlen geschützt zu sein. Die Beine zog er an den Körper und kreuzte die Arme darüber. In dieser Meditationshaltung verbrachte er die Nacht. Er lebte nur von Almosen und trug keinerlei Vorräte bei sich. Nach einem Jahr der Wanderschaft setzte er seine Praxis in abgeschiedenen Höhlen fort, die durch große Verwirklichte der Vergangenheit wie Padmasambhava und Milarepa gesegnet waren. Dort erlangte Gendün Rinpotsche die Verwirklichung eines hohen Bodhisattvas.

Es ist anmaßend, die Qualitäten eines erwachten Menschen beurteilen zu wollen, doch alle, die Lama Gendün begegneten, empfanden offenbar schon damals die Kraft seines spirituellen Einflusses, seiner Güte und die warme Ausstrahlung seines Mitgefühls. Er wurde zudem bekannt für seine Fähigkeit, nichtmenschliche Lebewesen zum Dharma zu bringen - speziell auch solche Lebewesen, die traditionell »Übelstifter« genannt werden, weil sie vielerlei Arten von Ungleichgewicht provozieren, wie körperliche und geistige Krankheiten oder auch äußerliche schädliche Einflüsse und Hindernisse, unter denen Menschen leiden.

Einmal, als er im Winter in einer Höhle meditierte, kam ein Dieb und stahl sämtliche Vorräte an gerösteter Gerste, das Einzige, das er für den Rest des Winters hatte. Rinpotsche erlebte sich in dieser Situation als völlig frei von Ärger; er machte Gebete für den Dieb und setzte seine Praxis unbekümmert ohne Nahrung fort. Zwei Wochen später fand er einen Sack mit Mehl aus gerösteter Gerste vor seiner Höhle, den ihm ein unbekannter Spender gebracht hatte.

Wie Milarepa zog er von einer Gegend in die andere; seine Wanderschaft führte ihn durch ganz Tibet bis zum Berg Kailash, zum Teil begleitet von anderen Yogis. In manchen Höhlen meditierte er einige Monate, in anderen deutlich länger, in einer sogar mehrere Jahre. Sechs Monate praktizierte er an Guru Rinpotsches Meditationsplatz in Kongpo. Auf die Frage, warum er so viele Jahren in Höhlen meditiert habe, kauert Rinpotsche sich spielerisch zusammen wie ein kleiner Spatz, auf den sich ein Adler stürzt, und antwortet: »Weil ich große Angst vor dem Tod hatte und vor all dem, was auf uns zukommt, wenn unser Karma nicht gereinigt ist. Ich war überzeugt davon, dass mein negatives karmisches Potential riesig sei und es mich zur Wiedergeburt in den niederen Bereichen führen könnte. Ich suchte ein Mittel, um mich zu befreien. Ich habe alles getan und tue es heute noch, um mich von den Bedingungen zu befreien, die mich in diese leidvollen Bereiche stürzen könnten. Das Leben ist sehr kurz und von der Geburt an verschlechtert sich der körperliche Zustand. Zuerst war ich jung, jetzt habe ich weiße Haare, bin alt und mein Leben ist fast zu Ende. Aber ich bin mir immer bewusst gewesen, wie kurz dieses menschliche Leben ist und wie wichtig es ist, das Potential, das den Unterweisungen innewohnt, in größtmöglichem Umfang zu nutzen. Wir mögen denken, dass wir sehr lange leben, aber in Wirklichkeit bleibt wenig Zeit, um das zu tun, was zu tun ist.«

Die Flucht nach Indien: 1960

Als im Jahr 1959 Tibet von den Chinesen vollständig besetzt wurde, lebte Gendün Rinpotsche, inzwischen 41 Jahre alt, immer noch zurückgezogen in den hohen Bergen. Da erschien ihm eine weibliche Schutzgottheit (Atschi Tschökyi Drölma). Sie riet ihm, nach Süden aufzubrechen und versprach ihm ihren Schutz, ab sofort und auch für die Zukunft. Er selbst erzählt es folgendermaßen:

»Selbst beim Lesen der Prophezeiungen von Guru Rinpotsche hätte ich keinen Hinweis auf die großen Veränderungen erhalten, die über Tibet und die Welt kamen. Eines Tages hatte ich allerdings einen Traum, in dem ich eine Stimme hörte, die mir sagte, dass die Situation in Tibet bald kritisch werden würde und ich mich zum Aufbruch bereit machen solle. Doch ich achtete nicht auf den Traum. Ein wenig später träumte ich von einer Frau, deren Kopf mit grüner Seide bedeckt war. Sie sagte mir, ich müsse diese Gegend verlassen. Ich fragte sie, wer sie sei, und sie erwiderte: ›Ich bin die Beschützerin dieses Ortes‹. – ›Und wann muss ich gehen?‹ – ›Du wirst es von selbst wissen.‹ In dieser Vision sah ich einen Hügel im Süden Tibets an der Grenze nach Indien. Es war Pema Kö, ein heiliger Ort, an dem ich später acht Monate Retreat machte. Ich sah mich auf dem Hügel und am Himmel einen Strahl weißen Lichts, der mein Herz traf.«

Lama Gendün brach nicht sofort auf, sondern verbrachte weitere Monate in den Bergen mit intensiver Praxis. Doch dann entschloss er sich, mit seinen Freunden zurück nach Osttibet zu gehen. »Unterwegs besuchten wir nochmals Tsurphu (in Zentraltibet) und erfuhren dort, dass der Gyalwa Karmapa bereits nach Indien unterwegs war und sich gerade in Paltsen Djowo Ri aufhielt. Wir machten uns gleich auf den Weg dorthin, wurden aber unterwegs von den Chinesen aufgehalten und konnten den Weg nicht fortsetzen. An einem Ort namens Nye trafen wir dann Freunde und Verwandte und praktizierten ein Ritual auf Dordje Drollö, um störende Einflüsse abzuwehren. Schließlich erfuhren wir, dass Karmapa sicher im Exil angekommen war. In einem Tal namens Lo zogen wir uns in eine hochgelegene Höhle zurück, in der früher einmal Retschungpa (einer der beiden Hauptschüler Milarepas) meditiert hatte, und praktizierten dort. Während eines Festopfer-Rituals entschieden wir uns, ebenfalls zu fliehen. Es sah jedoch sehr schlecht aus, da die Chinesen bereits alle Fluchtwege abgeschnitten hatten. Wir trafen damals immer wieder auf Tibeter, die nach missglückter Flucht berichteten, es sei absolut kein Weg mehr offen. Ich bat Buddha, Dharma, Saṅgha um Schutz und Hilfe. Ich bat sie, mich zu führen, denn ich war zur Flucht entschlossen. Andere Tibeter versuchten, mich davon abzubringen, da sie überzeugt waren, dass die Chinesen mich und die ganze Gruppe umbringen würden. Aber ich war mir sicher, dass Flucht das Beste sei und uns die Drei Juwelen (Buddha, Dharma, Saṅgha) beschützen würden.

Während der Vorbereitungen zur Flucht stießen noch zwei meiner Freunde aus ihren Zurückziehungen in den Bergen zu uns und so haben wir gemeinsam Kham (Osttibet) verlassen, zu Fuß und bettelnd. Ich nahm nichts weiter mit als meinen Körper. Es war eine Zeit großen Aufruhrs. Die Widerstandskämpfer aus Kham wie auch die Chinesen hielten alle an, die über Land zogen und jeder wurde der Spionage verdächtigt. Leute wurden oft getötet, ohne dass ihnen Zeit für eine Erklärung blieb. Wir wurden zweimal von den Khampas angehalten, aber jedes Mal dank des Schutzes der Drei Juwelen als Mönche erkannt und zuvorkommend behandelt. So näherten wir uns unter Schwierigkeiten der indischen Grenze.

In den Grenzgebieten gab es viele chinesische Soldaten, denn der Dalai Lama hatte gerade mit seinem Gefolge die Grenze überschritten.

Wir sahen, dass die Chinesen den Pass nach Indien bewachten. Auf der einen Seite waren steile Berghänge und auf der anderen Seite der wilde Strom des Brahmaputra. Dadurch war es für die Chinesen leicht, diese Strecke zu beobachten. Nach drei Tagen erfuhren sie, dass wir in den Wäldern waren, und begannen nach uns zu suchen. Wir verließen die Höhle von Retschungpa, in der wir damals meditierten, und versteckten uns im Wald am Ende eines engen Tales. Wir suchten überall nach einem Ausgang, um nach Indien hinüberzukommen. Bei einem großen Wasserfall gab es einen gewundenen Pfad, der aus dem Tal herausführte. Aber selbst dieser Pfad wurde Tag und Nacht von schussbereiten chinesischen Soldaten bewacht. Sie waren so nahe, dass wir sie sprechen hörten und beobachten konnten. Einige von ihnen aßen und tranken Tee, andere bewachten den Weg.

Wir warteten die Nacht ab, um an ihnen vorbeizukommen. Einsgerichtet beteten wir zu den Drei Juwelen und meditierten über Leerheit, um unseren Körper unsichtbar zu machen. So waren wir in der Lage zu entkommen, obwohl wir mitten durch die chinesischen Soldaten hindurchgingen. Sie hatten Taschenlampen und wir liefen so nahe an den Wachtposten vorbei, dass wir ihre Waffen, ihre Zigaretten und ihre Tassen sehen und den Rauch ihrer Zigaretten riechen konnten. Aber es war, als ob sie uns nicht sehen würden. Wenn man ständig in der Leerheit und Mahāmudrā ist, stellt sich Unsichtbarkeit unmittelbar ein. Man braucht keine Zeit, um in diesen Zustand einzutreten. Wir beteten einfach zu den Drei Juwelen und gingen weiter, obwohl einige von uns vor Angst am ganzen Körper zitterten. Zwei Stunden brauchten wir, um so an den Chinesen vorbeizukommen, und es ist sicher dem Segen der Zuflucht zu verdanken, dass wir nicht gesehen wurden. Die Tibeter, die mich begleiteten, waren von diesem Wunder überwältigt und sehr dankbar.

Die drei darauffolgenden Wochen auf dem Weg nach Indien hinunter sahen wir keine Menschenseele. Erst in Grenznähe stießen wir auf einige tibetische Widerstandskämpfer. Einer von ihnen war krank, krümmte sich vor Schmerzen und bat uns Lamas um Hilfe. Ich machte Gebete für ihn und segnete ihn und kurz darauf wurde er wieder gesund. Die Widerstandskämpfer gaben dem nächsten Posten Bescheid, dass ein ›großer Lama‹ auf dem Weg sei, dem sie in jeder Weise behilflich sein sollen, und damit waren für uns alle Schwierigkeiten überstanden.

In Indien kamen wir zunächst ins Sammellager in Musamari, wo wir drei Tage blieben. Dann teilte uns die indische Regierung mit, dass wir zusammen mit 300 Khampas (Osttibetern) in Sikkim zur Arbeit im Straßenbau eingeteilt waren. Die Männer hatten dort eine äußerst harte Zeit und sie baten mich als Mönch, statt zu arbeiten für sie Gebete an den weiblichen Buddha Tārā zu machen. So verbrachte ich drei Wochen mit den Khampas in Sikkim. Bald erfuhr ich, dass sich der Gyalwa Karmapa mittlerweile im nahe gelegenen Kloster Rumtek, seinem neuen Hauptsitz, niedergelassen hatte und so machte ich mich mit einem Freund auf den Weg dorthin.

Es war Abend, als wir zum Kloster kamen, und die Mönche waren zur Praxis im Tempel versammelt. Der Gyalwa Karmapa war da und winkte mich zu sich. Da gerade Suppe für die Mönche ausgeteilt wurde, gab Karmapa die Anweisung, auch mir Suppe zu geben. Der zuständige Mönch sagte mir zwar, ich solle die Suppe draußen essen, aber Karmapa ließ dies nicht zu und sorgte sogar dafür, dass mir eine Schale geliehen wurde.

Nach dem Ritual ging Karmapa nach oben in sein Zimmer. Wir wollten ihn sprechen und folgten ihm, aber einer seiner Mönche hielt uns auf, und sagte, wir sollten am nächsten Morgen wiederkommen, da der Karmapa abends nie Audienzen gebe. Also gingen wir wieder hinunter. Doch kurz darauf kam einer von Karmapas Mönchen gelaufen. Karmapa hatte nach uns, den beiden älteren Lamas, wie er sagte, suchen lassen. Er ließ uns ausrichten, wir sollten gleich zu ihm kommen. Als wir bei ihm waren, segnete uns Karmapa mit beiden Händen. Einer seiner Diener wollte uns schon wieder hinausschicken, aber Karmapa lud uns ein zu bleiben. Er sagte uns, wir sollten bei ihm in Rumtek leben. Falls wir uns in diesen schwierigen Zeiten selbst verpflegen könnten, sollten wir dies tun, ansonsten könnten wir jederzeit seinen Mönchen Bescheid geben. Sie würden uns dann versorgen. Falls sie uns nichts geben würden, sollten wir ihm selbst Bescheid sagen, er würde dann seine eigene Küche damit beauftragen. Wir wussten nicht, wie uns geschah…

Mein Freund und ich waren natürlich überglücklich, dem Gyalwa Karmapa begegnet zu sein und seinen Segen erhalten zu haben. Aber wir überlegten hin und her, was wir jetzt tun sollten. Eigentlich wollten wir nicht im Kloster leben, denn es heißt, dass – wenn man zu lange Zeit in der Nähe des Lama verbringt – die Gefahr besteht, die Bande der reinen Sicht (*Samayas*) zu beschädigen. Das war uns nie passiert und wir wollten es auch nie so weit kommen lassen. Karmapa wollten wir mit diesen Überlegungen jedoch nicht belästigen. Aber kurz darauf bat uns Karmapa zu sich und teilte uns mit, dass wir gleich am nächsten Morgen mit dem Khenpo fahren sollten, den er nach Baktsa in Nordindien geschickt habe. Wir könnten dort in Kalimpong im Haus eines großzügigen Gönners wohnen.

Es gab allerdings ein kleines Problem: Der Khenpo hatte einen indischen Pass, mit dem er jederzeit nach Baktsa reisen konnte. Wir aber – mit unseren sikkimesischen Flüchtlings-Ausweisen – brauchten dafür eine Sondergenehmigung. Karmapa setzte sich sofort mit den Behörden in Sikkim in Verbindung und bat sie, uns beiden die nötigen Papiere zur Verfügung zu stellen, da er uns unbedingt mit dem Khenpo mitschicken wollte. Es funktionierte dann auch alles und wir konnten am folgenden Tag nach Kalimpong fahren.«

Die Jahre zurückgezogener Praxis in Indien und Bhutan: 1960-1975

So wurde Lama Gendün durch die wohlwollende Vermittlung des Gyalwa Karmapas von Herrn Jyoti, einem in Nordbengalen lebenden nepalesischen Gönner, in dessen Haus eingeladen.[9] Er berichtet: »Elf Jahre lebte ich dort mit drei weiteren Personen, darunter auch mein späterer Begleiter in Europa Lama Purtse. Wir machten ständig Pujas und meditierten. Dies war genau genommen keine Zurückziehung, aber es war einer solchen ähnlich, denn ich verließ niemals das Haus. Herr Jyoti hatte einen großen Tempel in seinem Haus in Kalimpong. Er versorgte mich und so konnte ich die ganze Zeit praktizieren, ohne einer anderen Arbeit nachgehen zu müssen. Ich musste auch nirgendwo hingehen, um zum Beispiel Rituale durchzuführen.«

Jedes Jahr fuhr Lama Gendün nach Rumtek ins Kloster des Gyalwa Karmapa und erhielt von ihm zahlreiche Übertragungen, darunter auch die zentralen Texte der Kagyü-Tradition des Mahāmudrā und der Sechs Yogas, die Gendün Rinpotsche zwar schon kannte und verwirklicht hatte, aber jetzt noch einmal direkt vom 16. Gyalwa Karmapa mit zusätzlichen Erklärungen erhielt. Hiermit wurde der Karmapa definitiv zu seinem Wurzellama. Es muss in dieser Zeit gewesen sein, dass der Karmapa Lama Gendün seinen Namen und Titel als Rinpotsche verlieh. Er erzählt weiter:

»Als mein Gönner, Herr Jyoti, 1971 für einige Monate verreiste, fuhr ich von Kalimpong nach Darjeeling, traf dort einige Freunde und verbrachte einen Monat mit »Norla« (Kalu Rinpotsche) in Sonada. Da rief Karmapa dort an und sagte mir, dass ich jetzt nach Bhutan gehen sollte, um dort in seinem Tempel zu praktizieren. Ich aber erwiderte, dass ich mich gerade entschlossen hätte, bei Norla eine dreijährige Zurückziehung zu machen. Karmapa sagte: ›Auf keinen Fall‹, und schickte Tsongpön Köntschog mit einem Jeep, um mich auf der Stelle nach Bhutan zu fahren. Die Mutter der bhutanesischen Königin hatte in ihrem Palast gerade einen Tempel bauen lassen, den sie Karmapa anvertraut hatte. Ich wollte ja eigentlich in Zurückziehung praktizieren

9 Bis hierhin stammt ein Teil der Erzählung von Lama Gendüns Lebensgeschichte von *Lama Garwang*, der zusammen mit Gendün Rinpotsche nach Indien geflüchtet war.

und schließlich ergab sich durch eine Fügung die Situation auch so, dass ich drei Jahre zurückgezogen in der Nähe des Königspalastes meditierte und jemand anders im Tempel die nötigen Rituale machte.

Dann starb der bhutanesische König und der Gyalwa Karmapa sowie Düdjom Rinpotsche (Leiter der Nyingma-Linie) wurden eingeladen, Rituale für ihn abzuhalten. Es handelte sich dabei um eine bestimmte Art der Tschöd-Praxis und beide wollten unbedingt, dass ich sie durchführte. Auf dem Weg in die bhutanesische Hauptstadt Thimphu blieb ich einige Zeit in Pagdru Tagtsang, wo wir hundertausendmal das Guru Rinpotsche Festopfer-Ritual ›Sampa Lhündrup‹ praktizierten und es war die Königinmutter selbst, die diese Rituale förderte.

Damals hielt sich der große Nyingma-Meister Dilgo Khyentse Rinpotsche in Pagdru Kyichu auf. Auf seine Einladung blieb ich eine Woche bei ihm. Topga Rinpotsche, der Sekretär des 16. Karmapa, baute in dieser Zeit gerade in Bhutan ein Haus und bat mich, dort verschiedene Rituale auszuführen. Eines Tages sagte mir Dilgo Khyentse Rinpotsche, dass ich unbedingt nach Europa reisen solle und dass er mir helfen könne, einen Pass zu bekommen. Ich antwortete ihm: ›Ich werde nie nach Europa gehen‹ und als Khyentse Rinpotsche nachfragte, ob ich mir da so sicher sei, antwortete ich: ›Natürlich, das ist mein fester Entschluss‹. Er meinte daraufhin nur: ›Du möchtest zwar nicht nach Europa, wirst aber bestimmt dorthin reisen!‹«

Der Gyalwa Karmapa schickt Lama Gendün nach Europa

»Zu dieser Zeit, im Jahr 1974, kam auch der Karmapa wieder nach Bhutan. Er lud mich für den nächsten Tag zum Frühstück ein, und als ich bei ihm war, erzählte er mir, dass er dieses Jahr in den Westen reisen und alle möglichen Länder besuchen würde. Er wollte herausfinden, ob die Lehre Buddhas dort auf Interesse stößt oder nicht. Er sagte: ›Ich werde nach Amerika und Europa reisen. Die Menschen dort sind wohlhabend, aber sie kennen den wahren Dharma nicht und leiden deshalb sehr unter Emotionen wie Stolz, Eifersucht, Begierde und Hass, die ihren Geist aufwühlen. Wir sollten ihnen den Dharma bringen, denn nur der authentische Dharma kann ihr Leid heilen und sie befreien. Wenn alle Voraussetzungen für die Weitergabe der Lehren des großen Fahrzeugs[10] zusammenkommen, wird es deine Aufgabe sein, diese Lehren im Westen zu verbreiten. Da gibt es nichts einzuwenden, denn ich kenne die Zeichen. Ich weiß, dass du ein Lama bist, der seine Praxis zum Abschluss gebracht hat. Für dich ist jetzt die Zeit gekommen, zum Wohl der Lebewesen zu wirken. – Danke für deine Zusage.‹

Von der Aussicht auf eine solche Aufgabe fühlte ich mich völlig niedergeschmettert. Mir fehlten die Worte. Ich konnte einfach nichts antworten. Karmapa sagte zu mir: ›Ist die Entwicklung dort positiv, musst du unbedingt in den Westen. Du solltest dann keine Einwände vorbringen und nicht darüber diskutieren, dass du lieber hier bleiben möchtest. Ich habe dem Innenminister von Bhutan schon Bescheid gegeben, dass du einen entsprechenden Pass brauchen wirst, und er unternimmt bereits die dafür notwendigen Schritte. Wenn ich den Eindruck habe, dass der Dharma im Westen Fuß fassen wird, werde ich auch wissen, ob Amerika oder Frankreich für dich besser ist. Dort sollst du dann ein Dharmazentrum und ein Kloster errichten. Der Entschluss ist bereits gefallen und du solltest dich nicht dagegen wehren.‹

Ich saß einfach da, sagte überhaupt nichts und dachte mir: ›Was kann ich, der ich nichts weiß, denn schon sagen?‹ Zurück bei Topga Rinpotsche, erzählte ich ihm, dass Karmapa mir alle möglichen Dinge erzählt habe. Topgala fragte, worum es denn gegangen sei und ich erzählte ihm: ›Karmapa sagte, ich soll in eine Gegend gehen, die Europa

---

10 Das *Große Fahrzeug* buddhistischer Praxis (*Mahāyāna*) baut auf der Überzeugung auf, dass es allen Wesen ohne Ausnahme möglich ist, die Buddhaschaft zu erlangen. Der Praktizierende gelobt, solange im Daseinskreislauf aktiv zu sein, bis auch das letzte Wesen Befreiung erlangt hat. Das Zentrum seiner Praxis bilden das Entwickeln von Mitgefühl und Weisheit.

heißt.‹ Topga Rinpotsche antwortete: ›Das ist nicht komisch, du sollst in den Westen.‹ Ich erwiderte: ›Wenn das so ist, sage ich Nein. Ich entschuldige mich bei Karmapa und sage ihm, dass ich das nicht machen kann‹. Ich hatte noch nie unterrichtet, sondern immer nur alleine für mich praktiziert. Ich hielt mich für dumm und unwissend. So bat ich Topga Rinpotsche, mich noch einmal zum Gyalwa Karmapa zu bringen, um ihm zu sagen, dass ich diese Aufgabe ablehne. Topga Rinpotsche entgegnete jedoch: ›Das kannst du nicht machen, du musst Seiner Heiligkeit gehorchen.‹

Ich bat Topgala, mir sein Auto zu leihen, weil ich gleich zu Karmapa fahren wollte. Er aber meinte nur: ›Du wirst nichts daran ändern können. Ich selbst habe Karmapa bereits darauf angesprochen und auch der Innenminister hat versucht, ihn von diesem Gedanken abzubringen, aber Karmapa will unbedingt, dass du in den Westen reist. Wenn du jetzt zu ihm gehst und ihn bittest, dich nicht zu schicken, wird er nicht froh darüber sein.‹ Also fuhr ich nicht zu Karmapa.

Zwei Tage später rief mich der Gyalwa Karmapa von neuem und ich war froh, ihm meine Bitte mitzuteilen, in Bhutan bleiben zu wollen. Aber er erwiderte: ›Es ist nicht möglich, dass du in Bhutan bleibst. Ich habe schon alles Nötige veranlasst, damit du Ausreisepapiere und Visum erhältst.‹ Ich wandte ein: ›Aber ich bin weder ein Gelehrter noch ein großer Lama.‹ Doch der Karmapa entgegnete: ›Ich bin dein Lama und du musst zustimmen. Ich kenne dich gut: Du bist der Beste für diese Arbeit.‹ – ›Ich weiß nicht, wie man den Dharma lehrt. Ich habe immer alleine gelebt und habe Schwierigkeiten, den Dharma zu erläutern.‹ Doch Karmapa sagte: ›Die Zeit ist gekommen, dass du zum Nutzen anderer handelst. Du hast deinen persönlichen Nutzen erfüllt. Sprich nicht von deinen eigenen Fähigkeiten, sondern gehe in den Westen, um den Geist der Lebewesen zu befrieden. Sorge dich nicht wegen der Schwierigkeiten. Jigmela (Jigme Rinpotsche) wird da sein, um dir zu helfen.‹ Bald darauf reiste er in den Westen ab.«

Nach seiner Rückkehr schickte Karmapa seinen Kämmerer zu mir, um mich nach Rumtek zu holen. Ich fuhr gleich los und ging direkt zu ihm. Er sagte mir: ›Ich war jetzt überall, in Amerika und in Europa, und bin mir sicher, dass der Buddhismus dort wachsen wird. Was die Praxis betrifft, wird in Europa wohl etwas mehr geschehen. Und ich habe bereits in Frankreich ein Stück Land erhalten. Dahin sollst du gehen.‹ Ich erwiderte: ›Was soll ich dort, ich kann ja nichts. Wozu soll gerade ich dort hingehen?‹ Karmapa antwortete einfach: ›Denk nicht so! Als du das erste Mal nach Rumtek kamst, sagte ich dir, du solltest bleiben. Der Grund dafür war, dass ich dich als Leiter der Dreijahresklausur einsetzen wollte. Dann aber fuhr der Khenpo nach Baktsa und ich schickte dich plötzlich mit ihm mit. Auch das hatte einen Grund: Du hast mit mir eine solche karmische Verbindung, dass du stets, wo immer ich den Dharma hinbringe, als erster, als Pionier, dorthin gehst. Deswegen habe ich dich damals mit dem Khenpo mitgeschickt. Und deswegen musst du jetzt unbedingt in den Westen fahren. Es ist wichtig und verheißt viel Gutes. Deshalb kannst du nicht ablehnen. Du musst einfach fahren. In Europa wirst du dann Segen und Ermächtigungen geben und den Dharma erklären, also einfach das, was Kalu Rinpotsche auch macht. Und du solltest dort nicht bescheiden als unbedeutender Lama auftreten und so tun, als wärst du ein Niemand. Zwischen dir und Kalu Rinpotsche ist nicht der geringste Unterschied. Damit du die entsprechende Sicherheit hast, kann ich dir sagen, welches frühere Karma dich jetzt befähigt, dies alles zu tun. Ich kann dir jetzt sagen, wer du früher warst, oder, wenn du willst, kann ich es dir auch später einmal erzählen.‹ Ich erwiderte, dass ich das alles überhaupt nicht zu wissen brauche und dass er mir gar nichts erzählen solle.

Er legte mir seine Hand auf den Kopf und sagte lächelnd: ›Ein Gönner, Herr Benson, hat mir einen Teil seines Besitzes in Frankreich geschenkt. Wir sollten dort ein großes Zentrum aufbauen, von dem der Dharma ausstrahlen kann. Viele Menschen könnten dadurch Zugang zu den Lehren Buddhas finden, und das wird sehr hilfreich für die Menschen im Westen sein. Du wirst also nach Europa gehen. Sei unbesorgt, du besitzt das zur Erfüllung dieser Aufgabe notwendige Karma[11]. Die Zeit für dich ist gekommen, ans Werk zu gehen. Ich bin der Karmapa - und wenn du ein wenig Vertrauen in den Namen Karmapa hast, solltest du meinen Worten Glauben schenken‹, schloss er lachend.

Dann sprach der Karmapa weiter: ›Wenn du dort bist, wirst du einen Tempel, ein Kloster sowie ein Retreatzentrum errichten und den Dharma lehren. Und du wirst den Dharma nicht nur in einem Land, auf eine kleine Stelle begrenzt, weitergeben, sondern ihn weit verbreiten. So können viele Menschen eine Verbindung zum Dharma bekommen und es wird großes Vertrauen in den Buddhismus entstehen. Du wirst bald gehen, denn die Zeit dafür ist reif, die Dinge sind zu tun, wenn die Zeit dafür reif ist. Die Emotionen der Leute sind so stark, dass sich die Situation schnell ändern kann. Deswegen wirst du jetzt in den Westen gehen.

Die Zeiten werden sich ändern und die Menschen auch. Wird der Dharma nicht überall verbreitet, wird sehr großes Leid entstehen, dessen Ausmaß den Höllenbereichen gleichkommt. Gelingt es uns jedoch, den Dharma überallhin zu bringen, wird dieses Leid weit geringer sein. Die Dharmapraxis kann das Leiden mindern und sogar auflösen. Wir geben damit den Menschen die Möglichkeit, ihre Emotionen zu verstehen, Heilsames von Schädlichem zu unterscheiden und ihre Handlungsweisen zum Heilsamen zu verändern. Dies wird sich auf die Welt günstig auswirken, deshalb schicke ich dich in den Westen. Es ist unendlich wichtig, viel zum Nutzen der Lebewesen zu tun und ihnen wirklich zu helfen. Daher ist es so wichtig, den Dharma überall zu verbreiten.‹

›Für Tibet wird es sehr schwer sein, Unabhängigkeit zu erlangen. Und selbst wenn das eintreten sollte, können wir sicher nicht dorthin

---

11 Unser *Karma* besteht aus all den von unseren bisherigen Handlungen ausgelösten Kräften. Diese karmischen Kräfte kommen unaufhörlich in unseren Erfahrungen, Handlungen und Sichtweisen zum Tragen. Karma ist dynamisch und verändert sich entsprechend unserem jetzigen Denken und Handeln.

zurück. Wir werden hier in Indien bleiben. Es wird auch eine schwierige Zeit kommen, in der die zukünftigen Wiedergeburten verwirklichter Meister (*Tulkus*) keinen Wohnort mehr haben werden. Wenn du jetzt gehst, kannst du eine Stelle für sie schaffen, von der aus sie ihre Aktivität zum Wohl der Lebewesen entfalten können. Deshalb wirst du dieses Kloster bauen.

Der Dharma wird in Tibet zwar wieder Fuß fassen, man wird dort wieder ein bisschen praktizieren können, aber es wird nie wieder so sein, wie früher, wo wir uns voll und ganz auf die Dharmapraxis konzentrieren konnten. Die Leute werden arbeiten müssen und nur nebenbei praktizieren können. Daher wird es wahrscheinlich schwierig sein, den Dharma in Tibet voll zu etablieren und er wird sich dort nicht sehr lange halten können. In Bhutan ist die Lage ziemlich gut, aber es ist unsicher, wie stabil es in Zukunft sein wird. In Sikkim ist es derzeit sehr gut, aber Sikkim wird seine Unabhängigkeit bald verlieren. Und mit Rumtek (dem Hauptkloster des Karmapa in Sikkim) wird es nicht so bleiben, wie es jetzt ist. Es könnte sein, dass in Zukunft große Gefahr für die Reliquien dort besteht. Deshalb denke ich daran, sie von hier fort in ein Kloster im Westen zu bringen, wo die Situation stabiler sein wird. Es gibt hier viele wichtige Reliquien. Es wäre übertrieben zu sagen, dass die Hälfte unserer Reliquien jetzt hier in Rumtek sei. Aber ich habe von überall die wichtigen Reliquien zusammengetragen und bin mir sicher, dass ein Drittel davon jetzt hier ist. Ich habe sie aus Tibet retten können und keine einzige wirklich wichtige Reliquie in Tsurphu zurückgelassen. Es besteht jedoch die große Gefahr, dass sie hier in Rumtek in Zukunft verloren gehen. Deshalb hoffe ich, sie nicht hier, sondern im Westen aufbewahren zu können, und deshalb musst du unbedingt ein geeignetes Kloster bauen. Und ich möchte dir schon jetzt einige der wichtigen Reliquien in den Westen mitgeben.‹ Ich antwortete dem Karmapa, dass ich das nicht wolle. Früher oder später würden die Leute anfangen zu reden, sie würden sagen, Lama Gendün hätte die Reliquien einfach mitgenommen. Ich sagte dem Karmapa, dass sie derzeit in Rumtek besser aufgehoben seien. Daraufhin zeigte er mir die vielen Statuen, auch die allerheiligsten, die vor Segen strahlten und wiederholte, dass ich diese Reliquien später unbedingt mitnehmen und darauf achten solle, dass sie nicht verloren gingen.

Eines Nachts schickte Karmapa den Mönch Tschögyal, um mich zu holen. Ich sagte zu ihm: ›Doch nicht jetzt, vor dem Morgengrauen. Man sieht ja noch die Sterne am Himmel. Es ist ja noch Nacht.‹ Tschögyal erwiderte jedoch, dass Karmapa ihm aufgetragen habe, mich jetzt auf der Stelle zu holen und ich daher gleich mitkommen solle. Ich weigerte mich abermals, aber er bestand darauf und sagte, dass er solange warten würde, bis ich mitkäme. Also ging ich zu Karmapa. Er saß auf der Terrasse vor seinem Haus auf einem großen Stuhl. Auf der anderen Seite stand noch so ein Stuhl und Karmapa sagte mir, dass ich diesen herholen solle, um mich zu ihm zu setzen. Der Sessel war mir zu schwer und so half mir Karmapa selbst, ihn hinüberzutragen.

Er forderte mich auf, mich zu setzen. Dann segnete er mich, indem er beide Hände auf meinen Kopf legte und ein Gebet an die Lehrer der Überlieferungslinie rezitierte: Dordje Tschang, Tilo, Naro, Marpa, Mila usw. Karmapa rezitierte dies dreimal hintereinander und sagte dann, er habe mir hiermit die vollständige Übertragung und den Segen der Linie gegeben und ich sei damit zu einem Halter seiner Linie geworden. Dann wandte er sich mit Gebeten an die Dharmaschützer, die Ḍākinīs und Viras und teilte ihnen mit, dass er mir die Übertragung gegeben habe und dass sie mich deshalb beschützen und unterstützen sollten. Auch dies rezitierte er dreimal. Ich war so überwältigt, dass ich nur noch weinen konnte. Ich dachte mir: ›Was sagt dieser großartige Meister nur‹ und schaute mich dreimal um, um sicher zu gehen, dass mich auch niemand sah. Es war mir unendlich peinlich, dass Karmapa mir, einem einfachen Lama, die Übertragung gab und mir so viel Aufmerksamkeit schenkte. Mir schossen Tränen in die Augen, ich zitterte vor

Aufregung. Es war wie ein Schock für mich. Ich habe von diesem Ereignis kaum jemals gesprochen. Karmapa sagte damals so viel. Noch jetzt treibt mir die Erinnerung daran Tränen in die Augen.

Dann zeigte Karmapa mir alle möglichen Abbildungen von verschiedenen Tempeln und Klosteranlagen, eine Zeichnung nach der anderen, und sagte mir, dass ich in Europa etwas Ähnliches bauen solle. Wir saßen so bis zum Morgengrauen. Karmapa erwähnte viele Einzelheiten... Dann wurde Tee gebracht. Als Karmapa später nach Europa kam, hatte ich es noch nicht geschafft, einen Tempel zu bauen. Aber er sagte mir, ich solle mir keine Sorgen machen und den Mut nicht verlieren. Ich solle jetzt zunächst ein Zentrum für meditative Zurückziehungen in die Wege leiten, der Rest würde sich dann von selbst ergeben.

Wörtlich sagte Karmapa damals in Rumtek: ›Du sollst unbedingt ein Klausurzentrum bauen und du wirst es schaffen. Du sollst unbedingt einen Tempel und ein Dharmazentrum aufbauen und auch das wirst du tun können. Du wirst viele Mönche ordinieren und auch ein Frauenkloster errichten und auch dies wird dir gelingen.‹ Karmapa wiederholte das einige Male. Ich dachte mir damals: ›Ich bin ein alter Mann und gerade mir überträgt Karmapa so viele Aufgaben. Wie soll ich das nur schaffen?‹ und wunderte mich nur. Ich konnte mir einfach nicht vorstellen, wie so etwas möglich sein sollte und sagte daher auch nicht zu, all diese Pläne umzusetzen. Aber Karmapa wusste genau, was ich dachte und sagte: ›Du wirst länger leben als ich. Obwohl ich jünger bin als du, werde ich vor dir sterben. Und dann musst du bleiben, um diese Aufgaben zu erfüllen. Ich habe dir allen Segen, alle Kraft und Fähigkeit übertragen, die dafür notwendig sind. Deshalb wirst du dies alles auch durchführen können. Nach meiner jetzigen Inkarnation, noch bevor du stirbst, werden wir uns auf jeden Fall wiedersehen. Du wirst erst dann sterben, das ist ganz sicher. Ich habe dir jetzt einiges an Verantwortung übertragen, aber bitte denk nicht, dass du das nicht schaffst. Wäre es nicht dein Karma, dies alles zu tun, dann wäre es sowieso nicht möglich. Glaub mir, die Zeit ist reif und du hast das Karma dafür. Es wird dir nicht schwerfallen. Wenn du auch nur ein bisschen Vertrauen darin hast, dass ich der Karmapa bin, wirst du dies alles tun. Vertraue mir! Ich bin der Karmapa!«

Und er fuhr fort: »Deine Fähigkeiten für all dies stammen nicht aus diesem Leben, sondern von früher. Wir beide waren bereits über viele, viele Lebenszeiten hinweg gemeinsam für den Dharma tätig. Von daher rührt auch dein jetziges Karma. Du bist wie ein Pionier für meine Arbeit. Es ist dein Karma, nun in den Westen zu gehen. Selbst wenn du jetzt Buddhaschaft erlangen wolltest – es ist dir in diesem Leben nicht möglich. Wir beide werden zwei weitere Lebenszeiten zusammen für den Dharma arbeiten. Danach brauchst du keine Geburt mehr anzunehmen und wirst Buddhaschaft erlangen. Ich selbst werde mich auf jeden Fall noch drei oder vier Lebenszeiten in dieser Welt als Karmapa manifestieren. Danach wird sich meine Aktivität weit ausbreiten, und zwar in vielen Ausstrahlungen, jedoch ohne den Namen Karmapa. Die Aufgaben, mit denen ich dich betraue, werden dir keinerlei Schwierigkeiten verursachen. Vertraue mir. Ich bin Karmapa, nicht irgendjemand. Ich weiß, dass sich deine Aktivitäten schon aufgrund deines Karmas ganz natürlich manifestieren werden. Du braucht dir auch keine Sorgen zu machen, dass du dich später nicht mehr um die von dir aufgebauten Zentren wirst kümmern können, denn Shamar Rinpotsche[12] wird dann da sein und sich ihrer annehmen.‹

Karmapa gab mir damals sehr viele Anweisungen, viel mehr, als ich jetzt erzählt habe. Aber das war eine Zusammenfassung davon. Lama Jigmela weiß um alle diese Anweisungen. Er war ja immer bei Karmapa. So wie die anderen unter Karmapas wichtigsten Schülern war Jigme Rinpotsche immer in seiner Nähe. Als Karmapa mir damals all dies sagte, hatte ich nicht das Gefühl, es auch umsetzen zu können. Ich bin ja nichts, nur ein alter Mann ohne Qualitäten. Deshalb versprach ich Karmapa auch nichts. Ich saß einfach nur da und hörte zu.

---

12 *Künzig Shamar Rinpotsche* ist einer der Linienhalter des 16. Karmapas und Regent der Karma Kagyü Linie.

Bei meinem Abschied in Rumtek sagte ich zu Karmapa: ›Du hast einmal gesagt, dass der Westen wie das Reine Land der Freude (*Dewatschen*) ist. Ich denke jetzt einfach, dass ich in dieses reine Land fliege.‹ Aber Karmapa antwortete: ›Sag das nicht, der Westen ist sicher nicht mit Dewatschen vergleichbar, auch wenn das Leben dort sehr angenehm ist. Es ist nichts weiter als eine Menschenwelt.‹

Abschließend sagte er mir noch: ›Du solltest deine Entscheidungen immer selbst treffen. Du hast meine volle persönliche Unterstützung dafür. Du kannst dich immer auf mich berufen und sagen, dass du in meinem Auftrag handelst. Ich werde darauf achten, wie es dir dabei geht und was du tust. Und du kannst dir sicher sein, dass ich dich voll und ganz unterstütze. Außerdem gebe ich dir auch eine schriftliche Unterstützungserklärung mit.‹ Ich sagte Karmapa, dass ich diese nicht brauche, aber er erwiderte: ›Nein, es wird eine Zeit kommen, in der du diese persönliche Erklärung von mir brauchen wirst, und es wäre besser, wenn du sie jetzt mitnehmen würdest.‹ Ich aber sagte: ›Ich brauche sie jetzt nicht. Wenn du, als Karmapa sagst, dass alles funktionieren wird, dann brauche ich nichts Schriftliches‹.

Später traten dann tatsächlich Schwierigkeiten im Zusammenhang mit dem Tempelbau und dem Retreatzentrum auf. Jigme Rinpotsche war damals gerade mit Karmapa in Amerika und erzählte ihm von der Situation in Frankreich. Daraufhin verfasste Karmapa ein Schreiben, in dem er sagte, dass die Dinge genauso laufen sollten, wie Lama Gendün entscheidet, und es keinerlei Diskussionen darüber geben solle. Er schrieb, dass er mir seinen vollen Segen gegeben habe und die Leute keine Zweifel bezüglich meiner Entscheidungen haben sollten. So kam ich also doch noch zu meinem Unterstützungsbrief, den Karmapa mir von Anfang an mitgeben wollte. Es hat sich dann alles sehr gut entwickelt. Alles, was Karmapa sagt, geht in Erfüllung.

Es ist gut möglich, dass ich einige Aussagen Karmapas vergessen habe. Aber wie gesagt, Jigme Rinpotsche kennt sämtliche seiner Anweisungen. Ihr könnt ihn fragen. Er war immer bei ihm, hat auch in seinen Räumen gewohnt, mit ihm gegessen, er war einfach immer bei ihm, auch wenn Karmapa reiste. Ich kannte Jigmela schon, als er noch ein Kind war. Er war bei allen wichtigen Anlässen dabei. Nur damals, als Karmapa mir die Übertragung gab und mich durch und durch segnete, war ich mit Karmapa allein. Alle Prophezeiungen, die der Karmapa macht, gehen in Erfüllung. Einige sind noch vergessen, aber auch sie werden wohl zum Vorschein kommen...«

Der Gyalwa Karmapa hatte Gendün Rinpotsche mit der Verwirklichung folgender Aufgaben in Europa beauftragt. Diese »fünf großen Wünsche Karmapas« waren die Basis für Gendün Rinpotsches Wirken und sind auch jetzt noch die Richtlinie für das Wirken seiner Schüler und Schülerinnen:

- Dharmazentren ins Leben zu rufen, um die edlen Lehren Buddhas für alle Interessierten erreichbar zu machen
- Klausurzentren zu schaffen, um geeigneten Schülerinnen und Schülern die Möglichkeit zu tiefer Praxis und Verwirklichung zu geben, um so die tiefgründigen Lehren der Kagyü-Linie zu bewahren und um qualifizierte Lamas (Dharmalehrer) auszubilden, die diese Lehren weitergeben können
- eine Gemeinschaft ordinierter Männer und Frauen zu gründen, die ihr Leben durch Meditation, Gebet und Unterweisungen ganz dem Wohl aller Wesen widmen
- einen großen Tempel zu bauen als sichtbare Verankerung der Drei Juwelen und als Ort der Praxis, für alle zugänglich
- ein Studieninstitut mit Bibliothek ins Leben zu rufen, damit Buddhas Unterweisungen eingehend studiert, bewahrt und in westliche Sprachen übersetzt werden können

Gendün Rinpotsche verstand sich stets als Ausführender dieser Wünsche seines Lehrers. Seine eigene Person war ihm dabei vollkommen unwichtig. Er sah sich einfach als verlängerter Arm von Karmapa und wünschte sich auch, dass die von ihm ausgebildeten Lamas sich stets nur als Ausführende der Aktivität des Dharma im Allgemeinen und der Aktivität des Gyalwa Karmapa im Besonderen sehen.

Gendün Rinpotsche in Europa: 1975 bis 1997

So kam Gendün Rinpotsche im August 1975 nach Frankreich, in die Dordogne, wo mehrere tibetische Meister der Kagyü- und der Nyingma-Tradition Land geschenkt bekommen hatten. Der Gyalwa Karmapa hatte diesen Ort zu seinem europäischen Hauptsitz erwählt. Gendün Rinpotsche beschrieb seine Aufgabe damals mit folgenden Worten:

»Wenn wir hier ein großes Zentrum gründen könnten, hätten viele Menschen die Gelegenheit, den Dharma zu hören und Belehrungen zu erhalten. Der Nutzen davon wäre, dass sie wüssten, wie ihr eigener Geist zu untersuchen ist. Indem sie dies tun, würden sie wahrnehmen, dass sie unter dem Einfluss von Emotionen wie Stolz, Eifersucht und Hass handeln. Sie würden den Weg einschlagen können, der ihnen ermöglicht, nicht unter den Einfluss dieser Emotionen zu geraten. Die kurzfristige Frucht hiervon wäre, dass die Nöte der westlichen Welt geringer würden. Die langfristige Wirkung wäre, dass die Wesen, die den Dharma praktizieren, die Leiden der drei niederen Daseinsbereiche vermeiden. Dieses ist also jetzt meine Aufgabe: daran zu arbeiten, solch ein Zentrum zu bauen.«

Mit der Zeit kamen immer mehr Helfer. Sie setzten das Haupthaus zur Hälfte in Stand, was vorerst auch ausreichte, aber die Inneneinrichtung fehlte fast vollständig; ein Jahr lang gab es nicht einmal Herd, Kühlschrank oder Heizung. Dann wurde im oberen Stockwerk ein Tempel eingerichtet. Er bot etwas mehr Platz als der erste Meditationsraum. So konnte Gendün Rinpotsche Unterweisungen geben und alle konnten morgens und abends gemeinsam die Meditationsrituale durchführen.

Shamar Rinpotsche, Nachfolger des Gyalwa Karmapa, erinnert sich: »Gendün Rinpotsche und Jigme Rinpotsche bereiteten in der Anfangszeit ihr Essen in einem Topf auf drei Steinen über einem offenen Feuer zu. So gut wie möglich wurde ein ehemaliger Stall für die Belehrungen hergerichtet, das Dach brannte jedoch ab und es war kein Geld da, es zu reparieren. Kraft ihrer Geduld und Ausdauer blieben sie und nur so konnte sich das Zentrum nach und nach entwickeln. Einige große Meister der Nyingma Tradition lebten in der Nähe und berichteten mir, wie sehr sie von diesem Enthusiasmus berührt waren. Sie fanden, dass sowohl Gendün Rinpotsche als auch Jigme Rinpotsche die außergewöhnliche Qualität besaßen, nur den Wünschen ihres spirituellen Oberhauptes, dem Gyalwa Karmapa, zu folgen. Menschen ohne Eigeninteressen und mit solcher Hingabe sind rar und heutzutage kaum zu finden. Dank ihrer Stabilität und Kontinuität konnte sich das Zentrum entwickeln. Allmählich wuchs Dhagpo Kagyü Ling und es wurden Häuser errichtet, um Besucher und Besucherinnen zu empfangen und unterzubringen. Ich kam zum ersten Mal 1980 dort hin, und obwohl man mir sagte, dass sich das Zentrum schon sehr entwickelt hatte, fand ich die Bedingungen sehr herausfordernd. Ich wagte kaum mir vorzustellen, wie schwierig es vorher war.«

Während Karmapas zweiter Reise in den Westen 1977 wurde die Schenkung besiegelt. Er segnete den Sitz des zukünftigen Klosters und gab dem Zentrum seinen endgültigen Namen *Dhagpo Kagyü Ling* »Sitz der Linie der Mündlichen Übertragung des Gampopa«. In Tibet war dies der Name des Ortes, an dem der erleuchtete Yogi-Mönch Gampopa lehrte und von wo aus sich die Lehren der Kagyü-Linie weit verbreiteten. Bei diesem zweiten Besuch 1977 gab der Gyalwa Karmapa alle für die Zukunft notwendigen Instruktionen. Eine Woche lang führte er die Cakrasaṃvara-Praxis aus und weihte anschließend den gesamten Ort mit dem Segen dieses Maṇḍalas. Von da an kamen mehr und mehr Menschen, die auch zu verstehen begannen, worum es im Dharma eigentlich geht. Gendün Rinpotsche hat sich die gesamte Zeit bis zu seinem Tod im Jahre 1997 unermüdlich der Aufgabe gewidmet, die ihm der Gyalwa Karmapa anvertraut hat: den authentischen Dharma an die Menschen im Westen weiterzugeben. Nicht einen einzigen Moment hat er sich persönlichen Interessen gewidmet, hat keine Reisen in die alte Heimat gemacht oder Freunde und Verwandte zu sich eingeladen. Seine Aktivität stand ganz im Dienste der Menschen hier in Europa und seine Liebe und sein tiefes Mitgefühl inspirierten viele, sich mit Vertrauen und Hingabe auf den von ihm vorgelebten Weg zu begeben.

Wie Karmapa vorausgesagt hatte, wuchs »Dhagpo« vor allem durch die Präsenz von Lama Gendün zu einem großen Zentrum heran, wo sich der Dharma kraftvoll entfaltete. Von Hingabe und großem Respekt zu ihm erfüllt, strömten Praktizierende aus ganz Europa zusammen, um ihre Praxis zu festigen und durch seine Segenskraft ein inniges Band zu Buddha, Dharma und Saṅgha zu knüpfen. In den ersten Jahren seiner Aktivität folgte Gendün Rinpotsche vielen Einladungen, den Dharma zu unterrichten. Er lehrte in den meisten Ländern Westeuropas, am meisten in Frankreich und Deutschland, aber auch in Griechenland (wohin er siebenmal reiste), England, Belgien, Österreich, Italien usw.

Am 5. November 1981 starb der Sechzehnte Gyalwa Karmapa, so wie er es selbst vorausgesagt hatte, lange vor Gendün Rinpotsche. Die Aktivität des Maṇḍalas breitete sich auch nach seinem Tod weiter aus. Viele große Meister der Kagyü-Linie unterrichteten in Dhagpo. Gendün Rinpotsche selbst gab ständig Unterweisungen, Ermächtigungen und Textübertragungen. Mehrmals lehrte er ausführlich die wichtigsten Zyklen und Grundlagentexte, wie den »Kostbaren Schmuck der Befreiung« von Gampopa, den »Ozean des Wahren Sinnes« des Neunten Karmapa, die Kommentare des Geistestrainings wie den »Großen Weg des Erwachens« von Jamgön Kongtrul, sowie die »37 Praktiken eines Bodhisattvas« von Togme Sangpo und die »Kostbare Girlande« von Gampopa. Vielen Menschen gab er Zuflucht, das heißt, er führte sie ein in den Weg des Erwachens und erklärte unablässig, wie sich dieser Weg durch Vertrauen, Hingabe und Mitgefühl vollzieht. Zu besonderen Gelegenheiten gab er, meist im Rahmen von mehrtägigen Kursen, die Bodhisattva-Gelübde. Seine Schüler und Schülerinnen begannen bald mit der Praxis der »Mahāmudrā-Vorbereitungen«. Sie durften morgens in seinem Zimmer in seiner Gegenwart praktizieren. Alle wurden persönlich von ihm betreut.

Es ist schwierig, all die Unterweisungen und Übertragungen aufzuzählen, die Gendün Rinpotsche gegeben hat. Er gab schlichtweg alles, was zum Fortschreiten auf dem Dharmaweg notwendig und hilfreich ist. Unter anderem übertrug er die kompletten Unterweisungen zum Pfad des Mahāmudrā, zu den Guru Yogas auf Milarepa, Gampopa und die Karmapas, Erklärungen zur Praxis auf den Buddha des Grenzenlosen Lichtes (Amitābha) und das Reine Land der Freude (Dewatschen), die Rituale der Schnellen Befreierin (Grüne Tārā) und des Buddhas des Mitgefühls (Tschenresig), die komplette Praxis des Durchtrennens allen Ichanhaftens (Tschöd), die Vajra-Gesänge von Saraha, Tilopa und anderer großer Meister, die Praxis des Medizinbuddha (Sangyä Menla) und immer wieder direkte Unterweisungen zum Umgang mit Emotionen, zur Meditation geistiger Ruhe und intuitiver Einsicht, zum Entwickeln des Verständnisses der Natur des Geistes, zur Beziehung zwischen Meister und Schüler und zum unablässigen Kultivieren von Mitgefühl.

Mit Hilfe von Lama Purtse, der ihn seit Indien begleitete, wurden täglich die Rituale von Tārā, Mahākāla und Tschenresig durchgeführt, sowie die monatlich und jährlich auszuführenden Praktiken des tibetischen Kalenders. Dabei ging der Ausbau des Zentrums unaufhörlich weiter: Gästezimmer, Wohnräume, der Tempel, die Küche mit Essraum, das Haus der Lamas und die Werkstätten. In den Anfangsjahren wurde auf dem ausgedehnten Gelände sogar noch etwas Landwirtschaft betrieben. 1981 gab es bereits die ersten sieben der heute über vierzig Dharmagruppen in den französischen Städten (KTT, *Karma Teksum Tschöling*), die heute von den Dhagpo Lamas regelmäßig besucht werden.

Das Klausurzentrum und Retreatkloster Dhagpo Kündröl Ling

1980 baten etwa zwanzig Schüler und Schülerinnen Gendün Rinpotsche, sich unter seiner Leitung intensiver der Meditationspraxis zu widmen und von ihm die volle Übertragung der Kagyü-Linie zu erhalten. Sie begaben sich auf die Suche nach einem geeigneten Ort für das Durchführen einer Dreijahresklausur. Shamar Rinpotsche akzeptierte die Schirmherrschaft für die Klausur. Viele Häuser wurden angeschaut, doch immer gab es irgendeinen Haken, der das Umsetzen des Projektes verhinderte. Dieses konnte erst verwirklicht werden, als 1983 der bekannte Tibetkenner und Filmemacher Arnaud Désjardin den tibetischen Lamas ein ehemaliges Landschulheim in der Auvergne zum Kauf anbot. Es liegt in Le Bost, in einem winzigen, ruhigen Örtchen in den nördlichen Ausläufern des Zentralmassivs. Der 16. Karmapa hatte in diesem Haus bereits zweimal die Zeremonie der schwarzen Krone gegeben und dabei zu Gendün Rinpotsche gesagt, dass Herr Désjardin noch einmal sehr hilfreich sein würde. Das Gebäude war bestens geeignet, um alle Praktizierenden unterzubringen und gemeinsame Meditationsräume einzurichten und so wurde es zusammen mit einem kleinen Park und Teich unverzüglich erstanden.

Im Jahre 1984 gründete also Rinpotsche dort das Dreijahres-Klausurzentrum *Dhagpo Kündröl Ling* »Der Ort, an dem sich alles befreit«, um westlichen Praktizierenden mit starkem Interesse am Dharma die Möglichkeit zu bieten, die tiefgründigen Lehren des Vajrayāna unter den für eine Übertragung am besten geeigneten Bedingungen zu praktizieren. Die Übertragung der Lehren und Praktiken, welche die Verwirklichung der Natur des Geistes und letzten Endes Buddhaschaft ermöglichen, ist am besten im Kontext intensiver Gruppenpraxis möglich. Die traditionelle Form dafür sind Gruppenklausuren von drei Jahren, drei Monaten und drei Tagen. Dazu gehören täglich vier Meditationssitzungen von zwei bis drei Stunden, etwa zwei Stunden

Studium, sowie die Gruppenpraxis auf Mahākāla. Gendün Rinpotsche sagte zum Sinn einer Dreijahresklausur:

»Der Sinn einer solchen Klausur ist, anderen helfen zu können und das wahre Ziel unseres Lebens, das Erwachen, zu erreichen. Indem wir eine Dreijahresklausur machen, schieben wir dieses Ziel nicht weiter auf, sondern geben uns die Möglichkeit, es in diesem Leben zu erreichen. Eine solche Klausur ist eine große Hilfe, um in tiefe Meditation hineinzufinden, die seit vielen Zeitaltern angesammelten ichbezogenen Tendenzen aufzulösen und Mahāmudrā zu verwirklichen. Alle Teilnehmenden leben für die Zeit der Klausur wie Mönche und Nonnen, sie halten dieselben Gelübde und Regeln und tragen auch die Roben. Dadurch sind sie wie ein einziger Organismus. Bei gemeinsamer Meditation kommt jedem Einzelnen die Meditation der gesamten Gruppe zugute. Selbst wenn man durch die dreijährige Praxis nicht gleich das Erwachen erlangt – obwohl es durchaus möglich ist – so verändert sich jeder und jede dadurch zum Positiven und erfährt große Unterstützung auf dem Weg.

Als Fundament für die Teilnehmenden gilt das Vertrautsein mit der Praxis der Mahāmudrā-Vorbereitungen und ein gewisses Studium der Grundlagen des Dharma. Zudem sind Tibetisch lesen können und sich Auskennen mit den einfacheren Ritualen des Vajrayāna empfehlenswert. Es ist nichts für Kinder. Wichtig sind ein gesunder Körper und ein belastbarer Geist. Die einzig richtige Motivation für eine solche Klausur ist, allen Lebewesen helfen zu wollen – es geht nicht darum, ein Lama zu werden.«

Und: »Drei Jahre, drei Monate und drei Tage entsprechen einem natürlichen Zyklus von Körper und Geist, während dessen sich die karmischen Energien vollständig wandeln können. Falls die Praktizierenden ihrem weltlichen Anhaften vollkommen entsagen, zeigen sich innerhalb dieser Zeitspanne all ihre karmischen Muster im Geist und können in Weisheit transformiert werden. So kann (im besten Fall) in drei Jahren das Ende des Erleuchtungsweges, die Verwirklichung von Dordje Tschang erreicht werden. (Er lacht.) Eine solche Klausur entspricht hundert Lebensjahren in drei Jahren zusammengedrängt.«

Seit 2008 geht dem traditionellen Dreijahresretreat auf Wunsch des 17. Gyalwa Karmapa Thaye Dorje ein dreijähriges Grundlagen-Retreat voraus. Zu Lebzeiten von Gendün Rinpotsche umfasste die erste Dreijahresklausur in Absprache mit Shamar Rinpotsche im ersten Jahr zehn Tage Praxis auf den Schützer Vajra Kīlaya, dann fünf Monate Mahāmudrā-Vorbereitungen *(Ngöndro)*, dann einen Monat Geistestraining in Mitgefühl *(Lodjong)* und sechs Monate mit Meditationen auf vier Meister der Kagyü-Übertragungslinie (Milarepa, Gampopa, Karmapakschi und Mikyö Dordje) begleitet von den Meditationen der Geistigen Ruhe *(Śāmatha)* und Intuitiven Einsicht *(Vipaśyanā)*. Das zweite Jahr war der intensiven Praxis eines Buddha-Aspektes gewidmet (Vajravārāhī-Jidam-Praxis) und im dritten Jahr folgten die Mahāmudrā-Praktiken der Sechs Dharmas von Naropa (Tummo, illusorischer Körper, Traum, Klares Licht, Phowa und Bardo) sowie ein Monat Tschöd (das Durchtrennen des Ichanhaftens in symbolischer Praxis) und zwei Monate Meditation auf den weiblichen Buddha Weiße Tārā.

Von der Gründung der Klausurzentren an verbrachte Rinpotsche einen großen Teil seiner Zeit mit den Klausurteilnehmenden und schränkte seine Reisen zunehmend ein. Er hatte die vierzehn Männer und fünf Frauen dieser ersten Klausurgruppe jahrelang vorbereitet und gab ihnen nun persönlich sämtliche Übertragungen und Erläuterungen. Dafür besuchte er sie fast täglich, sprach mit ihnen in der Mittagspause ausführlich über ihre Meditationserfahrungen und klärte sämtliche Fragen. Um jede einzelne Person kümmerte er sich. Als Vorbereitung auf jeden neuen Praxiszyklus erklärte er nachmittags Satz für Satz die Praxistexte und Kommentare, erläuterte die Methoden und den tieferen Sinn der jeweiligen Praxis. Für Außenstehende ist es schwer, sich vorzustellen, wie viel Zeit und Energie eine solche Betreuung braucht. Doch Rinpotsche setzte klare Prioritäten. Er wusste, dass die

Verfügbarkeit des Dharma in Europa ganz entscheidend davon abhängt, inwieweit westliche Praktizierende selbst zum Kern der Praxis vorstoßen. Und so konzentrierte er sich ganz auf diese Aufgabe und verbrachte den Großteil seiner Zeit in den Klausurzentren. Seine Bemühungen haben Früchte getragen, sein Beispiel lebt in seinen Schülern und Schülerinnen weiter. Inzwischen sind über 400 Praktizierende dem Beispiel dieser ersten Klausurgruppe gefolgt, die ihnen den Weg gebahnt hat.

Rinpotsche wusste genau, was im Geist seines Schülers, seiner Schülerin vorging. Er konnte im Detail die Gedanken schildern, die sie in dieser oder jener Situation hatten, unabhängig davon, ob er bei ihnen anwesend war oder nicht, und er war stets in der Lage, besser als sie selbst es konnten, ihre Meditationserfahrungen zu beschreiben. Jedes Mal konnte er exakten Rat geben, wie die gegenwärtigen Hindernisse aufzulösen seien und wie der nächste Schritt in der Praxis zu vollziehen sei. Dazu hatte er die unvergleichliche Fähigkeit – durch seine Liebe, seinen Humor, sein Nichthaften – Situationen in reine Freude zu verwandeln. Dadurch konnten sich Schwierigkeiten kaum einmal für längere Zeit festsetzen. Unermüdlich zeigte er seinen Schülern und Schülerinnen den Weg des Loslassens in Einfachheit und befreite sie so aus dem Gestrüpp des Ichanhaftens. Vielfach reichte ein einfaches Lachen von ihm aus, um den Weg wieder freizumachen.

Zwölf Teilnehmer der ersten Männergruppe entschlossen sich 1987 eine weitere, zweite Klausur zu machen und viele nahmen dafür die Mönchsgelübde. Das Programm dieser zweiten Dreijahresklausur bestand aus vier Jidam-Praktiken (Vajra Kīlaya, Cakrasaṃvara, Mahākāla und Jinasāgara). Dabei geht es darum, wirklich eins zu werden mit dem Geist des Erwachens (Bodhicitta) und die kraftvollen Methoden des Vajrayāna dafür zu nutzen, das Ichanhaften aufzulösen. Dabei wird die Praxis der Sechs Dharmas von Naropa täglich fortgesetzt und vertieft. Die Teilnehmer dieser beiden Dreijahresklausuren lernten somit über 6½ Jahre dieselben Meditationspraktiken wie Tibeter in einer einzigen Dreijahres-Klausur. Seit 2008 wurde dieser Prozess vom 17. Karmapa über vier solche Klausuren gestreckt, um noch mehr Zeit für den notwendigen inneren Reifungsprozess und auch das Studium zu geben.

1986 begannen zudem weitere Männer und Frauen eine deutsch- und englischsprachige Dreijahres-Klausur in Deutschland im von Gendün Rinpotsche neu erworbenen Retreatzentrum Halscheid. Er selbst teilte seine Zeit jetzt zwischen den französischen und deutschen Klausurgruppen und den Aufgaben im öffentlichen Zentrum von Dhagpo Kagyü Ling auf. An andere Orte reiste er von nun an nicht mehr. Eine Ausnahme war nur Kamalashila, das damalige deutsche Hauptzentrum der Karma Kagyü Linie bei Mechernich, wo Lama Gendün jedes Mal unterrichtete, wenn er das deutsche Klausurzentrum besuchte.

Nun wollten immer mehr Menschen unter seiner Anleitung die Dreijahresklausur durchführen und so traf Gendün Rinpotsche 1989 die Entscheidung, das Klausurzentrum in der Auvergne, um weitere vier Gruppen von je elf bis fünfzehn Teilnehmende zu vergrößern und auch die deutsch- und englischsprachigen Teilnehmenden von 1990 an in der Auvergne zu betreuen. Das gesamte Inventar des deutschen Klausurzentrums wurde somit nach dem ersten Klausur-Ende nach Frankreich gebracht und das große Haus in Halscheid wurde zu einem öffentlichen Klausurhaus. In Frankreich fanden sich die Teilnehmenden der nächsten Retreat-Generation zusammen, um mit anderen Helfenden die vielen neuen Räume und Gruppentempel zu bauen. Täglich besuchte Rinpotsche die Baustellen, um durch seine sichtbare Anwesenheit Inspiration zu spenden. Interessiert kam er zu jedem Arbeitsplatz und nahm den Fortgang der Arbeiten persönlich in Augenschein. Alles wurde in Eigenarbeit erstellt, von den Fundamenten bis zum Dachdecken und Verputzen. Kaum jemand kannte sich mit Bauarbeiten aus und so konnte eine Menge neuer Erfahrungen gesammelt werden. Dies war gleichzeitig eine gute Vorbereitung für die Klausur, denn so lernten sich die Teilnehmenden bestens kennen und schätzen und konnten dabei auch gleich so manche ihrer Kanten abrunden. Im Februar 1991 begannen dann 40 Frauen und 58 Männer eine Dreijahresklausur. Thierry Charbonneaux, der langjährige Sekretär des Klausurzentrums, erzählt:

»Im Januar 1984 hatte ich das Glück, mit dem ersten Team zukünftiger Klausurteilnehmenden hierher zu kommen. Es war abenteuerlich: Wir fanden das unbekannte Haus in der Auvergne, das wir gerade erstanden hatten, vollkommen leer vor. Drei Monate lang, bis zum Beginn der Klausur, kampierten wir behelfsmäßig. Als erstes richteten wir die beiden kleinen Tempel ein und zogen die für eine Klausur notwendige Einfriedung. Gendün Rinpotsche selbst lieh uns 50.000 Francs – alles, was er damals besaß. Eigentlich hat er uns das Geld geschenkt, denn wir haben ihm nicht viel davon zurückgeben können.

Während der Klausur ging uns bald wieder das Geld aus und wir gingen zu Rinpotsche: ›Was sollen wir tun, Rinpotsche, wir haben jetzt schon fast alles Geld des kommenden Monats ausgegeben.‹ Er empfahl uns: ›Nehmt das wenige, was noch übrig ist, und baut damit einen Stupa.‹ Wir waren ganz schön überrascht, denn statt uns zu zeigen, wie wir Geld finden könnten, zeigte er uns, wie wir es besser ausgeben konnten. Er erklärte: ›Wenn es einem an Geld fehlt, so liegt es daran, dass man nicht großzügig genug war.‹ So haben wir also mit dem Bau begonnen. Von dem Augenblick an, als der Stupa fertig erstellt war, begannen – wohl kaum zufällig – auch neue Spenden einzutreffen. Die Leute sahen das Bild des Stupas in unserem Rundbrief, fühlten sich davon inspiriert und kamen uns zu Hilfe. Unsere Situation besserte sich. Nach dem Klausur-Ende begann dann der Ausbau für den zweiten Klausurzyklus.

1987 schenkte ein Schüler von Gendün Rinpotsche ihm ein Haus mit etwas Land in Laussedat, nur drei Kilometer von Le Bost entfernt, falls dies der Gemeinschaft und dem Dharma irgendwie nützen würde. Rinpotsche nahm dies an und beschloss, im dritten Klausurzyklus dort die Frauen unterzubringen. Die Männer würden in Le Bost bleiben. Um diese Zeit etwa traf Rinpotsche in Deutschland mehrmals einen wohlhabenden Gönner, der ihm seine Unterstützung anbot und bei einem Besuch in Le Bost dann eine sehr großzügige Spende machte. So begann unvermittelt ein viel größeres Projekt, als wir es uns jemals hätten träumen lassen. Wir kauften das nebenan liegende alte Bauernhaus mit den umgebenden Grundstücken, auf denen sich jetzt das Kloster, der Tempel und der schöne Tempelpark befinden. Das Bauernhaus ist umgebaut und dient als Unterkunft für die Laienpraktizierenden, die bei den Projekten der Klostergemeinschaft helfen.

Gendün Rinpotsche erklärte uns, dass wir nicht bauen, um dann Leute hierher zu holen und die Häuser zu füllen, sondern umgekehrt: wir bauen, weil so viele Menschen darauf warten, hierher kommen zu können, und Rinpotsche sie sonst nicht aufnehmen kann. Für ihn musste immer zuerst ein Bedarf, ein klarer Wunsch, vorhanden sein – die Notwendigkeit ging stets den Arbeiten voraus. Und weil es sich um wirklich heilsame Wünsche handle, sagte er, sei Geld kein Problem. Alles materiell Notwendige werde sich schon in Übereinstimmung mit unserer heilsamen Grundhaltung finden – auf diese komme es an. Alles hier im Zentrum entstand auf diese Weise. Es war nie Rinpotsches Ziel, möglichst viele Gebäude zu errichten. Er hat immer gesagt: »Ihr seid keine Bauarbeiter. Das wahre Haus, das ihr baut, ist in euch selbst. Und eigentlich baut ihr gar nicht für euch selbst, sondern für all die zukünftigen Generationen, die hierher kommen werden. Denn wir leben in einer Zeit, in der das Leid immer mehr zunimmt, in einer Zeit des Verfalls – und deshalb ist es um so wichtiger, dass es einen Ort gibt, an dem der Dharma fest verankert ist. Diese Bauten sind nicht wirklich für uns selbst. Wir können überall meditieren, auch im Freien. Aber es braucht auf der Erde einen Ort, von dem alle wissen, dass dort der Dharma gelehrt wird – der Weg, der alles Leid beendet – einen Ort, wo Menschen hinkommen und zum Dharma finden können.«

Ab 1991 lebte Gendün Rinpotsche ständig in der Auvergne in unmittelbarer Nähe der Klausurteilnehmenden. Er fuhr nur noch zwei- oder dreimal im Jahr zum Unterrichten von großen öffentlichen Kursen in die Dordogne. Sein Leben war sehr einfach, regelmäßig und bescheiden. Er stand früh auf und praktizierte den ganzen Tag in seinem Zimmer. Etwa eine Stunde vor dem Mittagessen empfing er dann die Besucherinnen und Besucher, die zum Teil von sehr weit angereist kamen, erteilte Rat und segnete sie. Dabei verließ er seinen Meditationsplatz nicht und fuhr stets mit seinen Gebeten und Meditationen für alle Wesen fort, auch wenn er den Ratsuchenden zuhörte. Er brauchte nicht lange zuzuhören, um zu wissen, worum es bei den Betreffenden ging. Oft wartete er nicht einmal die Übersetzung ab, um die Antwort zu geben. Zudem überraschte er die Fragenden oft mit Antworten, die sich auf Bereiche ihres Lebens und ihrer Gefühlswelt bezogen, die sie gar nicht angesprochen hatten, die aber tatsächlich für sie ein viel wichtigeres und grundlegenderes Problem darstellten. In der Sprache des Dharma würden wir sagen: Er kannte das »Karma« eines jeden Menschen, dem er begegnete, und war von daher in der Lage, gezielten Rat entsprechend den individuellen Fähigkeiten zu geben. Dabei war er sich mit völliger Gewissheit bewusst, dass jede einzelne Person, der er begegnete, das Potential eines Buddhas in sich trug und auf ihrer tiefsten Ebene bereits ein Buddha war, obwohl auf der relativen Ebene noch so viel Arbeit zu leisten war.

Er scheute sich nicht, seine Schüler und Schülerinnen auf verschiedene Weisen auf ihre Fehler aufmerksam zu machen. Zunächst sprach er meist im Allgemeinen über die von ihm bemerkten emotionalen Verstrickungen und verkehrten Sichtweisen, um zu schauen, ob die Personen ausreichend Einsicht besaßen, um diese Unterweisungen auf sich selbst zu beziehen und anzuwenden. Wenn dies nicht reichte, ahmte er oft das Verhalten und den Gesichtsausdruck auf spielerische Weise nach und hielt ihnen so den Spiegel vor. Wenn auch das nicht reichte, konnte er auch sehr direkt werden, doch ohne je verletzend zu sein. Immer war die liebevolle, tragende Hand des Meisters spürbar, die selbst schwer zu verdauende Hinweise als Geschenk erleben ließ.

Nach dem Mittagessen machte er gerne, wenn es die Zeit zuließ, einen kleinen Gang – meistens zum Stupa, den er raschen Schrittes umkreiste, während er viele Mantras sprach. Er freute sich stets, wenn die Lamas zu ihm kamen, um mit ihm über ihre Praxis zu sprechen und sich Rat zu holen für die Bewältigung ihrer Aufgaben, mit denen er sie beauftragt hatte. Bei seinem in jeder Hinsicht vorbildlichen Lebenswandel und seiner makellosen Disziplin besaß er ein Höchstmaß an freudiger und fühlte sich nie gestört – auch nicht in unpassenden Situationen. Für alles und jeden war Platz in seiner Gegenwart. Jeder Person schenkte er die gleiche persönliche Aufmerksamkeit und Liebe. Um die große Zahl der Klausurteilnehmenden zu betreuen, gab er die Unterweisungen in den Klausurzentren jetzt stets viermal: bei den Frauen wie bei den Männern je einmal mit französischer und mit englischer Übersetzung.

Wegen des ständig wachsenden Interesses von Personen, die unter seiner Leitung eine Dreijahresklausur machen wollten, ließ Gendün Rinpotsche stets weitere Häuser hinzufügen. 1999, im fünften Klausurzyklus, praktizierten 120 Männer und Frauen in Zurückziehung, von denen sich einige auch zur Durchführung sehr langer Klausuren von zwölf Jahren und mehr entschlossen hatten. Meditierende aus mehr als zwanzig Nationen fanden sich zusammen, um die Lehre Buddhas zu leben.

Nach seiner Ankunft in Europa kehrte Lama Gendün nie wieder nach Indien oder Tibet zurück. Sein einziges Ziel war es, den Dharma hier so fest zu verankern, dass seine westlichen Schüler und Schülerinnen in der Lage sein würden, ihn selbständig an zukünftige Generationen weiterzugeben. Er übertrug einzelnen seiner Schüler und Schülerinnen und der Klostergemeinschaft als Ganzes nach und nach die Verantwortung für die öffentlichen Dharmazentren, die beiden Klöster und die zehn Klausurzentren. Unter der Leitung von Shamar Rinpotsche, Jigme Rinpotsche und heute des 17. Karmapa Thaye Dorje obliegt ihnen so ein Teil der Verantwortung für die Übertragung der Lehren der Karma-Kagyü-Linie.

In den letzten Jahren seines Lebens zog Lama Gendün sich immer mehr von den aktiven Aufgaben und Entscheidungen zurück und schaute, wieweit seine Schüler und Schülerinnen bereits in der Lage waren, selber zurecht zu kommen und gab ihnen dort Hilfe, wo sie diese noch brauchten. So gewöhnte er sie noch zu seinen Lebzeiten an ihre zukünftigen Aufgaben und bereitete sie auf die Zeit vor, wenn er ihnen nicht mehr mit Wort und Tat direkt würde zur Seite stehen können. Alle konnten so in die Aufgaben hineinwachsen und lernen, auf eigenen Füßen zu stehen.

Sein Wunsch war es, dass seine Schüler und Schülerinnen stets als Gemeinschaft handeln. So wünschte er, dass sie auch alle regionalen Dharmagruppen gemeinsam, das heißt, abwechselnd besuchen und betreuen. So kann vermieden werden, dass Praktizierende an der Person des Lamas haften und sich die Saṅgha zersplittert. Es ermöglicht auch, dass sich die einzelnen Lamas immer wieder für Monate oder auch Jahre der Praxis zurückziehen können, ohne dass die Betreuung der Schüler und Schülerinnen darunter leidet.

Besonders am Herzen lag Gendün Rinpotsche der Aufbau einer harmonischen klösterlichen Gemeinschaft von Mönchen und Nonnen, zum größten Teil Lamas, deren Aufgabe es ist, die authentischen Lehren zu bewahren und unverfälscht weiterzugeben. Er sagte: »Wir wissen, dass die Erleuchtung aller Lebewesen auf heilsamen Handlungen beruht und bauen deshalb auf die Geisteshaltung, die solches Handeln hervorbringt.

Damit solch eine uneigennützige Haltung entsteht, müssen Unterweisungen gegeben werden, die in einer Gemeinschaft so praktiziert und gelebt werden, dass sich ihre Verwirklichung überträgt. Um dieser Aufgabe gewachsen zu sein, sollte sich diese Gemeinschaft die Form eines Klosters geben.«

Die Gemeinschaft besteht heute, im Jahr 2010, neben den sechzig Klausurteilnehmenden, aus vierzig Mönchen und Nonnen, die zumeist zwei Dreijahresklausuren durchgeführt haben und nun in einem Wechsel von Aktivität und Meditation ihre Praxis fortsetzen. Sie entwickeln ihr Verständnis der Lehre in Zusammenarbeit und gegenseitigem Austausch weiter und vertiefen es in Zeiten intensiven Studiums und tiefer Meditation. Auch Besucher und Besucherinnen haben die Möglichkeit, unter Klausurbedingungen zu praktizieren und so sind seit Bestehen des Klosters viele Personen zu kurzen intensiven Praxisperioden und Kursen hierher gekommen.

Zusätzlich unterrichten die Lamas in den regionalen Dharmagruppen, die in den verschiedenen Ländern mit dieser Übertragungslinie zusammenarbeiten, geben öffentliche Unterweisungen und beraten Interessierte in ihrer individuellen Praxis. Die Lamas stehen zudem für die spirituelle Betreuung der in Kündröl Ling lebenden und arbeitenden Dharmapraktizierenden zur Verfügung. Diese können sich hier auf das nächste Dreijahresretreat vorbereiten oder einfach für eine Weile am Leben der Gemeinschaft teilnehmen.

Der Ort für die Frauen (in Laussedat) wie auch der Ort für die Männer (in Le Bost) bestehen jeweils aus dem Kloster sowie vier Dreijahres-Klausurzentren, einem Langzeit-Klausurzentrum und einem Tempel sowie den öffentlichen Räumen für Besucher und Besucherinnen, ehrenamtliche Mitarbeitende, Klausurgäste und die Verwaltung.

Am Eingang zu den Anlagen steht an beiden Orten ein gesegneter Stupa, der den erwachten Geist aller Lebewesen symbolisiert. Und im Herzen des Maṇḍalas erhebt sich mit Blick auf die Vulkankette des Puy-de-Dôme der noch im Oktober 1997 von Gendün Rinpotsche eingeweihte große Karmapa Tempel, der für Meditationskurse, Zeremonien und große Anlässe dient. Darin findet sich eine fünf Meter hohe Buddhastatue, umgeben von tausend kleineren Buddhas, die alle hier gefertigt wurden. Die Wände und Decken sind mit wunderbaren Fresken bemalt. Neben dem Tempel steht den Besuchern und Besucherinnen ein Meditationszentrum mit 20 Räumen zur Verfügung.

Das Dharmazentrum Dhagpo Kagyü Ling

Das öffentliche Zentrum Dhagpo Kagyü Ling in der Dordogne ist ständig weiter gewachsen. Jeden Sommer kamen viele Besucherinnen und Besucher nach Dhagpo Kagyü Ling, um Gendün Rinpotsches kostbare Unterweisungen zu hören und in der leuchtenden Gegenwart seines erwachten Geistes zu leben. Seine Ausstrahlung und seine Worte waren so kraftvoll, dass sich das Verständnis für den Dharma in seiner Gegenwart wie von selbst einstellte. Alles war »sonnenklar«. Es gab Zuhörende, die in seiner Gegenwart unmittelbar in eine Erfahrung der Natur des Geistes hineinfanden, obwohl sie diese Unterweisungen, zumindest in diesem Leben, zum ersten Mal hörten. Er lebte von Weisheit durchdrungene Einfachheit. Alle Komplikationen der Ichbezogenheit waren aufgelöst, nur das Wohl anderer zählte. »Dhagpo« ist nun der Hauptsitz des 17. Gyalwa Karmapa Thaye Dordje in Europa und wird weiterhin von Jigme Rinpotsche zusammen mit den westlichen Lamas betreut. Das ganze Jahr über werden Einführungskurse in den Dharma gegeben und es gibt eine Vielfalt von Gelegenheiten zum Studium, zur Kontemplation und Meditation der Unterweisungen Buddhas. Regelmäßig finden auch Unterweisungen von großen Meistern der Kagyü-Linie statt.

Seit einigen Jahren gibt es in Dhagpo auch eine Sommeruniversität, die von den Khenpos (Gelehrten) unserer Linie veranstaltet wird. Dabei werden über Jahre hinweg in mehreren Studienzyklen grundlegende philosophische Texte des Mahāyāna-Buddhismus gelehrt. Hiermit wird an die alte Tradition der buddhistischen Universitäten Indiens angeknüpft. Zusätzlich ist eine große Bibliothek im Entstehen, deren Aufgabe es ist, eine größtmögliche Anzahl der seltenen und vom Verschwinden bedrohten Bücher aus dem spirituellen Erbe Tibets und anderer buddhistischer Länder zu bewahren und den Studierenden zur Verfügung zu stellen. Die Verwirklichung all dieser Projekte entspricht den fünf Wünschen des 16. Gyalwa Karmapa, die sich heute als ein vielfältiges

Maṇḍala zum Wohle von Menschen mit unterschiedlichsten Neigungen manifestiert haben.

Des weiteren hat Gendün Rinpotsches Aktivität an vielen Orten Dharmazentren entstehen lassen, darunter auch Klausurzentren speziell für Laien: Dhagpo Dedröl Ling und Dhagpo Dargyä Ling in der Dordogne, Kündröl Püntsok Ling in Jägerndorf, Bayern, das nun als Shedrub Püntsok Ling in Möhra, Thüringen, und das Retreatzentrum Rigdröl Ling bei Thessaloniki, in Griechenland, sowie eine Vielzahl von regionalen Dharmagruppen, wo regelmäßig Meditationen stattfinden und in denen die Lamas abwechselnd unterrichten.

Die letzten Monate mit Gendün Rinpotsche

Von April bis Juli 1997 empfing Gendün Rinpotsche den achtzehnjährigen Tenying Rinpotsche, einen bewusst inkarnierten Linienhalter der Bharam-Kagyü-Tradition von seinem Kloster in Tibet. Jeden Tag lehrte er ihn Mahāmudrā und übertrug ihm die Unterweisungen, die traditionellerweise am Anfang der Dreijahresklausur gegeben werden. Dies war eine Periode intensiver Lehrtätigkeit, wie sie Rinpotsche die Jahre zuvor in dieser Form nicht mehr ausgeführt hatte; er war sehr glücklich darüber, gleichzeitig aber auch etwas erschöpft.

Dennoch legte er im August 1997 Wert darauf, eine Woche mit seinen vielen Schülern und Schülerinnen in Dhagpo zu teilen. Es war das letzte Mal. Er gab die Einweihung auf den weiblichen Buddha des langen Lebens *Drupai Gyalmo* (Königin der Verwirklichung) und sagte dabei im Spaß: »Für jemanden, der alt ist, ist eine Langlebenseinweihung besonders angebracht!« Im September kam *Gyatrul* Rinpotsche für einen kurzen Besuch und empfing Gendün Rinpotsches Unterweisungen. Gendün Rinpotsche war immer noch etwas schwach und schonte sich. In dieser Zeit sprach er viel über die Zukunft und darüber, welche Aktivitäten sich in den Klöstern und Klausurzentren entwickeln sollten. Er sah zwar einige Schwierigkeiten auf uns zu kommen, sagte aber, dass er aufgrund der Zeichen in seiner Meditation Vertrauen in die Zukunft habe.

Zum Ende der Dreijahresklausuren am 22. Oktober 1997 kamen über tausend befreundete Gäste in die Auvergne. Die meisten der Schüler und Schülerinnen, die an den bisherigen Klausurzyklen unter Rinpotsches Leitung teilgenommen hatten, waren anwesend. In den Tagen zuvor hatte sich Rinpotsche sehr gut gefühlt und hatte persönlich viele Details geregelt, besonders für die zum ersten Mal im großen Tempel stattfindenden Zeremonien. Jede einzelne Person sollte seinen Segen empfangen und Rinpotsche wünschte, dass nach der Zeremonie alle gemeinsam im Tempel eine Mahlzeit einnehmen, damit diese erste Zusammenkunft der ganzen Saṅgha im Tempel ein Zeichen spiritueller Fruchtbarkeit für die Zukunft sei. Es war ein sehr festlicher Anlass. Einige Tage vor dem Öffnen der Klausuren hatte Rinpotsche drei Nächte hintereinander glückverheißende Träume, in denen die Klausurteilnehmenden ihm viele Niederwerfungen, Langlebensgebete, Opferungen und gute Wünsche darbrachten und ihm auch auf andere Weise Hingabe zeigten.

Nach dem traditionellen Umschreiten der Klausurzentren und dem Darbringen einer symbolischen Opferung des Universums vor den Stupas als Zeichen ihres Dankes wurden die 104 Klausurteilnehmenden in den Klöstern mit einer kurzen Willkommenszeremonie begrüßt. Gendün Rinpotsche empfing sie dann im neuen »Karmapa Tempel«, wo die tausend Buddha-statuen zum ersten Mal in ihren Nischen standen. Gemeinsam brachten alle Klausurteilnehmenden Gendün Rinpotsche das Maṇḍala-Opfer des Universums dar und erhielten seinen Segen. Rinpotsche erschien äußerst glücklich, lächelte und strahlte seine wunderbare Güte aus – alles war den Wünschen Gyalwa Karmapas gemäß vollbracht worden. Bei der Segnung selbst war Rinpotsche dann außerordentlich ernst und in tiefer Konzentration, als hätte er gewusst, dass dies sein letztes Zusammensein mit seinen Schülern und Schülerinnen sein würde. Während der Segnung zeigte Gendün Rinpotsche jedoch keinerlei Anzeichen von Müdigkeit. In den auf die Klausuröffnung folgenden Tagen empfing er wie immer Besucher und Besucherinnen für Gespräche und Segen.

Nur neun Tage später, in der Nacht des Freitag, dem 31. Oktober, verließ Gendün Rinpotsche nach 22 Jahren aktiven Wirkens in Europa seinen Körper. Er verweilte daraufhin zweieinhalb Tage im *Thugdam*, der Meditation in der Natur des Geistes, wie sie geübte Meditierende im Moment ihres Todes vollziehen. Während dieser Zeit blieb seine Herzgegend handwarm und sein Gesicht wirkte jung und strahlend. Es hatte den wunderbaren Ausdruck von jemandem, der sich in tiefem Samadhi befindet. Er wirkte vierzig Jahre jünger und sein Anblick löste ein tiefes Glücksgefühl aus. Am ersten Tag begann sich in seinem Zimmer ein Duft von seinem Körper her auszubreiten, etwas süßlich und an Safran erinnernd, der am zweiten Tag so intensiv wurde, dass er im angrenzenden Tempel wahrgenommen werden konnte. Ein Geist der Freude begann sich im ganzen Maṇḍala auszubreiten. Es mutet wie ein Wunder an, dass sich keiner seiner Schüler und Schülerinnen – bei allen Unterschieden im persönlichen Entwicklungs- und Reifegrad – verlassen oder alleingelassen fühlte. Dies zeugte in unseren Augen von seiner anhaltenden Präsenz, von seiner weiterhin spürbaren alldurchdringenden Güte und dem herausragenden Grad seiner Verwirklichung. Gendün Rinpotsche hatte uns glücklicherweise seit Jahren auf diesen Moment vorbereitet. Oft sprach er zu uns auf folgende Weise über seinen eigenen Tod:

»Sorgt euch nicht, sondern bewahrt einen freudigen Geist. Haftet nicht an der körperlichen Gegenwart des Lama, sondern meditiert auf den Lama, von dem ihr niemals getrennt seid.«

Sein Körper wurde für 49 Tage auf traditionelle Weise aufbewahrt, damit die von weit her angereisten Schüler und Schülerinnen Gelegenheit hatten, gemeinsam in seiner Nähe zu praktizieren. In den Tempeln fanden jeden Tag gemeinsame Meditationen statt, je eine Woche Vajrayoginī, Vajrasattva, Tschöd, Cakrasaṃvara, Amitābha, Milarepa und Jinasāgara. Diese Rituale wurden für die Fortdauer seiner erwachten Aktivität in dieser Welt ausgeführt. Es war eine einzigartige, kraftvolle Zeit, in der ein besonderer Segen spürbar war – eine Zeit der Reinigung, in der weitere Samen der Erleuchtung in uns gesetzt wurden. Viele Besucher und Besucherinnen kamen und brachten dem *Kudung* (der sterblichen Hülle eines erwachten Wesens) ihre Verehrung dar und meditierten in seiner Nähe, während im selben Raum den ganzen Tag eine kleine Gruppe von Schülern und Schülerinnen viele Rezitationen des *Sangtschö Mönlams* (das Wunschgebet der vortrefflichen Bodhisattva-Aktivität) ausführte sowie den Guru Yoga praktizierte.

Am 18. Dezember 1997 fand dann unter der Leitung von Künzig Shamar Rinpotsche im Beisein der Gemeinschaft der Praktizierenden die rituelle Kremation des einbalsamierten Körpers statt. Rinpotsches Körper wurde auf dem Tempelvorplatz in einem speziell errichteten Verbrennungs-Stupa den Flammen übergeben. Während der Kremation fanden drei Feueropfer-Zeremonien gleichzeitig statt und von allen Seiten zugleich wurde ins lodernde Weisheitsfeuer geopfert.

Rinpotsches Wirken in diesem Körper ist nun abgeschlossen, aber sein Werk setzt sich durch die Gemeinschaft der Lamas unter der Leitung des 17. Gyalwa Karmapa fort. Angesichts all dessen, was Gendün Rinpotsches Aktivität in nur 22 Jahren möglich machte, kommt große Freude auf. In Bezug auf die Zukunft sagte Lama Gendün mehrmals, dass ein Fortsetzen seines Werkes von zwei Bedingungen abhänge: dass seine Schüler und Schülerinnen mit ihrer Praxis fortfahren, indem sie Perioden der Aktivität und der Zurückziehung abwechseln, und dass die Gemeinschaft geeint bleibe.

Die Besonderheit Gendün Rinpotsches war seine einfache Präsenz, so offen und nah. Er erweckte niemals den Eindruck, jemand Besonderes sein zu wollen, sondern zeigte sich lieber als gewöhnlicher Lama. Alle konnten sich ihm ohne Schwierigkeiten nähern. Auch dass er sich ganz hier in Europa niedergelassen hatte, um uns Europäern und Europäerinnen täglich die Lehre weiterzugeben, ist sehr besonders. Normalerweise haben verwirklichte Wesen eine solch große Aktivität nach außen hin, dass sie im Alltag nicht so verfügbar sind wie Gendün Rinpotsche. Rinpotsches Güte und Liebe sind Kräfte, die für immer gegenwärtig bleiben. *Der 16. Gyalwa Karmapa* sagte über ihn:

»Gendün Rinpotsche ist wie Milarepa. Er hat in diesem Leben die Ebene von Vajradhara (das Erkennen der höchsten Wahrheit frei von Schleiern) erreicht. In seiner nächsten Inkarnation wird Lama Gendüns Kraft unvorstellbar sein.«

Künzig Shamar Rinpotsche beschreibt ihn wie folgt: »Gendün Rinpotsche war ein Yogi. Man kann ihn wirklich einen Großen Meditierenden nennen, denn von frühester Kindheit an hat er sich dem Weg der Meditation verpflichtet und sein Versprechen bis zur Erleuchtung nicht aufgegeben. Genau so erlangt man Erleuchtung: indem man die Verpflichtungen, die man eingegangen ist, respektiert. Es ist nicht einfach, so zu sein wie er!

Er hat sein ganzes Leben lang meditiert, und das hat ihn zur höchsten Verwirklichung und zu allen seinen Fähigkeiten geführt. Wir achten ihn alle sehr als einen Linienhalter von Mahāmudrā und der Sechs Dharmas von Naropa und als einen der wenigen, die diese Übertragung noch geben konnten. Er ist wirklich einer der großen *Siddhas* der Karma Kagyü Linie. Wenn gesagt wird, dass er wie Milarepa war, dann ist damit gemeint, dass man zu Gendün Rinpotsche genauso wie zu Milarepa beten sollte. In diesem Sinne sind sie gleich. Das bedeutet auch, dass Rinpotsche die höchste Vervollkommnung von Mahāmudrā erlangt hat.

Um den Dharma im Westen zu beginnen, war es notwendig, einen erwachten Meister mit stabiler Verwirklichung dort hinzuschicken, und so wählte Karmapa Gendün Rinpotsche. Eigentlich hatte dieser den Wunsch, wie ein Bettler in Einfachheit auf den Straßen Indiens zu leben. Dies teilte Gendün Rinpotsche dem Gyalwa Karmapa mit, als dieser ihn bat, nach Europa zu gehen. Er fügte hinzu, da Gyalwa Karmapa ein lebender Buddha sei, würde er über sein Gesuch nachdenken, denn wenn er es annähme, würde er niemals sein Versprechen brechen und ihn enttäuschen, daher brauche er Zeit zum Nachdenken. Gyalwa Karmapa bestand jedoch darauf, dass Gendün Rinpotsche seinen Wunsch akzeptierte, welcher daraufhin sagte: ›Ihr seid ein lebender Buddha, und so wisst Ihr um den Nutzen, der auf diese Weise für eine große Anzahl von Lebewesen entstehen kann, und wenn ich diese Möglichkeit habe, Euch zu dienen, bedeutet das, dass ich die Möglichkeit habe, das Wohl aller Wesen zu bewirken. Daher nehme ich die Aufgabe an.‹ Es ist ganz sicher, dass durch Gendün Rinpotsche die Lehre hier in Europa authentisch übertragen wurde und vollkommen rein geblieben ist. So konnte die Essenz des Dharma erhalten werden. Was die Frage der Nachfolge Gendün Rinpotsches angeht, so ist offensichtlich, wer seine Aktivität aufrechterhalten und weiterführen wird, denn Gendün Rinpotsche hat seine gesamte Aktivität für den Gyalwa Karmapa entfaltet und hat nur dessen Wünsche in die Tat umgesetzt. Er hat stets gesagt, dass dieser alles wieder übernehmen sollte, wenn seine Arbeit vollbracht ist. Sein Werk wird von daher natürlicherweise mit dem Buddha Karmapa weitergehen. Und dieser ist schon da. Durch seine spirituelle Verwirklichung hat er den jungen Thaye Dorje als den 17. Karmapa anerkannt.[13] Dieser wird seine Aktivität fortführen und ist nun der spirituelle Meister des Ortes und all dessen, was Rinpotsche hier im Westen geschaffen hat.

Es war vorgesehen, dass Gendün Rinpotsche dem Siebzehnten Karmapa mündliche Mahāmudrā-Unterweisungen gibt. Hier besteht kein Grund zur Sorge, denn nichts ist verloren gegangen. Als ich vor einigen Monaten zum letzten Mal Gendün Rinpotsche traf, hat dieser mir gesagt: ›Ich werde vielleicht bald sterben.‹ Doch obwohl er seinen

13 Dies geschah auf Grund von wiederholten nächtlichen Visionen, in denen Gendün Rinpotsche dem jungen Karmapa begegnete. Er sah ihn so deutlich, dass er sein Gesicht und sogar seine Hände im Detail beschreiben konnte, lange bevor das erste Foto des Jungen aus Lhasa auftauchte. Speziell wies Gendün Rinpotsche darauf hin, dass der Karmapa seiner Visionen ein rotes Feuermal auf der Handfläche zwischen seinen Fingern habe, was tatsächlich in der Kindheit von Karmapa Thaye Dorje der Fall war. Es ist dann mit dem Wachstum zunehmend verblasst.

Körper verließ, bevor sich die beiden auf physischer Ebene begegneten, hatte er sie trotzdem bereits direkt dem 17. Gyalwa Karmapa übertragen. Dessen bin ich mir sicher.«

Gendün Rinpotsche sprach einmal zu Schülern und Schülerinnen darüber, was für ein Vertrauen sie seinem Lehrer, dem Gyalwa Karmapa, gegenüber haben können: »Wenn ihr den starken Wunsch erzeugt und euch den Karmapa vorstellt, dann sitzt er tatsächlich auf seinem goldenen Thron vor euch. Daran gibt es keinen Zweifel. Diejenigen, die dem 16. Karmapa auf seinen Reisen begegnet sind, können sich die ganze Zeit auf seinen Segen stützen, ob er körperlich anwesend ist oder nicht. Karmapas Segen geht über die physische Manifestation hinaus. Auch diejenigen, die ihn nie getroffen haben, können sich auf den Geist Karmapas in einem weiteren Sinn stützen. So praktiziere auch ich selbst. Der Gyalwa Karmapa war mein Wurzellama. Es gibt keinen Zweifel über seinen Segen und die Tatsache, dass er immer gegenwärtig ist. Wir sind nie von Karmapa getrennt. Er ist da, wo man zu ihm betet. So mache ich es selbst. Ihr könnt sicher sein, dass sein Segen alle Probleme und Verwirrung auflöst. Ich sehe mich selbst als Diener des Karmapa und als sein Schüler. Der Karmapa ist immer bei mir, die ganze Zeit. Ich warte nicht auf ihn, sondern habe ihn bereits gefunden.«

In einem Interview spricht Gendün Rinpotsche von seinen Meistern: »Mein eigentlicher Lama ist Vajradhara, der Dharmakāya Samantabhadra. Diesem Weg bin ich an sich gefolgt. Aber es stimmt, dass ich viele Übertragungen von großen Meistern verschiedener Traditionen erhalten habe, von Meistern aus makellosen, ununterbrochenen Übertragungslinien, die einen unbefleckten Segen übermitteln. Ob das nun Meister der Kagyü- oder Nyingma-Linie waren, macht dabei keinen Unterschied. Die beiden Linien durchdringen und bereichern sich gegenseitig. Unter den wichtigen Meistern, bei denen ich in verschiedenen Lebensphasen lernte, waren zunächst die drei Lamas, welche für die Ausbildung in unserem Kloster verantwortlich waren, sowie ein großer Einsiedler, der in der Nähe des

Klosters lebte und von dem ich viele Unterweisungen erhielt. Dann bin ich dem früheren Situ Rinpotsche Pema Wangtschog und dem früheren Djamgön Kongtrul Rinpotsche Khyentse Öser begegnet, die ich beide als meine Lehrer betrachte. Schließlich traf ich den Gyalwa Karmapa, der ihrer aller Meister war. Ich begab mich also in dessen Segen, indem ich Seine Heiligkeit als den Meister meiner früheren Meister betrachtete. Er nahm mich als seinen Schüler an und vertraute mir, fast gegen meinen Willen, viele Aufgaben an. Von den bekanntesten großen Nyingma-Meistern hat mir Seine Heiligkeit Dilgo Khyentse Rinpotsche viele Unterweisungen gegeben und ich habe mich auch auf Seine Heiligkeit Düdjom Rinpotsche gestützt, den ich jedoch sehr viel seltener getroffen habe.«

Shamar Rinpotsche schrieb zusammen mit einem Langlebensgebet einige Zeilen über Gendün Rinpotsche: »Lama Gendün vom Kloster Khyodrag ist ein wahrhaft spiritueller Mensch, der alles Haften und Verlangen nach Wohlstand, Achtung und Ansehen völlig aufgelöst hat. Es ist heutzutage schwierig, jemanden zu finden, der in Meditation und Aktivität so dazu befähigt ist wie er, jeder einzelnen Person die Anleitung zu geben, die sie braucht. Dies, sowie seine Fähigkeit, wirklichen Segen auf seine Schüler und Schülerinnen zu übertragen, bringen seine spirituelle Verwirklichung zum Ausdruck. Solch ein Mahāmudrā-Yogi ist ein seltener Fund, vergleichbar mit einem kostbaren wunscherfüllenden Juwel: Quelle all dessen, was man wünscht und braucht.«

Und, an anderem Ort: »Lama Gendün Rinpotsche meditierte ständig, sein ganzes Leben lang, und hat dadurch vollkommene Verwirklichung erlangt. Aus diesem Grund betrachten wir ihn als einen Halter der Mahāmudrā-Linie und der Linie der Sechs Dharmas von Naropa. In der Geschichte der Mahāmudrā-Linienhalter können nur solche Meister wie er die Übertragung an Karmapa weitergeben. Wir sollten dies heute bedenken. Gendün Rinpotsche jedenfalls ist ein solcher hoher Verwirklichter der Karma-Kagyü-Linie.«

In einem Interview aus den siebziger Jahren beschließt Gendün Rinpotsche seine Lebensgeschichte mit folgenden Worten: »Zunächst wird man im Schoß seiner Mutter empfangen. Man ist beinahe unsichtbar. Dann wird man geboren und wächst heran, wird erwachsen und schließlich wird man alt, wie ich es jetzt werde. Der Körper wird schwach, die Zähne und Haare fallen aus usw. Dann stirbt man. Der Körper verwest und verschwindet. Nichts bleibt davon mehr übrig. – Mein graues Haar ist meine Mudra der Vergänglichkeit.«

Und: »Wir sollten heute die Blumen gießen. Sie vertrocknen und sterben wie ich – ein alter Mann.«

Dies ist eine kurze Biographie von Lama Gendün Rinpotsche. Sie gibt nur einen kleinen, unvollständigen Einblick in das Leben und Werk dieses in Wirklichkeit nicht zu beschreibenden Menschen. Im Gedenken an ihn mögen die folgenden Zeilen den Abschluss bilden, mit denen er im Laufe der Jahre viele Tausende von Menschen in persönlicher Begegnung segnete:

Mögen wir in allen Leben niemals
vom vollkommen reinen Lama getrennt sein,
sondern uns der Fülle seiner Lehren erfreuen,
die Qualitäten der Stufen und Pfade
vervollkommnen und schnell die Verwirklichung
von Vajradhara erlangen.

Möge der kostbare Erleuchtungsgeist
bei denen entstehen,
wo er noch nicht entstanden ist,
und nicht abnehmen,
wo er schon entstanden ist,
sondern ständig weiter zunehmen.

Gewährt Euren Segen,
dass ich und alle Lebewesen ihren Geist
der Lehre zuwenden
und der edlen Lehre als Weg folgen.
Möge der Weg unsere Verwirrung klären
und möge sich Verwirrung
als zeitloses Gewahrsein offenbaren.

ཨཱཿ

Das Hervorbringen der erwachten Geisteshaltung

Die grundlegenden Gedanken

Wenn wir einem spirituellen Weg folgen wollen, brauchen wir Klarheit darüber, warum und mit welcher Motivation wir ihn gehen, wohin er führen soll und mit welchen Mitteln wir dorthin gelangen. Das Ziel und die Frucht des buddhistischen Weges ist völlige Befreiung von allem Leiden und das Verwirklichen des letztendlichen Erwachens – das Glück, das durch nichts beeinträchtigt oder zum Versiegen gebracht werden kann.

Wir alle werden früher oder später mit dem Tod konfrontiert, das ist unausweichlich. Wer jedoch während seines Lebens die Unterweisungen Buddhas praktiziert, wird dem Tod ohne Angst und voller Zuversicht entgegensehen können. Wir werden Gewissheit erlangt haben, was zu tun und was zu lassen ist und mit welcher Geisteshaltung wir sterben sollen, damit der Tod als besondere Gelegenheit genutzt werden kann, um uns aus dem Zyklus der Wiedergeburten zu befreien. Der wahre Sinn unserer täglichen Praxis liegt in dieser Vorbereitung auf den Tod.

Es ist von entscheidender Bedeutung, den spirituellen Weg mit der richtigen Motivation zu gehen. Wir praktizieren nicht mit dem

Wunsch, aus der Praxis einen persönlichen Gewinn ziehen und bessere Bedingungen in diesem Leben erlangen zu wollen. Eine solche Motivation wäre dem Dharma entgegengesetzt und würde keinen dauerhaften Nutzen bringen. Auch das Ziel, in den nächsten Leben angenehme Bedingungen vorzufinden und zum Beispiel als reicher, angesehener Mensch oder in den Götterbereichen mit ihren illusorischen Genüssen wiedergeboren zu werden, ist kurzsichtig, denn unweigerlich finden diese angenehmen Zustände eines Tages ihr Ende. Wir sind uns darüber im Klaren, dass wir im Tod alles, was wir in dieser Welt geschätzt und angesammelt haben, zurücklassen werden: unseren Besitz genauso wie unsere geliebten Menschen. Nichts von dem wird uns begleiten können. Von daher können alle weltlichen Freuden, Fähigkeiten und Güter uns im besten Fall vorübergehendes Glück bringen, aber kein langfristiges Ziel darstellen.

Der Weg des Buddha hat einzig zum Ziel,
das unwandelbare Glück vollkommenen Erwachens
zu erreichen und allen Lebewesen
zu demselben Glück zu verhelfen.

Die meisten Menschen im Westen leben in großem Wohlstand. Wir besitzen viele materielle Güter und verfügen über eine relativ große Handlungsfreiheit. Dieser Reichtum ist ein Zeichen dafür, dass wir in der Vergangenheit zahlreiche gute Handlungen ausgeführt haben. Jedoch war unser Handeln nicht auf das Erwachen, sondern nur auf kurzfristiges Wohlergehen ausgerichtet. Jetzt können wir uns sinnvollerweise dem anderen Aspekt positiven Handelns zuwenden, der im Entwickeln spiritueller »Verdienste« besteht, jener Kraft, die zum vollkommenen Erwachen führt. Ohne das Entwickeln dieser spirituellen Kraft werden wir keinen bleibenden Nutzen von unseren Anstrengungen haben. In Zeiten des Wohlergehens und der Freiheit wie jetzt wollen wir die Kraft von Liebe, Mitgefühl und Weisheit weiterentwickeln, um in schwierigeren Zeiten Hindernisse auf dem Weg zur Befreiung überwinden zu können.

Dass wir nicht nur günstige Lebensbedingungen, sondern auch Zugang zur buddhistischen Lehre gefunden haben, ist nicht so sehr das Ergebnis unserer Handlungen in diesem Leben, sondern hauptsächlich die Folge heilsamen Handelns in früheren Leben. Es ist ein Zeichen dafür, dass wir schon gewisse Anstrengungen unternommen haben, Verdienste anzusammeln und uns von schädlichen Gewohnheiten zu befreien. Wir haben Einsicht und Weisheit entwickelt und uns wiederholt gewünscht, mit den Lehren Buddhas in Kontakt zu bleiben. Die Kraft dieser früheren Handlungen hat dazu geführt, dass wir heute nicht nur über materiellen Wohlstand verfügen, sondern auch Zugang zum spirituellen Reichtum des Weges der Befreiung gefunden haben. Wir können diese Gelegenheit nutzen und von jetzt an unser gesamtes Leben der Praxis des Dharma widmen, um so schnell wie möglich das Erwachen zu verwirklichen. Wir können all unsere Kraft daran setzen, unser Verstehen Tag für Tag zu vertiefen.

Viele Menschen halten ihre gegenwärtigen Lebensbedingungen für selbstverständlich und leben in dem Gefühl, dass dieses menschliche Leben nichts Besonderes sei. Doch dieser Eindruck täuscht. Die menschliche Geburt fliegt uns nicht von selbst zu, sondern ist die am schwierigsten zu erlangende unter all den Daseinsformen in unserem Universum. Zudem gibt es in unserer Welt nicht viele Länder, in denen der Dharma, die Lehre Buddhas, verbreitet ist. Und dort, wo der Dharma gelehrt wird, gibt es nur wenige Menschen, die sich für ihn interessieren. Von diesen wiederum gibt es nur wenige, die ihn auch tatsächlich in der Praxis anwenden. Und noch seltener sind jene, die ihn wirklich so praktizieren, wie er gelehrt wird. Menschen, die den Dharma auf authentische Weise praktizieren, sind so selten wie Sterne bei Tageslicht.

Uns wurde eine äußerst seltene und kostbare Gelegenheit geschenkt! Wir haben in diesem Leben das große Glück, den Unterweisungen begegnet zu sein, spirituelle Freunde und Freundinnen finden zu können und Zeit für den Dharma zu haben. Wir können ihn studieren, anwenden, unsere Erfahrungen mit anderen teilen und einander weiterhelfen. Wir haben eine erstaunliche, unglaubliche Freiheit, das zu tun, was wir wirklich wünschen! Diese kostbare, außergewöhnliche Situation, derer wir uns aufgrund unserer heilsamen Handlungen und der Güte von Buddha, Dharma und Saṅgha erfreuen, kann allerdings im Nu wieder vorbei sein, denn sie hängt von vielen Bedingungen ab, die sich schnell ändern können. Angesichts der Vergänglichkeit dieser kostbaren Situation möge in uns ein Gefühl der Dringlichkeit entstehen, gepaart mit freudigem Enthusiasmus, wo wir uns sagen: »Was habe ich Wichtigeres in meinem Leben zu tun, als mein Verständnis des Dharma zu vertiefen und es mit allen Lebewesen zu teilen?« Mit diesem freudigen Wunsch nutzen wir unsere kostbare menschliche Existenz unermüdlich für die Praxis.

Nun gibt es viele Leute, die der Lehre Buddhas schon begegnet sind und sie auch für richtig halten, aber trotzdem nicht die Zeit finden, sie in die Praxis umzusetzen. Der Grund hierfür liegt in unserem Haften an weltlichen Werten, in der Einschätzung dessen, was im Leben wichtig ist. Wir lassen uns leicht von den attraktiven Wohlstandsgütern, die uns in vielerlei Formen und Farben umgeben, verführen und möchten sie nicht missen. Manchmal halten wir unser gewöhnliches, leidvolles Leben im Daseinskreislauf sogar für recht angenehm. Wir widmen uns vor allem der materiellen Seite unseres Lebens und so sind unsere Anstrengungen von rein weltlicher Art. Auch wenn wir schon viele Unterweisungen gehört haben mögen, finden wir aufgrund unserer anders gesetzten Prioritäten weder die Zeit noch die Bedingungen, uns der Praxis zu widmen, und wenden uns schließlich ganz vom Dharma ab. Statt dem Beispiel verwirklichter Meister und Meisterinnen zu folgen, sind wir von Persönlichkeiten fasziniert, die in der Welt erfolgreich sind. Wir verschwenden viel Zeit und Energie darauf, sie nachzuahmen und nach ebensolchem Reichtum, Einfluss oder Ruhm zu streben wie sie. Diese Wünsche und Sehnsüchte werden zu einer Quelle großen

Leidens, da unser Geist ständig von Verlangen – der hauptsächlichen Ursache aller Unzufriedenheit – aufgewühlt wird.

Wenn wir der Vergänglichkeit, der Wahrheit des Entstehens und Vergehens, nicht gewahr sind, bleiben wir in diesen weltlichen Wünschen und somit im Daseinskreislauf gefangen und laufen allen möglichen Dingen hinterher, ohne zu erkennen, wie vergänglich und unwirklich sie sind. Alles wandelt sich von Augenblick zu Augenblick und deshalb werden wir das Begehrte, selbst wenn wir es erreichen, nicht lange behalten können. Das Nichtgewahrsein der Vergänglichkeit endet stets in Enttäuschung, da es dazu führt, dass wir uns vergeblich abmühen, Sachen und Situationen vor dem unvermeidbaren Wandel zu bewahren.

Der Mensch verhält sich den Erfahrungen
seines Lebens gegenüber wie ein Kind,
das fasziniert versucht,
einen Regenbogen zu erhaschen.

Es wird diesen Regenbogen seiner Wünsche nie zu fassen bekommen, da er von Natur aus nicht fassbar ist. Genauso wenig können wir die Dinge der Welt, die ihrer Natur nach unbeständig und flüchtig sind, einfangen oder festhalten – auch wenn wir noch so viel Zeit und Energie darauf verwenden. Unser Wunschdenken steht im Widerspruch zur Unbeständigkeit aller Dinge. Aufgrund dieser Kluft zwischen Wunsch und Wirklichkeit entstehen Unzufriedenheit und Leid.

Träume sind ein gutes Beispiel für unser Haften an vermeintlicher Wirklichkeit. Weil wir die im Traum erlebten Situationen für wirklich halten, reagieren wir emotional und lassen uns von ihnen davontragen. Angenehme Traumerlebnisse machen uns froh und unangenehme möchten wir loswerden. So verstricken wir uns in Zu- und Abneigung. Wir erkennen nicht, dass der Traum nur eine Projektion des Geistes ist, und halten Geschehnisse für wirklich, die keine Wirklichkeit besitzen. Dies versetzt den Geist in Spannung und verursacht Leid. Genauso haften wir auch im Wachzustand an den Dingen, da wir sie für wirklich und beständig halten, obwohl sie ihrem Wesen nach unwirklich und vergänglich sind. Durch das Bemühen, sie uns anzueignen und festzuhalten, entsteht zwangsläufig Enttäuschung und wir verschwenden nutzlos unsere Zeit.

Sind wir gewahr, wie sich alles
ununterbrochen wandelt
und letztlich keinerlei Wirklichkeit besitzt,
löst sich unser Haften auf
und damit kommt auch
das daraus entstehende Leiden zur Ruhe.

Wir verstehen, dass all unsere Anstrengungen kein bleibendes Glück bringen können, da die Dinge, nach denen wir trachten, nicht von Dauer und leer wie der Himmel sind. Wir werden uns der Flüchtigkeit des Daseins gewahr und die irrige Annahme, Dinge dauerhaft besitzen und vor der Vergänglichkeit bewahren zu können, löst sich auf.

Die alten Meister der *Kadampa*-Linie[14] meditierten jeden Tag über die Vergänglichkeit. Wenn sie ihren Tee tranken, sagten sie sich: »Es ist ein großes Glück, dass ich heute meine Schale Tee trinken kann, wer weiß, ob es mir morgen noch genauso vergönnt sein wird.« Und jeden Abend vor dem Einschlafen stellten sie als Zeichen ihres möglichen, nächtlichen Todes die Teeschale umgekehrt neben sich hin. Wenn sie am nächsten Morgen aufwachten, stellten sie ihre Schale wieder auf

---

14 Die *Kadampa*-Linie, aus der auch *Gampopa* ursprünglich stammte, war besonders berühmt für ihre sorgfältige Praxis der grundlegenden Kontemplationen wie zum Beispiel über Vergänglichkeit und Karma, für ihr intensives Geistestraining in Mitgefühl und die Praxis der grundlegenden Qualitäten des Bodhisattva-Weges. Alle heute noch existierenden Schulen des tibetischen Buddhismus sind stark von den Kadampa-Lehren, die von dem indischen Meister *Atīśa* nach Tibet gebracht wurden, beeinflusst worden.

und sagten sich: »Welch ein Glück, dass ich wieder einen neuen Tag erleben darf! Andere sind in dieser Nacht gestorben. Ich werde die Gelegenheit nutzen und heute ausschließlich heilsam handeln.« So übten sie sich im Gewahrsein der Vergänglichkeit.

Die Welt, in der wir leben, ist die Projektion unserer karmischen Tendenzen, die natürliche Konsequenz vergangener Handlungen. Wenn wir diese Bedingtheit unserer Welt nicht verstehen, leben wir in der Illusion von Freiheit, in dem Gefühl, unser Leben nach Belieben gestalten zu können, als wären wir in der Lage, uns glückliche Umstände sichern und Leiden vermeiden zu können. Ohne die karmischen Gesetzmäßigkeiten zu berücksichtigen, ist dies jedoch nicht möglich und bleibt reine Selbsttäuschung.

Unsere gegenwärtigen Lebensbedingungen sind das Ergebnis früherer Handlungen. Alle Freude, Erfolge und glücklichen Umstände, die wir erleben, entspringen heilsamen Handlungen von Körper, Rede und Geist, die wir in diesem oder in früheren Leben ausgeführt haben. Und alles Leiden, alle Schwierigkeiten und unglücklichen Umstände sind in gleicher Weise die Auswirkungen vergangener nichtheilsamer Handlungen von Körper, Rede und Geist.

Innerhalb dieses Zusammenspiels von Kräften, die uns in vielerlei Hinsicht beeinflussen, bleibt ein kleiner Entscheidungsspielraum. Den können wir nutzen, um eine bessere Wahl bei unseren gegenwärtigen Handlungen zu treffen und so eine freiere, glücklichere Zukunft vorzubereiten. Wir können uns allmählich aus unseren Konditionierungen befreien und Bedingungen für ein tieferes Verständnis der Wirklichkeit schaffen.

Die Vielfalt karmischer Mischungen von Glück und Leid ist ebenso groß wie die Zahl der Lebewesen. Was sie erleben, ist sehr persönlich, denn jede individuelle Handlung hat ihre entsprechenden, individuellen Konsequenzen. Deshalb machen verschiedene Personen, obwohl sie in sehr ähnlichen äußeren Situationen leben mögen, doch stets sehr persönliche, einzigartige Erfahrungen. Jede Person erfährt eine andere

Welt. Nur wir selbst erfahren die Folgen unserer Handlungen und Sichtweisen. Und auch nur wir selbst können beeinflussen, welche Erfahrungen wir in der Zukunft machen werden.

Um zu wissen, was man in früheren Leben
getan hat, braucht man nur
sein gegenwärtiges Leben anzuschauen.
Und um zu wissen, wie die eigene Zukunft
aussehen wird, braucht man nur
seine gegenwärtigen Handlungen zu betrachten.

Als natürliche Folge unseres Tuns reifen unweigerlich die entsprechenden Früchte heran und das Reifwerden dieser Früchte können wir nicht verhindern. Deshalb gelingt es uns auch trotz aller Anstrengungen nicht, mit den Handlungen von heute unsere gegenwärtigen Erfahrungen zu kontrollieren. Obwohl wir uns mit ganzer Kraft wünschen, Problemen zu entgehen, schaffen wir es nicht, unsere momentane Situation dementsprechend zu gestalten. Das zeigt, dass noch weitere Kräfte im Spiel sind. Diese Kräfte sind die Folge unserer früheren Handlungen, deren Auswirkungen wir nicht entkommen können. Statt uns also darin zu erschöpfen, Umstände ändern zu wollen, die nicht mehr zu ändern sind, gilt es jetzt, uns um die Zukunft zu kümmern und gewahr zu werden, dass die Qualität unseres gegenwärtigen Tuns die Zukunft bestimmt. Handeln wir heilsam, so säen wir Samen des Glücks, die zu günstigen, glücklichen Umständen heranreifen werden. Begehen wir aber nichtheilsame, schädliche Handlungen, dann können wir sicher sein, uns später in unangenehmen, leidvollen Daseinsformen wiederzufinden.

Handlungen reifen unfehlbar zu Glück und Leid
für diejenigen heran, die sie ausgeführt haben.

Die Voraussetzung für eine freiere und glücklichere Zukunft ist, aus den Fehlern der Vergangenheit zu lernen und sie in Zukunft zu vermeiden. Eingedenk dessen nehmen wir uns vor, unter keinen Umständen – und sei es um den Preis des eigenen Lebens – schädlich zu handeln. Wir brauchen dafür nichts Besonderes zu unternehmen, weder dem Leben zu entfliehen noch den Körper unter Arrest zu setzen, sondern lernen einfach, unseren Geist zu kontrollieren. Unsere Handlungsweise ändert sich, indem wir unsere Absicht ändern. Absichten sind der Motor aller Handlungen. Dort setzen wir an und sind achtsam. Wenn eine egoistische und missgünstige Geisteshaltung von einer altruistischen und wohlwollenden abgelöst wird, erscheinen Frieden, Glück und Wohlsein von selbst. Saṃsāra oder Leiden »aufzugeben« bedeutet nicht, etwas Zusätzliches zu unternehmen. Es geht darum, die Ursachen des Leidens zu erkennen und loszulassen. Wir hören auf, uns in Emotionen zu verwickeln, denn diese sind die Quelle aller nichtheilsamen Handlungen und allen Leidens.

Es geht nicht darum, andere oder die Welt zu ändern,
sondern darum, den eigenen Geist zu meistern.

Wenn wir darauf achten, eine uneigennützige Motivation zu entwickeln, wird sich ganz von selbst auch unser körperliches und sprachliches Verhalten ändern, denn alle Handlungen haben ihren Ursprung im Geist. Er ist wie ein König, der anordnet, was seine Diener zu tun haben. Mit einer reinen, auf das Wohl anderer gerichteten Motivation werden alle unsere Handlungen natürlicherweise diese Haltung spiegeln und je mehr wir uns in diesen Handlungen üben, desto offener wird unser Geist. Es werden immer mehr Gelegenheiten entstehen, heilsam zu handeln, und der Erleuchtungsweg tut sich uns natürlich auf. Gleichzeitig wird diese reine Absicht auch bewirken, dass sich unsere Emotionen beruhigen, weil unser eigenes Glücklichsein nicht mehr an erster Stelle steht.

Das Schwierige an unserer gegenwärtigen Situation ist unsere verwirrte, leidenschaftliche Beziehung zu der Welt, in der wir leben. Wir sind uns der leidvollen Aspekte dieser bedingten Welt nicht wirklich bewusst, haben uns mit der Situation arrangiert und finden sogar, dass es uns eigentlich ganz gut geht. Wir projizieren unsere Hoffnungen und Wünsche auf die äußere Welt und verwenden unsere gesamte Energie auf den Versuch, diese Hoffnungen zu verwirklichen. Dabei übersehen wir, dass unsere Arbeitsgrundlage, unsere Sicht der Welt, voll verkehrter Annahmen ist. Solange wir die Welt aber nicht sehen, wie sie wirklich ist, bleiben wir Gefangene unserer Wünsche und landen immer wieder in Schmerz und Enttäuschung, da sich unsere Hoffnungen nicht erfüllen. Stabiles, dauerhaftes Glück und Wohlergehen in einer von Natur aus vergänglichen, leidvollen Struktur wie der bedingten Welt zu verwirklichen – das kann einfach nicht funktionieren. Unser Problem ist, dass uns dies nicht klar ist, und so hängen wir an unseren Hoffnungen und Wünschen und kreisen weiter in bedingter Existenz, in *Saṃsāra*.

Weise Menschen streben nach Erwachen und bemühen sich, die Muster, die ihre Existenz bestimmen, in allen ihren Aspekten zu durchschauen. Das ist es, was auch Buddha *Śākyamūni* getan hat. Er sah deutlich, dass der Daseinskreislauf durch endloses Leiden gekennzeichnet ist und dass es darin keine Möglichkeit für dauerhaftes Glück gibt. Seine äußerst klare Sicht der Dinge veranlasste ihn, sich von der Faszination zu lösen, die gewöhnliche Wesen an die Welt bindet, und einen Weg zu suchen, der allem Leiden ein Ende setzt und aus dem Daseinskreislauf herausführt. Er fand den Weg und durch die Praxis dieses Weges erlangte er vollkommene Befreiung.

Im Unterschied zum Buddha haben wir gewöhnlichen Wesen noch nicht die Unzulänglichkeit des Daseinskreislaufes erkannt und streben immer noch nach weltlichem Glück, nach etwas mehr Freude und Wohlergehen im gewöhnlichen Leben. Natürlich strebt jeder Mensch nach Glück und daran ist auch nichts auszusetzen. Aber wir können erkennen, dass weltliches Glück oberflächlich und vergänglich ist und aufgrund unserer Ichbezogenheit mit den Mustern von Hoffnung und Furcht die Keime des Leidens bereits in sich trägt. Der Daseinskreislauf ist von Grund auf von Wandel und Leid geprägt – wo immer Anhaften an Vergänglichem und Ichbezogenheit sind, ist auch Leid. Dies zu erkennen und sich auf eine verlässliche Zuflucht auszurichten ist der erste Schritt auf dem Weg zur Befreiung von bedingter Existenz, dem Auflösen unserer Anhaftungen.

Laufen wir weiterhin vergänglichen Freuden hinterher
und lassen uns von ihnen über die leidvolle Natur
des Daseins hinwegtäuschen,
werden wir endlos in Saṃsāra kreisen.

Wir sind im Allgemeinen recht hartnäckig im Leugnen dieser von Buddha beschriebenen Wahrheit, doch so unbequem sie ist – so wahr ist sie: Solange der Geist an weltlichen Interessen haftet, ist es nicht möglich, die Natur des Geistes zu verwirklichen und Freiheit zu finden. Wir möchten dieser Einsicht in die trügerische Natur unserer weltlichen Beschäftigungen ausweichen: Wir drücken uns vor der Konfrontation mit Vergänglichkeit und Tod, entziehen uns dem gegenwärtigen Augenblick und leben in der Hoffnung auf eine bessere Zukunft. Währenddessen verrinnt aber mit jedem Tag unsere Zeit. Mit jedem Atemzug rücken wir dem Tod näher. Intellektuell wissen wir das zwar, aber unser Haften an weltlichen Anliegen zeigt, dass wir der unaufhaltsamen Vergänglichkeit nicht wirklich gewahr sind. Wir verdrängen, dass uns der Tod jederzeit überraschen kann, und glauben lieber, wir hätten noch genug Zeit für dieses oder jenes. Wir projizieren unsere Hoffnungen ständig auf morgen und übermorgen und träumen von einem besseren Leben. Wir glauben an eine Aufwärtsentwicklung. Doch wir täuschen uns, denn wenn wir nichts Entscheidendes unternehmen, wird die Zukunft keineswegs besser werden.

Im Tod müssen wir alles zurücklassen – unseren Besitz, unser Ansehen, kurz: alles, was uns wichtig war und wofür wir uns angestrengt haben. Nur die edle Lehre wird uns dann eine Hilfe sein. Wir werden den Schutz einer authentischen Zuflucht nötig haben und viel positive spirituelle Kraft brauchen, um den Sterbeprozess auf erträgliche Art und Weise zu durchlaufen. Deshalb ist die Praxis des Dharma das einzig wirklich Sinnvolle in diesem Leben. Im Moment des Todes wird die Nutzlosigkeit weltlicher Aktivitäten klar. Das Einzige, das uns dann helfen wird, ist die Kraft unserer heilsamen Handlungen und inwieweit wir wirklich Vertrauen entwickelt und gelernt haben, aus der Tiefe unseres Herzens Zuflucht zu nehmen. Denn dann wird keine Zeit mehr bleiben, uns darin zu üben.

Solange wir uns der Vergänglichkeit nicht bewusst sind, ist unser Geist unaufhörlich von Gedanken aufgewühlt, die um weltliche Anliegen kreisen – glücklich zu werden und Leiden zu vermeiden – und die allesamt unserem Haften an der vermeintlichen Beständigkeit dieses Lebens entspringen. Darum gilt es, aufmerksam hinzuschauen und zu erkennen, wie sinnlos unser Haften an der Welt ist. Wir untersuchen unsere Prioritäten gründlich: »Warum ist mir dies oder jenes so wichtig? Woher kommen diese Wünsche? Welchen Nutzen bringt es mir tatsächlich, sie zu verwirklichen? Wohin werden sie mich führen?« Analysieren wir sorgfältig in dieser Weise, werden wir sehen, dass das Verfolgen weltlicher Anliegen am Ende nichts als Leiden bringt.

Wenn wir durch die Kontemplation über Karma, Vergänglichkeit und Tod unsere wirkliche Lage verstehen, entsteht ein Gefühl der Dringlichkeit.

Unsere Furcht, unvorbereitet dem Tod ausgeliefert zu sein und möglicherweise in leidvollen Daseinsbereichen wiedergeboren zu werden, wird – zusammen mit dem Mitgefühl für alle Lebewesen – zu einem starken Antrieb, unser Leben zu ändern und nur noch positive

Handlungen auszuführen. Wir fragen uns, was wir tun können, um in der Zukunft erneut auf so günstige Bedingungen für die Dharmapraxis zu treffen wie jetzt, und wie wir unser Karma reinigen können, so dass es möglich wird, zu tiefer Erkenntnis vorzudringen. Da wir dann nur noch den Dharma im Sinn haben, wird unser Geist ruhig und klar. Er ist nicht mehr von weltlichen Anliegen aufgewühlt und das Meditieren wird leicht. Setzen wir so die Unterweisungen Buddhas in die Praxis um, finden wir Schritt für Schritt aus dem Kreislauf des Leidens heraus. Wir begehen keine schädlichen Handlungen mehr, die zur Ursache weiteren Leidens werden, und erlernen heilsames Handeln, das zu günstigen Umständen heranreifen wird. Im Dharma beschränken wir uns nicht auf ein intellektuelles Verständnis. Ernsthafte Praxis ist unerlässlich. Um Fortschritte zu machen, beginnen wir, wirklich zu praktizieren.

Die großen Praktizierenden der Vergangenheit haben rasch das vollkommene Erwachen verwirklicht, weil sie sich vollständig von weltlichen Anliegen abwendeten. Dharmapraxis war das einzig Wichtige in ihrem Leben und sie waren von der völligen Nutzlosigkeit weltlicher Anliegen überzeugt. Deshalb verwirklichten einige von ihnen die Buddhaschaft sogar innerhalb eines einzigen Lebens. Sie praktizierten nie mit dem Ziel, lediglich ruhige, friedvolle Geisteszustände zu erlangen und sich in diesem Leben besser zu fühlen – es ging ihnen um etwas viel Grundlegenderes: Sie suchten die endgültige Befreiung vom Daseinskreislauf. Nach eingehendem Nachdenken über den wahren Charakter aller Erfahrungen in dieser bedingten Welt waren sie zutiefst davon überzeugt, dass bedingte Existenz stets von Leid geprägt ist, und lösten sich ein für allemal von dem Streben nach weltlichem Glück. Das, was jenseits dieses Lebens liegt, wurde ihnen wichtiger als die Belange des gegenwärtigen Lebens. Die Bedingtheit und Vergänglichkeit weltlichen Glücks erkennend fassten sie den unwiderruflichen Entschluss, sich auf das zu konzentrieren, was jenseits allen Wandels liegt: die unvergängliche Natur des Geistes, die Quelle wahren Glückes.

Wenn sie zum Beispiel einen Knochen sahen, kontemplierten sie wie folgt: »Dieser Knochen stammt von einem vergänglichen Körper, mit dem sich ein Lebewesen identifiziert hat, das aus Unwissenheit und Haften in dieses Leben hineingeboren wurde. Und wer unwissend bleibt, wird nach dem Tod wieder nach einem Körper greifen, geboren werden und sterben und so immer wieder aufs Neue in den Kreislauf des Leidens zurückkehren.« Durch tiefes Nachdenken waren sie imstande, sich von Haften und Begierde zu lösen und in der Meditation einen echten Wandel zu vollziehen. Sie saßen nicht einfach da, um Ruhe und eine gute Zeit zu haben, sondern sahen wirklich, dass sie in der Falle von Saṃsāra, in Unwissenheit und ständigem Haften, gefangen waren und entwickelten eine tiefe Sehnsucht nach dem Erwachen. Da sie die Natur des Leidens verstanden, entwickelten sie innere Gelöstheit, tiefe Entsagung, und erlangten so Befreiung von Saṃsāra.

Wir hingegen sind weniger gründlich und unsere Herangehensweise an den Dharma zeugt oft von großer Unwissenheit. Wir stürzen uns auf die höchsten Lehren über die Natur des Geistes, *Mahāmudrā*, und irgendwann später begreifen wir vielleicht, dass wir zunächst die vorbereitenden Übungen praktizieren sollten. In dieser Hinsicht sind wir ein wenig wie Kinder, die einen schönen Gegenstand, sobald sie ihn sehen, gleich haben möchten. Wenn wir tatsächlich Mahāmudrā verwirklichen wollen, werden wir uns zuallererst der seltenen Gelegenheit bewusst, die sich uns jetzt gerade bietet: Wir wurden als Menschen geboren, sind dem Dharma begegnet und erfreuen uns aller erforderlichen Voraussetzungen, um zum Erwachen zu gelangen. Wir vergeuden diese Gelegenheit nicht, sondern machen uns klar, dass jedes weitere Verweilen im Daseinskreislauf reine Zeitverschwendung ist. Alle Daseinsformen in Saṃsāra haben zahllose Nachteile und sind von Leid geprägt. Wir sind uns unablässig der Vergänglichkeit und des Todes bewusst. Das wird uns anspornen und eine Ahnung von der Dringlichkeit ernsthafter Praxis entstehen lassen. Zudem machen wir uns den unfehlbaren, direkten Zusammenhang zwischen Handlungen und ihren Folgen immer wieder klar und richten unser Augenmerk allein auf heilsames, nutzbringendes Tun.

Durch diese grundlegenden Kontemplationen vollziehen wir einen Erkenntnisprozess, der die Voraussetzung für alle folgenden Schritte auf dem Weg zum Erwachen ist. Wollen wir jedoch diese Stufen des Weges überspringen und uns einzig mit dem Ziel selbst befassen, werden wir unweigerlich auf dem Weg zum Gipfel abstürzen.

Für Stabilität auf dem Weg ist es unerlässlich,
mit den Grundlagen zu beginnen
und dann eine Stufe nach der anderen zu erklimmen.

Manche Praktizierende haften so sehr an den äußeren Formen und den Methoden des Dharma, dass sie sich kaum mit seiner Essenz, seinem Herzen, befassen. Voreilig stürzen sie sich in verschiedenste Praktiken und sehen nichts anderes mehr. In ihrer Begeisterung über die »Verpackung« des Dharma entgeht ihnen der eigentliche Sinn dessen, was gelehrt wird: die Bedeutung der Zuflucht, der Vergänglichkeit, des Karmas, der Notwendigkeit des Entwickelns der richtigen Geisteshaltung und der tiefere Sinn der Beziehung zu den Lehrenden. Sie bleiben an der Oberfläche und amüsieren sich mit ihrem faszinierenden spirituellen Projekt. Indem sie sich aus den Unterweisungen nur das heraussuchen, was ihnen gefällt und angenehm zu sein verspricht, bleiben sie weiter in ihren Mustern gefangen. Ihre Praxis wird keine Früchte tragen, denn sie geht nicht in die Tiefe. Innen bleibt alles beim Alten, nur der Anstrich ändert sich.

Wir geben deshalb acht, uns nicht von einer Faszination für die Methoden der Dharmapraxis davontragen zu lassen, sondern uns dem Herz der Unterweisungen, dem eigentlichen Geist des Dharma zuwenden. Wir bleiben nicht bei einem intellektuellen Wissen stehen, damit der Dharma unser ganzes Wesen durchdringen und zu einer Veränderung unserer Sicht und inneren Haltung führen kann. Das korrekte Anwenden der Methoden in der formellen Praxis und täglichen Meditation wird sich daraus wie von selbst ergeben.

Zuflucht und Geist des Erwachens

Unsere jetzige Situation ist spirituell gesehen ein Wendepunkt, an dem wir über zwei Möglichkeiten verfügen: aufwärtszugehen oder abwärts. Wir können entscheiden, welche Richtung unser Leben jetzt nimmt. Dabei gibt es aber nicht Tausende von Möglichkeiten, sondern im Grunde nur die Wahl zwischen dem Weg, der alle Anhaftungen auflöst, und dem Weg, auf dem wir weiter unseren ichbezogenen Interessen folgen. Obwohl uns unsere karmisch bedingten Tendenzen gewisse Beschränkungen auferlegen, haben wir als menschliche Wesen die Freiheit zu entscheiden, ob wir uns dem Erwachen zuwenden oder in Verwirrung und Leid verbleiben wollen. Wählen wir den Weg des Erwachens, so sollten wir eine bewusste Entscheidung fällen und uns dann daran halten. Das ist ein persönlicher Entschluss, den niemand stellvertretend für uns fassen kann. Haben wir eine klare Entscheidung getroffen, werden wir mit Leichtigkeit alle Schwierigkeiten überwinden und Fortschritte machen.

Damit unsere Motivation stärker und unser Entschluss unumstößlich wird, werden wir uns mit den Unterweisungen vertraut machen und ein wirkliches Verständnis davon entwickeln, was das Erwachen in die Dimension jenseits von Leid auszeichnet und welcher Nutzen für uns und andere aus dieser Verwirklichung entsteht. Ein solches Verständnis gibt unserem Geist eine klare Ausrichtung und erfüllt ihn mit Vertrauen und Hingabe. Dann wird der Weg ins Erwachen einfach.

Zu Problemen auf dem Weg kommt es nur dann, wenn wir keinen eindeutigen Entschluss gefasst haben. Wir verstehen zwar, dass wir an einem wichtigen Wendepunkt sind und gehen versuchsweise ein paar Schritte in Richtung Dharma, doch nach einer Weile sagen wir uns: »Drüben war es auch nicht schlecht«, und kehren wieder in weltliches Verhalten zurück, um wenig später festzustellen: »Oh, das ist aber ziemlich schmerzhaft, Dharma ist doch besser.« Sind wir so zwischen weltlichen Anliegen und dem Weg des Erwachens hin- und hergerissen, entstehen unweigerlich Schwierigkeiten. Sobald wir uns jedoch des Wertes des vollkommenen Erwachens bewusst werden und unseren Geist ganz darauf ausrichten, kommen wir auf natürliche Weise voran.

Um aus der Verwirrung ins Erwachen zu finden,
brauchen wir nicht nur einen klaren Entschluss,
sondern auch spirituell Lehrende
sowie Methoden und Gefährten auf dem Weg.

Diese Bedingungen finden wir in dem, was wir die »Zuflucht« nennen. Zufluchtnahme ist ein Akt der inneren Ausrichtung auf die Essenz des Weges. Jede Dharmapraxis beginnt damit. Wir nehmen Zuflucht in die Erleuchtung sowie in den Dharma und die Gemeinschaft, die uns den Weg zur Befreiung zeigt. Wir bitten sie um Segen, Hilfe und Schutz und wünschen dabei zugleich allen anderen Lebewesen, dass sie dieselbe Hilfe finden mögen wie wir. Innerlich nehmen wir gemeinsam mit ihnen und für sie Zuflucht. So ist die altruistische Motivation schon bei der Zufluchtnahme das Herz der Praxis. Doch es genügt nicht, nur die Worte des Rituals zu rezitieren, sondern es geht um das Hervorbringen des tiefen Wunsches nach Befreiung und Buddhaschaft für alle Lebewesen.

Für die Zufluchtnahme braucht es ein sehnendes Vertrauen in die »Drei Juwelen«: in *Buddha* als unserem Ziel, das heißt in die außerordentlichen Qualitäten des vollkommenen Erwachens, in die Unterweisungen des *Dharma* als unseren Weg sowie Vertrauen in die *Saṅgha*, die Gemeinschaft all der Helfenden, die uns dorthin führen.

Auf der relativen Ebene schützt uns die Zufluchtnahme vor Problemen, denen wir jetzt und hier in dieser Welt begegnen. Und auf einer höheren

Ebene ermöglicht sie uns, dass wir uns durch die Dharmapraxis ganz aus bedingter Existenz befreien können. Zuflucht hilft, sich Stück für Stück wirkliche Freiheit zu erarbeiten und die gewonnene Freiheit in den Dienst anderer zu stellen. Die aufrichtige altruistische Motivation, selbst Fortschritte machen zu wollen, um anderen besser helfen zu können, ist die Grundvoraussetzung, um Zugang zum Weg des Erwachens zu finden und schließlich Buddhaschaft zu verwirklichen. Wir entwickeln aus tiefstem Herzen den Wunsch, alle Lebewesen vom Leiden zu befreien, und setzen diesen Wunsch in die Tat um, indem wir den Dharma studieren, über ihn nachdenken und ihn mit Körper, Rede und Geist praktizieren. Das gibt unserem Leben seinen wahren Sinn: den Dharma zu praktizieren, um alle Lebewesen von Leid zu befreien. Einzig mit dieser Absicht gehen wir unseren spirituellen Weg.

Wenn wir wirklich allen Lebewesen helfen wollen, brauchen wir das Erwachen, denn nur dann sind wir in der Lage, andere dorthin zu führen. Vollkommen Erwachte haben die umfassende Freiheit eines *Buddha* verwirklicht, d.h. sie haben alle Schleier aufgelöst und alle Qualitäten entfaltet. Buddhas sind frei von allem Leiden, denn sie nehmen die Wirklichkeit nicht mehr auf dualistische Weise wahr und sind nicht mehr in emotionale Reaktionsmuster verstrickt. Das ist mit »Freisein von Schleiern« gemeint. Wenn alle Schleier restlos aufgelöst sind, werden die Qualitäten der Buddhaschaft sichtbar. Diese Qualitäten, der dynamische Ausdruck des erwachten Gewahrseins, bewirken spontan den Nutzen aller Lebewesen und manifestieren sich in vielfältigster Form, um ihnen beizustehen. Das Erwachen bringt also zum einen uns selbst den größten Nutzen, da wir vollkommene Freiheit erlangen, und bewirkt zugleich den größten Nutzen für alle anderen Lebewesen, da das erwachte Gewahrsein spontan sämtliche Qualitäten mitfühlenden Handelns manifestiert.

Um das Erwachen zu verwirklichen, brauchen wir einen Weg. Diesen Weg zeigte uns der Buddha. Inspiriert von Mitgefühl legte er eine Vielfalt von Methoden dar, mit deren Hilfe wir – ausgehend von unserer gegenwärtigen Situation – dieses höchste Ziel erreichen können. Diese

Methoden und Unterweisungen wurden später schriftlich festgehalten und in Textsammlungen zusammengestellt, die alle Unterweisungen des Buddha sowie die Kommentare späterer Meister und Meisterinnen enthalten. Sie bilden das Fundament der schriftlichen Überlieferung, die von der mündlichen Überlieferung begleitet und gesichert wird. In der von Buddha ausgehenden Übertragungslinie werden diese Methoden und Unterweisungen jeweils von einem Meister oder einer Meisterin an die Schüler und Schülerinnen weitergegeben. Diese kontemplieren sie und wenden sie in der Meditation an, bis sie die gleiche Verwirklichung wie die Meister erlangen. Dadurch wurden bis heute nicht nur die Worte, sondern auch der Geist der Lehre lebendig bewahrt. Das ist der *Dharma*.

Die Weitergabe des Dharma geschieht durch die *Saṅgha*, die Gemeinschaft all derer, welche die Unterweisungen empfangen, praktiziert und verstanden haben. Diese engagiert Praktizierenden sind je nach Ausmaß ihrer Verwirklichung der Lehre entweder Meister, Lehrende oder Freunde auf dem spirituellen Weg und sind insofern äußerst wertvoll und eine große Hilfe für uns.

Das Ziel ist die Verwirklichung eines Buddha, die Methoden und Unterweisungen für den Weg sind der Dharma und die Helfenden bilden zusammen die Gemeinschaft der Praktizierenden, die Saṅgha, welche die Lehre lebendig hält und weitergibt. Diese drei Faktoren sind für das Erreichen des Erwachens von entscheidender Bedeutung. Buddhaschaft ist zwar das letztendliche Ziel und wir könnten denken, sie sei als Zuflucht bereits ausreichend, doch Dharma und Saṅgha sind unentbehrlich, um dorthin zu gelangen. Deshalb nehmen wir Zuflucht zu diesen »Drei Juwelen«. Sie sind so kostbar wie wunscherfüllende Edelsteine und sind des Dankes und der tiefen Verehrung würdig. Alle Buddhas und Bodhisattvas[15] der Vergangenheit sind diesem Weg gefolgt und haben Zuflucht zu den Drei Juwelen genommen. Sie haben sich auf die

15 *Bodhisattvas* sind hier Dharmapraktizierende, die sich zum Ziel gesetzt haben, Buddhaschaft zum Wohle aller Wesen zu verwirklichen und die bereits eine stabile Erkenntnis der Natur des Geistes erlangt haben.

Saṅgha gestützt, den Dharma praktiziert und schließlich Verwirklichung erlangt. Niemand von ihnen hat den Weg alleine gefunden, ohne dass ihnen – und sei es auch in früheren Leben – das Ziel und die Methoden aufgezeigt worden wären. Alle Lebewesen brauchen Methoden sowie Lehrende und Gefährten auf dem Weg, um aus der Verwirrung herauszufinden und die Weisheit des vollkommenen Erwachens verwirklichen zu können. Sich auf die Zuflucht zu den Drei Juwelen auszurichten, entspricht also einer unabänderlichen Notwendigkeit, einem universellen spirituellen Gesetz.

Mit der Zufluchtnahme richten wir die Energie von Körper, Rede und Geist auf die Dharmapraxis aus, begleitet von der festen Absicht, heilsame Handlungen auszuführen, die nicht nur uns selbst, sondern zugleich allen Lebewesen im Universum zugute kommen.

Wir richten uns nicht nur für das eigene Wohlergehen
auf die Zuflucht aus, sondern auch,
um so schnell wie möglich fähig zu werden,
alle Lebewesen aus dem Leiden herauszuführen.

Sich auf die Zuflucht auszurichten ist eine Geisteshaltung vertrauensvoller Offenheit für das Ziel des Erwachens und ist zugleich auch eine tägliche Praxis, um immer wieder in diese Offenheit hineinzufinden. Dabei können wir uns vorstellen, dass um uns herum alle Lebewesen des Universums, menschliche wie nichtmenschliche, versammelt sind und dass wir sie in der gemeinsamen Zufluchtnahme anführen. Vor uns im Raum sind alle Buddhas und Bodhisattvas zusammen mit den anderen Quellen der Zuflucht versammelt. Wir richten unsere ganze Aufmerksamkeit auf sie und entwickeln vollkommenes Vertrauen in ihre Fähigkeiten, uns alle vom Leiden am Daseinskreislauf zu befreien und vor der Angst zu beschützen, die dieses Leiden auslöst. Mit dieser Überzeugung sprechen wir, begleitet von allen Lebewesen des Universums, das Zufluchtsgebet. Dabei stellen wir uns vor, dass es den gesamten

Raum mit seiner Schwingung erfüllt und aufgrund unseres Vertrauens Licht von den Quellen der Zuflucht ausstrahlt, das uns mit dem Segen von Körper, Rede und Geist der Buddhas erfüllt und tiefe Hingabe in uns weckt. Durchdrungen von Hingabe und Vertrauen beginnen wir unsere jeweilige Praxis, die uns weiter in das Verständnis der Zuflucht hineinfinden lässt.

Buddha, Dharma und Saṅgha sind Ausdruck des Erwachens und verkörpern es auf verschiedenen Ebenen. Wenn wir uns der Qualitäten bewusst werden und sehen, wie kostbar und unerlässlich deren Hilfe ist, geben wir unseren Stolz und unsere selbstbezogene Haltung auf. Wir erkennen, dass wir den Weg zum Erwachen nicht allein finden können, und vertrauen uns ihrem Segen an.

Öffnen wir uns dem Segen der Drei Juwelen
und machen selbst eine angemessene Anstrengung
in der Praxis, dann lichten sich die Schleier
der dualistischen Sicht und die ureigenen Qualitäten
unseres Geistes kommen ungehindert hervor.

In diesem Sich-öffnen wird der Geist von Freude und Frieden erfüllt, er zeigt sich in seiner natürlichen Lebendigkeit und Klarheit. An die Stelle emotionaler Verwirrung treten Vertrauen und Einsicht. Ungetrübt von egoistischen Willensregungen wissen wir genau, was wir zu tun haben. Wenn wir die Dharmapraxis jedoch wie eine persönliche Schlacht bestreiten und denken: »Ich muss praktizieren, ich will gewinnen, ich muss das Erwachen erreichen«, so steht das Ichanhaften im Zentrum. Wir machen aus dem Erwachen ein erhabenes Konzept und strengen uns an, dieser Vorstellung mit Stützkonstruktionen aller Art näher zu kommen. Gefangen im Wunsch, unserem Idealbild der Heiligkeit oder der Erleuchtung zu entsprechen, wollen wir auf nichts anderes hören. Begegnen wir Schwierigkeiten, stellen wir nicht etwa uns selbst in Frage, sondern behaupten, das sei die Schuld des Lamas oder die

Unterweisungen seien falsch! Läuft aber alles scheinbar gut, werden wir stolz und denken selbstgefällig: »Ich praktiziere gut. Ich bin ein echter Praktizierender.« In Wirklichkeit geht nichts voran, weil wir so sehr von unserer eigenen Vorstellung vom Erwachen überzeugt sind, dass wir uns damit vor dem wirklichen Erwachen verschließen. Wir werden immer engstirniger, der Segen kann uns nicht erreichen und unsere Praxis verfehlt gänzlich ihr Ziel.

Entwickeln wir hingegen eine offene und empfängliche Geisteshaltung und widmen uns von Herzen dem Wohl aller Lebewesen, so ist das Erwachen nicht weit. Wir werden in allen Situationen offener, erfahren sie als Segen und nehmen alle Geschehnisse mit derselben, ausgeglichenen Haltung an. Glück und Leid werden nicht mehr zu Auslösern von Stolz und Niedergeschlagenheit, sondern werden als ein Geschenk erlebt, das uns ermöglicht, karmisch bedingte Schleier aufzulösen.

Beim Ausrichten auf die Zuflucht lassen wir Stolz und Ichbezogenheit los und wenden uns an etwas, das kraftvoller ist als wir selbst: das vollkommene Erwachen repräsentiert durch die Drei Juwelen. Gleichzeitig wenden wir uns auch an den spirituellen Meister, an die spirituelle Meisterin, den Lama, der diese drei Aspekte in sich vereint. Buddha, Dharma und Saṅgha sind die Grundlagen des buddhistischen Weges und unser Vertrauen in sie ist das Herz aller Praxis. Ohne dieses Vertrauen werden wir alle Schwierigkeiten, die in Form von Leid und Hindernissen auftauchen, persönlich nehmen und sehr schnell den Mut verlieren. Halten wir aber mit unerschütterlichem Vertrauen an der Zuflucht fest, verwandeln sich alle Schwierigkeiten in Hilfen für unsere spirituelle Entwicklung.

Die Kraft der Zuflucht erlebte ich selbst sehr eindrücklich, als ich aus Tibet floh. Ich war zusammen mit einer Gruppe von Gefährten in den Bergen unterwegs. Am Ende eines Tales mit Felswänden auf beiden Seiten stießen wir auf chinesische Truppen, die in der Talsohle ihr Lager aufgeschlagen hatten und den Weg blockierten. Angst überfiel uns und wir befürchteten, unsere Flucht nach Indien nicht fortsetzen zu können. Es schien unmöglich, an den Truppen vorbeizukommen, denn sie waren zahlreich und besaßen Waffen. Da beteten wir zu den Drei Juwelen und setzten in dem Vertrauen, dass sie uns wirksam schützen würden, langsam unseren Weg fort. Wir kamen immer näher an die Soldaten heran und gingen in unmittelbarer Nähe an ihnen vorbei – so nah, dass wir sie reden hören und den Rauch ihrer Zigaretten riechen konnten. Nichts geschah, sie schienen uns nicht zu bemerken. Von da an hatten wir nicht mehr die geringste Angst, sondern großes Vertrauen und die tiefe Überzeugung, dass die Drei Juwelen wirklich bei uns waren und sicheren Schutz gewährten. Obwohl wir in unmittelbarer Nähe der Chinesen waren, konnten wir die Bergketten überqueren und ohne Schwierigkeiten nach Indien gelangen. Das verdanken wir unserem Vertrauen in die Zuflucht. Der Schutz der Drei Juwelen ist immer gegenwärtig, jeder und jede von uns kann ihn empfangen. Es hängt allein von unserem Vertrauen ab.

Manchen mögen diese Gedanken sehr vertraut sein, andere empfinden sie vielleicht als fremd und meinen, sie seien nicht imstande oder noch nicht bereit, den Dharma auf diese Weise zu praktizieren. Das aber ist ein großer Irrtum, denn alle Lebewesen tragen die Qualitäten des Erwachens bereits im eigenen Geist und können sie mit etwas Anstrengung auch hervorbringen. Dabei gibt es im Vorgehen natürlich Unterschiede zwischen den einzelnen Praktizierenden.

Jede Person möge die spirituelle Arbeit
im eigenen Rhythmus angehen,
im Einklang mit sich selbst und ihren Fähigkeiten.

Durch die Begegnung mit dem Dharma entwickeln wir eine neue Sicht der Welt und unserer Aufgaben in dieser Welt, doch die Integration dieser neuen Geisteshaltung kann sich auf sanfte Art vollziehen. Es geht nicht um eine abrupte Veränderung. Wir zwingen uns nicht zum

Guten mit übersteigerten Ansprüchen, wie: »Ich lebe von jetzt an nur noch den Dharma«, und quälen uns dann mit Selbstkritik, wenn wir unsere Ziele nicht erreichen. Wir brauchen eine gewisse Flexibilität und Toleranz uns selbst gegenüber. Härte an den Tag zu legen ist bei solch einer Arbeit völlig unangebracht. Es geht um ein schrittweises Umwandeln unserer Tendenzen, sanft und ohne Zwang – ohne uns allzu hohe Ziele zu stecken, für deren Nichterfüllung wir uns dann bestrafen würden. Wir verfallen nicht in eine Selbstquälerei, bei der wir ständig Unmögliches vollbringen wollen. Der Dharma verlangt nichts Unmögliches, sondern nur, dass wir unsere Blickrichtung ändern.

Dass wir die Lehre kennengelernt und vielleicht auch schon einen Meister, eine Meisterin getroffen haben, zeigt, dass bereits ein karmischer Samen in uns vorhanden ist, ein Potential, dem wir jetzt Raum zum Wachsen geben können. Wichtig dabei ist vor allem, Vertrauen in die Drei Juwelen als dem Ziel und Mittel unseres Weges zu entwickeln, denn dadurch kann sich unser Geist wandeln und seine Qualitäten offenbaren.

Dabei werden jene, deren Potential bereits weit gereift ist und die einen großen Schatz heilsamer Kraft mitbringen, mit großer Leichtigkeit und mit unerschütterlichem Vertrauen zum Herz der Praxis vordringen können. Andere werden die Lehre einfach wertschätzen und froh sein, dass es den Dharma gibt und spirituelle Arbeit möglich ist. Diese Freude und die Anziehung, die der Dharma auf sie ausübt, setzen bei ihnen eine spirituelle Entwicklung in Gang, die sie allmählich zu Vertrauen, zu tieferer Überzeugung und zur Praxis finden lässt.

Das Anwenden des Dharma ist also eine persönliche Arbeit, die dort beginnt, wo wir gerade stehen, indem wir Vertrauen in die Drei Juwelen entwickeln, Zuflucht nehmen und dann den Erleuchtungsgeist in Absicht und Anwendung hervorbringen. Die Schleier, die das in allen von uns liegende Potential des Erwachens, die Buddhanatur, verdecken, werden sich allmählich auflösen.

Wir können uns vielleicht nicht vorstellen, dass wir ein so hohes Ziel wie die Buddhaschaft jemals verwirklichen könnten, und meinen, sie sei sehr weit entfernt, ja sogar unerreichbar. Wenn wir jedoch den Weg und die Mittel kennen, ist Buddhaschaft nicht weit. Sie ist sogar sehr nah, denn unser Geist *ist* das Erwachen, er ist an sich bereits Buddha. Nur aufgrund unserer Unwissenheit mit all ihren Schleiern sind wir blind für diese Wirklichkeit. *Tilopa*, einer der großen Verwirklichten Indiens, drückte dies so aus:

Aufgrund von mangelndem Gewahrsein
sehen die Lebewesen einen Unterschied
zwischen sich und dem Erwachen
und suchen es deshalb außerhalb von sich.
Das bereitet ihnen viel Angst und Mühe.
Wie bedauerlich!

Um das Erwachen in uns freizulegen, gilt es, unser Leben ganz auf das Wohl aller Lebewesen auszurichten. Nur wenn wir aufhören, nach persönlichem Vorteil zu streben, werden wir das Umherirren im Daseinskreislauf beenden können. Deshalb sollten wir gleich zu Beginn des Weges den Erleuchtungsgeist hervorbringen, die feste Absicht, unsere ganze Energie dafür einzusetzen, alle Lebewesen von Leid zu befreien.

Dafür machen wir uns zunächst klar, dass überall da, wo es Raum gibt, auch Wesen leben. Und sie alle stehen unter dem Einfluss ihres jeweiligen Karmas, wodurch ihr Geist von den verschiedenen Emotionen aufgewühlt ist, die zur Erfahrung unzähliger Arten von Leiden in den verschiedenen Daseinsbereichen führen. Alle diese Lebewesen waren in einer nicht endenden Abfolge von Leben bereits unzählige Male Vater und Mutter füreinander – und als sie unsere Eltern waren, haben sie uns dieselbe Aufmerksamkeit, Zärtlichkeit und Liebe entgegengebracht wie unsere Eltern in diesem Leben.

Die Güte, die uns bereits
von allen Lebewesen zuteil geworden ist,
lässt sich anhand der Fürsorge
unserer Eltern ermessen.

Manche von uns wissen die Güte ihrer Eltern nicht richtig zu schätzen und denken, dass sie uns bloß aus Eigeninteresse in die Welt gesetzt hätten und eigentlich verantwortlich seien für unser gegenwärtiges Leiden. Doch unsere mangelnde Dankbarkeit zeigt nur, dass wir nicht genug über das Ausmaß ihrer Zuwendung nachgedacht haben. Als wir im Nachtodzustand umherirrten und verzweifelt Schutz in einem neuen Körper suchten, fanden wir Zuflucht im Leib unserer Mutter. Sie nährte uns während der Schwangerschaft mit ihrer Energie und gebar uns dann, meist unter großen Schmerzen. Wir waren nackt und brachten nichts mit. Ohne Eltern wären wir hilflos den vielen Gefahren ausgeliefert gewesen. Wir hatten keine Ahnung von dieser Welt und waren völlig abhängig vom guten Willen unserer Umgebung. Nur dank der Fürsorge unserer Eltern blieben wir am Leben. Unsere Mutter hat sich um uns gekümmert, uns vor Hunger und Kälte bewahrt und gewaschen. Sie hat uns an ihrem Körper getragen und gekleidet. Sie hat versucht, unsere Bedürfnisse zu erahnen, und hat uns Trost gespendet, wenn wir weinten. Die Eltern hielten uns vom Feuer, von tiefem Wasser und Abgründen fern, und bewahrten uns vor Verletzungen, Unfällen und Ängsten. Sie brachten uns das Laufen und Sprechen bei, und pflegten uns, wenn wir krank waren. Sie haben sich mit Hingabe um uns gekümmert, und haben manchmal sogar schädliche Handlungen auf sich genommen, um uns zu helfen. Sie haben uns ihre Liebe geschenkt und uns mit der Welt vertraut gemacht, so dass wir jetzt selbst für uns sorgen können. Dank ihrer Hilfe sind wir einigermaßen gesunde, kommunikationsfähige und eigenständige Erwachsene geworden.

Alle Lebewesen waren zum einen oder anderen Zeitpunkt in der Vergangenheit unsere Eltern und sie alle sind uns darin gleich, dass sie sich

Glück wünschen und Leid vermeiden wollen. Aber obwohl sie sich so sehr nach Glück sehnen, finden sie es nicht. Gefangen in Unwissenheit erkennen sie nicht, dass es notwendig wäre, mehr heilsame Handlungen ausführen, um Glück zu erfahren, und schädliche Handlungen aufzugeben, um Leid zu vermeiden. Weil ihnen diese Zusammenhänge zwischen Handlungen und ihren Folgen nicht bewusst sind, führen sie auf ihrer Suche nach Glück weiterhin schädliche Handlungen aus, was einzig und allein zu Leid führt. Deshalb wandern sie von einem Leben zum nächsten und erfahren endloses, oft intensives Leid.

Wenn uns Leid bewusst wird, entwickeln wir die Geisteshaltung der Bodhisattvas: den Wunsch, alle diese Lebewesen vom Daseinskreislauf und damit vom Leiden zu befreien. Wir beschließen, von nun an alle Energie diesem Ziel zu widmen. Dieses Versprechen machen wir nicht als bloßes Lippenbekenntnis, sondern mit einer uns im Innersten verwandelnden Motivation, die unsere ichbezogene Sicht auflöst. Wir sind dann nicht mehr die »Eigentümer« unseres Lebens. Unser Leben dient nicht mehr unseren persönlichen Zielen, sondern ist der Befreiung aller Lebewesen gewidmet.

Wenn dieser »strebende« Erleuchtungsgeist als reiner Wunsch klar hervorgebracht worden ist, geht es darum, ihn tatsächlich mit Körper, Rede und Geist in heilsame Handlungen umzusetzen. Dieses Umsetzen in konkretes Handeln nennen wir den »angewandten« Erleuchtungsgeist – wir begeben uns voll und ganz auf den Weg zur Erleuchtung. Das ist so, als wollten wir nach Indien reisen: Der Wunsch entspricht dem »Streben« und die Reise selbst ist die »Anwendung«. Wenn wir dann den Weg gehen, halten wir uns immer den Entschluss aller Bodhisattvas vor Augen, nicht auf halber Strecke aufzugeben, sondern weiter zu praktizieren, bis die Buddhaschaft verwirklicht ist.

Diese Verpflichtung erfordert Mut und Geistesstärke. Dabei ist es nicht angebracht, ängstlich zu sein in Hinblick auf etwaige Schwierigkeiten und Unannehmlichkeiten. Wir fahren voller Ausdauer und Freude mit der Praxis fort, ohne je an unserer Fähigkeit zu zweifeln, das vollkommene Erwachen verwirklichen und alle Lebewesen dorthin führen zu können. Wenn diese reine Motivation des Erleuchtungsgeistes gegenwärtig ist, werden sämtliche Handlungen – auch die ganz alltäglichen – zu Mitteln, um Erleuchtung zu erlangen.

Wenn wir uns ständig fragen,
wie wir anderen helfen können,
brauchen wir uns nicht mehr
um unser eigenes Wohl zu sorgen,
denn das ergibt sich dabei ganz von selbst.

Das Hervorbringen des Erleuchtungsgeistes kann durch das formelle Ablegen des Bodhisattva-Gelübdes unter Leitung eines spirituellen Lehrers oder einer Lehrerin bekräftigt werden. Dabei verpflichtet man sich vor allen Buddhas und Bodhisattvas, die im Raum vor einem visualisiert werden, den Erleuchtungsgeist in all seinen Aspekten zu praktizieren. Man verspricht, in allen Lebenslagen und Umständen ihrem Beispiel zu folgen und sich ständig darum zu bemühen, für das Wohl der Lebewesen zu handeln, bis alle das vollkommene Erwachen erreicht haben. Man gelobt, sich nie gegen dieses Versprechen zu vergehen und alles zu tun, um diese Geisteshaltung immer mehr auszuweiten.

Indem wir uns in einer Praxis üben, die das Wohl anderer bewirkt, wächst zugleich unsere Erkenntnis der wahren Natur des Geistes. Durch ihre volle Verwirklichung werden wir schließlich zu einem Buddha, der sich in den verschiedensten Formen zum Wohl der Lebewesen manifestieren kann. Wir fragen uns vielleicht, ob es wirklich zum Erwachen führen wird, wenn wir unseren persönlichen Vorteil völlig vergessen und uns nur dem Wohle anderer widmen. Doch daran besteht kein Zweifel – der Buddha ging selbst als Beispiel voran, indem er jede Form von Eigeninteresse aufgab, um sich voll und ganz dem Verwirklichen des Erwachens zu widmen. Er sagte (laut *Shantideva*, einem berühmten indischen Meister):

> *Kindische Leute sorgen sich*
> *nur um ihr eigenes Wohl*
> *und irren im Daseinskreislauf umher.*
> *Weise Leute kümmern sich*
> *um das Wohl anderer*
> *und erlangen das vollkommene Erwachen.*

Weise Menschen scheuen sich nicht vor Problemen und Leid. Sie nehmen die Schwierigkeiten anderer auf sich und überlassen ihnen Vorteile, Erfolg und Gewinn. Sie geben alle nichtheilsamen Geisteshaltungen auf und widmen sich uneingeschränkt mit heilsamen Handlungen dem Wohl anderer. Wer so handelt, entwickelt immer mehr liebende Güte und Weisheit, bis schließlich das gesamte Verhalten von Mitgefühl allen Lebewesen gegenüber durchdrungen ist. Das ist der sichere Weg ins Erwachen.

Denken wir jedoch vor allem an uns selbst, bleiben wir unreif. Wir sehen nicht einmal unsere Möglichkeiten, zum Nutzen anderer zu handeln, denn unser Hauptanliegen ist, wichtiger und einflussreicher zu werden und das eigene Ansehen zu schützen. Wir versuchen, angenehme Situationen an uns zu ziehen, Erfolge für uns zu verbuchen und alle Schwierigkeiten auf andere abzuwälzen. Vor allem auf unseren eigenen Vorteil bedacht sind wir, um unsere eigenen Interessen durchzusetzen, sogar dazu bereit, andere zu verletzen oder ihnen zu schaden. Dabei verlieren wir die erwachte Geisteshaltung völlig aus den Augen und setzen den Daseinskreislauf und seine Leiden ständig weiter fort.

> *Um die erwachte Geisteshaltung zu festigen,*
> *bedarf es großer Wachsamkeit.*

Wir wollen fähig werden, uns unserer Motivation in jedem Moment gewahr zu sein: »Bewegt mich jetzt gerade wirklich die Absicht, anderen zu helfen, oder bin ich auf persönlichen Vorteil aus? Bin ich dabei zu manipulieren, andere für meine Interessen einzusetzen oder ihnen gar zu schaden?« Wenn wir uns nicht ehrlich überprüfen, laufen wir Gefahr zu glauben, wir hätten eine positive Geisteshaltung, während wir in Wirklichkeit selbstbezogen sind und kein wirkliches Interesse am Wohl der anderen haben. Negative Tendenzen zu erkennen, ermöglicht uns, ihnen rechtzeitig entgegenzuwirken und nichtheilsames Handeln zu vermeiden. So wird sich unsere uneigennützige Einstellung immer mehr festigen.

Wer anderen helfen will, darf nicht gleichzeitig eine ichbezogene Geisteshaltung beibehalten. Das vermeintliche Wirken zum Wohle anderer würde die Ichbezogenheit dann nur noch verstärken und den Kreislauf des Leidens unaufhörlich fortsetzen. Deshalb spüren wir alle egoistischen Tendenzen auf und befreien uns allmählich von aller Selbstsucht. Der Entschluss, niemals jemandem Leid zuzufügen, sondern alles uns Mögliche zu tun, um andere zu unterstützen, ist die Grundlage der erwachten Geisteshaltung.

Normalerweise werden das Ausrichten auf die Zuflucht und das Hervorbringen des Erleuchtungsgeistes getrennt als zwei Schritte erklärt. Aber eigentlich finden sie gleichzeitig statt, denn man ist sich bereits bei der Zuflucht bewusst, dass alle Lebewesen in mangelndem Gewahrsein und Leid gefangen sind, und fragt sich: »Was ist der beste Schutz für sie?« Da dies die Zuflucht zu den Drei Juwelen ist, wünscht man sich, anderen diesen Schutz vermitteln zu können und dafür so schnell wie möglich das Erwachen zu erlangen, um sie alle schützen und befreien zu können. Zuflucht und Erleuchtungsgeist gehören zusammen, weil das Engagement für alle Lebewesen die Basis unseres Weges ist und weil es von der Ausgangsmotivation abhängt, wie sich unsere Praxis entwickeln wird. Zufluchtnehmen ist aus dieser Sicht Ausdruck des angewandten Erleuchtungsgeistes und der erste praktische Schritt eines Bodhisattvas.

Zuflucht kann auf das eigene Wohl oder auf das Wohl anderer ausgerichtet sein. Äußerlich mag die Praxis gleich aussehen, aber die Auswirkungen werden völlig verschieden sein. Nehmen wir das Beispiel von zwei Männern, die beide einen Obstbaum pflanzen: Sie graben ein Loch, setzen einen Baum hinein und pflegen ihn. Doch der eine pflanzt ihn in seinem eigenen Garten und denkt dabei: »Das ist mein Boden und wenn dieser Baum einmal Früchte trägt, werde ich mich an ihnen erfreuen. Der Baum und seine Früchte gehören mir!« Seine Absicht beim Pflanzen ist der Wunsch, selbst glücklich zu werden. Der andere pflanzt ebenfalls einen Baum, aber wählt dafür einen öffentlichen Platz und denkt sich dabei: »Dieser Boden und auch der Baum gehören allen. Mögen später alle, die hier vorbeikommen, die Früchte des Baumes genießen und sich in seinem Schatten ausruhen können.« Er sieht sich als Gärtner zum Nutzen anderer. Sein Geist ist offen und freigebig, er hat nichts zu verteidigen. Der andere hingegen wird aus Angst, dass ihm jemand die Früchte wegnimmt, aufpassen müssen und womöglich einen Zaun ziehen. Und je mehr sich die Früchte der Reife nähern, desto größer wird seine Sorge sein. Vielleicht wird er sogar aggressiv, wenn er das Gefühl hat, jemand wolle ihm die Früchte wegnehmen. Beide müssen ihren Baum pflegen, damit er gut gedeiht, aber der Geist desjenigen ohne persönliche Interessen wird dabei wesentlich leichter und freier sein. Trägt sein Baum dann Früchte, wird er sich freuen, wenn viele Leute kommen und sich von ihnen nehmen. Das Bäumepflanzen dieser beiden wird ganz offensichtlich unterschiedliche Auswirkungen haben, weil ihre Ausgangsmotivation so verschieden war. Genauso ist es auch beim Ausrichten auf die Zuflucht und bei aller Dharmapraxis. Eine Zuflucht, die nur auf persönliches Wohlergehen ausgerichtet ist, ist ein Hindernis für das Erreichen des Erwachens, denn:

Die Motivation bestimmt das Ergebnis.

Wenn wir zu verstehen beginnen, welch große Qualitäten Buddha, Dharma und Saṅgha innewohnen, entsteht eine tiefe Freude verbunden mit der starken Sehnsucht, dem Weg des Dharma und dem Beispiel der Saṅgha zu folgen und Buddhaschaft zu verwirklichen. Freude und Vertrauen werden zur zentralen Achse unseres Lebens.

Geistige Entwicklung hängt vom Ausmaß der Offenheit des Geistes ab: Bodhisattvas widmen die Früchte ihrer Praxis völlig den anderen Wesen. Wenn wir diese Motivation des »Großen Fahrzeugs« aufrichtig in uns erwecken, wird unsere spirituelle Praxis unermesslich heilsame Auswirkungen haben. Denn wenn wir die Lehre Buddhas wirklich zur Befreiung aller Lebewesen praktizieren, entspringt daraus eine unerschöpfliche Energie und grenzenlose Freude. Diese Freude nährt sich aus dem Vertrauen in Buddha, Dharma und Saṅgha und dem Mitgefühl für alle Lebewesen und sie wird von einer tiefen Entschlossenheit begleitet, sich ganz der Praxis zu widmen – und dies ist nicht bloß Gerede, sondern eine echte, aus der Freude entstehende Kraft. Diese Freude löst alle Verzweiflung in unserem Leben auf; wir sind zutiefst glücklich, aufgrund unseres früher geschaffenen heilsamen Karmas und der Güte unserer Lehrenden dem Dharma begegnet zu sein. Wir haben Zuflucht erhalten, Zugang zu unserem Erleuchtungspotential gefunden und besitzen nun alle Möglichkeiten, unser Leben aufs Beste und Sinnvollste zu nutzen. Von freudiger Kraft erfüllt sind wir fähig, uns ohne Einschränkungen dem spirituellen Weg zu widmen, bis wir tatsächlich die Frucht der Buddhaschaft mit all ihren Qualitäten verwirklicht haben. Schwierigkeiten werden nicht mehr als eine Gefahr für unser persönliches Glück erlebt, sondern als eine Herausforderung zu weiterem Wachstum auf dem Weg für das Glück aller Lebewesen.

An das Wohl aller Lebewesen zu denken,
verleiht die Kraft, alle Schwierigkeiten zu überwinden.

Wir erneuern das Versprechen, zum Wohle aller Lebewesen das Erwachen zu erlangen, immer wieder und lassen uns dabei nicht von Selbstzweifeln entmutigen, wie zum Beispiel: »Bin ich überhaupt dazu in der Lage, dieses Ziel zu erreichen?« Wenn wir nicht zweifeln, sind wir voller Freude und die Praxis vollzieht sich ganz natürlich. Je mehr uns diese Freude durchdringt, desto offensichtlicher wird, dass sie aus dem Dharma selbst, dem zutiefst Heilsamen, entspringt – und desto mehr wächst sie, bis sie grenzenlos wird. Sie erfüllt uns immer mehr und wir strahlen dieses Glück immer stärker aus. Unser Geist wird leicht und unbeschwert, das Vertrauen in den Dharma nimmt ständig zu. Dieses innere Licht entfernt alle Schleier und ichbezogenen Tendenzen und wir werden empfindsamer für das Leid anderer, ohne dass sich unser Geist dabei verdunkelt und wir mit ins Leiden hineingezogen werden. Zugleich spüren wir immer deutlicher, wie wir zu ihrem Wohlergehen beitragen können. Der Dharma gibt uns Mut und die Praxis fällt leicht. Sie entwickelt sich wie von selbst, ohne Zwang und Plackerei.

Diese Freude ist wie ein großes Feuer,
das man nicht begrenzen kann –
ein Feuer, das aus sich selbst heraus brennt
und alles Hinderliche aufzehrt.

Es gibt dann keinen Platz mehr für Kummer, Trägheit oder Zweifel – für all diese quälenden Selbstgespräche. Unser Vertrauen wächst und bringt eine Klarheit hervor, deren leuchtende Kraft alle ichbezogenen Tendenzen und Zweifel beseitigt. Hingabe an die Praxis wird natürlich und völlig selbstverständlich. Wir fragen uns nicht mehr: »Soll ich? Soll ich nicht? Bräuchte ich nicht noch etwas Zeit für mich selbst?« Wo tiefe Überzeugung und Freude sind, braucht die Praxis keine Anstrengung mehr. Alles fällt an seinen richtigen Platz.

Warum erleben wir oft eine Schwere, eine körperliche Trägheit oder auch eine Art Kopfweh, die uns an der Dharmapraxis hindern? Warum kommt sie uns manchmal extrem schwierig oder gar unmöglich vor? Die Praxis erscheint uns so schwierig, weil wir aufgrund von Unwissenheit, Begierde und Ärger unaufhörlich um uns selbst kreisen. Wir sind Gefangene im Netz dieser Emotionen, sind angespannt und zweifeln an unserer Fähigkeit, praktizieren und wirkliche Hingabe entwickeln zu können. Wir denken: »Ich muss unbedingt gut sein. Ich muss meine Arbeit schaffen und gut meditieren.« Wir sind völlig mit uns selbst beschäftigt und machen es uns so schwer, dass wir unfähig werden, auch nur ein einziges Mantra zu rezitieren. Der Dharma, der eigentlich so leicht ist, wird dadurch schwer und fast zu einer Bürde. Das geschieht, weil wir von dem Verlangen besessen sind, etwas Gutes zu tun oder ein guter Mensch zu sein und Erfolg in der Praxis zu haben.

Dieses Haften an uns selbst ist die Wurzel aller Probleme. Wir können uns innerlich nicht freimachen und fühlen uns in zwei Richtungen zugleich gezogen. Einerseits streben wir nach Befreiung und möchten uns aus dem Ichanhaften lösen und andererseits halten wir mit beiden Händen an unseren weltlichen Verhaftungen fest. Diese Schwierigkeit löst sich auf, wenn wir die Hoffnung loslassen, in der Welt unser kleines Glück zu finden. Es geht dann von selbst aufwärts, wie ein Ballon, dessen Halteseil gekappt worden ist. Damit unser »Praxisballon« aufsteigen kann, durchtrennen wir alle Stricke, die uns in der Ichbezogenheit festhalten, und lassen in den Raum der Zuflucht hinein los. Dann wird die Praxis leicht, der Ballast ist abgeworfen und Vertrauen und Freude treiben uns aufwärts.

Im gewöhnlichen Leben nehmen wir, sobald wir etwas erreichen wollen, große Mühen auf uns und zeigen dabei eine erstaunliche Ausdauer, selbst angesichts großer Schwierigkeiten. Wenn wir uns eine Idee in den Kopf gesetzt haben, kennen wir keine Müdigkeit und brauchen keine Pausen. Wir sind unglaublich motiviert – und das alles für weltliche Ziele. Wenn es sich hingegen um die Dharmapraxis handelt, finden wir sie schnell zu anstrengend, werden unzufrieden, ja sogar wütend, und geben auf, sobald Schwierigkeiten auftauchen. Was uns fehlt und was wir entwickeln können, ist ein echtes Streben nach dem Dharma. Diese aufrichtige Motivation wird Freude freisetzen und zu einer natürlichen Praxis führen, durch die wiederum mehr und mehr Vertrauen, Hingabe und Mitgefühl entstehen. Diese Qualitäten inspirieren und verstärken sich gegenseitig und Freude und Vertrauen nehmen immer mehr zu. Dann wird der Weg sehr einfach. Wir fragen uns nicht mehr: »Wie lange soll ich denn eigentlich noch praktizieren?«, denn die Antwort ist klar: »Bis ans Ende des Weges!« Unsere Praxis wird kraftvoll – wir geben uns ihr völlig hin. Unsere Freude wird so groß, bis es schließlich niemanden mehr gibt, kein Ich, kein Subjekt mehr, das die Praxis ausübt. Sie vollzieht sich von selbst. In entspannter Selbsterkenntnis erfährt der Geist vollkommene Freiheit. Dieser Weg wahrer Zufluchtnahme beruht auf einer uneigennützigen Motivation, auf Liebe und auf Mitgefühl.

Liebe und Mitgefühl

Das Herz aller spirituellen Praxis ist das Entwickeln von Liebe und Mitgefühl. Das Ausmaß, in dem diese beiden entwickelt sind, prägt die Art und Weise, wie jemand dem spirituellen Weg folgt, und zeigt, wieweit sich der Geist geöffnet hat.

Wenn es jemandem beim Anwenden der Lehre Buddhas hauptsächlich um das eigene Wohl geht, so ist das eine sehr begrenzte Einstellung, die auch »kleines« Fahrzeug genannt wird. Wer so praktiziert, ist von den leidvollen Erfahrungen des eigenen Lebens aufgeschreckt und sich bewusst geworden, dass das Leiden nicht enden wird, solange die Unterweisungen Buddhas nicht in die Tat umsetzt werden. Um die Erfahrung von weiterem Leid zu vermeiden und nimmt sich die Person folglich das Glück der Befreiung zum Ziel. Aber sie kümmert sich dabei nicht um die Befreiung der anderen Wesen.

Eine Person, die sowohl an sich selbst als auch an andere denkt, zeigt die Einstellung des »mittleren« Fahrzeuges. Sie erkennt, dass sie mit allen Lebewesen den Wunsch teilt, frei von Leid und im Besitz unvergänglichen Glücks zu sein, und fühlt sich dem Streben nach Erleuchtung verpflichtet, die Lehren Buddhas nicht nur zum eigenen Nutzen, sondern auch zum Wohl aller Lebewesen des ganzen Universums zu praktizieren.

Wer sich nicht um die eigenen Wünsche kümmert, sondern sich völlig den Bedürfnissen aller Wesen widmet, praktiziert die Geisteshaltung des »großen« Fahrzeuges. Körper, Rede und Geist werden rückhaltlos für den Nutzen anderer eingesetzt und alle Lebewesen als Eltern aus früheren Leben betrachtet. Die gesamte Energie ist darauf ausgerichtet, sie alle von Leid zu befreien und zur Buddhaschaft zu führen. Diese Haltung bedarf großen Mutes und einer unermüdlichen Hingabe an das Wohl anderer. Ist der Mut nicht groß und beständig genug, kann man dem Weg des großen Fahrzeuges nicht folgen.

Liebe ist der Wunsch, dass alle Lebewesen
vollkommenes Glück erfahren mögen.
Sie drückt sich im Wirken zum Wohl der Lebewesen aus –
an jedem Ort und in jeder Situation.

Liebe ist nicht nur eine Absicht – sie zeigt sich auch im Handeln. Dharmapraxis bedeutet deshalb, Körper, Rede und Geist in heilsamem Verhalten zu schulen und die daraus entstehende positive Kraft allen Lebewesen zu widmen, damit sie so schnell wie möglich das letztendliche Erwachen verwirklichen können. Die Geisteshaltung, für das Glück und Wohlergehen aller zu wirken, wird allmählich zu einer alles durchdringenden Lebenseinstellung. Die liebevolle Haltung strömt durch unser Verhalten und unsere täglichen Aktivitäten nach außen. Wir werden anderen mit der Zeit ein inspirierendes Beispiel dafür, was zu tun und was zu lassen ist. Mit jedem Moment, in dem wir eine reine

Motivation haben, klärt sich unser Geist ein wenig mehr und unser Verhalten wird reiner. So entwickelt sich Bodhisattva-Aktivität und so manifestieren sich auch Schritt für Schritt all die meditativen Verwirklichungen, die durch Liebe und Mitgefühl entstehen.

Mitgefühl ist der Wunsch, dass alle Lebewesen
vom Leid und dessen Ursachen frei sein mögen.
Es drückt sich darin aus, dass wir an uns selbst arbeiten
und keinerlei schädliche Handlungen ausführen.

Um Mitgefühl zu entwickeln, braucht es das Verständnis, dass die Lebewesen in der Vergangenheit aufgrund von mangelndem Gewahrsein eine Vielfalt von ichbezogenen Handlungen ausgeführt haben, die jetzt eine Vielfalt leidvoller Lebensbedingungen bewirken. Und die Verschiedenartigkeit ihrer gegenwärtigen Situationen führt wiederum zu individuell verschiedenen Emotionen und Handlungen, welche die Ursachen für mannigfaltige Situationen in der Zukunft sein werden. So ergeben sich unzählige Lebensformen, die aber alle gemeinsam haben, dass sie Leid beinhalten. Angesichts des Leides, das allen Daseinsformen innewohnt, entsteht grenzenloses Mitgefühl: der Wunsch, dass alle Lebewesen vollkommen frei von Leid sein mögen wie auch frei von all den Mustern, die zu immer neuen leidverursachenden Handlungen führen. Wir beten Tag und Nacht dafür, ihnen dabei helfen zu können, und wünschen, dass sie die Geisteshaltung hervorbringen mögen, die zu heilsamem Handeln führt, der Ursache für ihr künftiges Glück.

Doch allein der Wunsch, anderen zu helfen, genügt nicht. Wollen wir sie wirklich vom Leid befreien, müssen wir erst selbst frei davon sein. Versuchen wir, andere zum Glück zu führen, während wir selbst noch mitten im eigenen Leid stecken, wird das keinen wirklichen Nutzen bringen und letzten Endes scheitern. Um uns für andere einsetzen zu können, brauchen wir inneren Freiraum und der entsteht nur, wenn wir mit den eigenen Schwierigkeiten arbeiten, unsere Grenzen erkennen und allmählich unsere Ichbezogenheit auflösen. Dies wird mehr und mehr Qualitäten freisetzen. Wir werden unsere Probleme nicht mehr als Störungen wahrnehmen, sondern als Hilfen, uns in die Schwierigkeiten anderer hineinzuversetzen. Je mehr Schwierigkeiten wir selbst erfahren haben, desto wirkungsvoller können wir anderen helfen. Von daher ist es von Vorteil, Probleme zu haben. Wir können anderen den Weg zeigen, weil wir ihn aus Erfahrung selbst kennen. Die Praxis des Mitgefühls beginnt mit der Arbeit an den eigenen Problemen.

Um zunächst unserem eigenen Leid ein Ende zu setzen, geben wir nichtheilsame Handlungen auf und führen heilsame Handlungen aus. Gleichzeitig regen wir auch andere dazu an, leidverursachende Handlungen aufzugeben, und helfen ihnen, alle Situationen zum Kultivieren heilsamer Verhaltensweisen und Einstellungen zu nutzen. Wenn wir unsere Energie auf diese Weise einsetzen, werden wir uns selbst von Leid befreien können und die nötige Kraft aufbauen, um den zahllosen Lebewesen beizustehen.

Unsere wohlwollende Geisteshaltung dehnt sich auf sämtliche Lebewesen aus, wer und wo immer sie auch sein mögen, ohne jegliche Ausnahme und mit völlig gleicher Wertschätzung. Das bedeutet, keinerlei Vorlieben oder Abneigungen aufrechtzuerhalten, was auch immer die Qualitäten und Fehler der einzelnen Lebewesen sein mögen. Wir ziehen also weder einzelne vor und betrachten sie als Befreundete, weil wir sie sympathisch finden, noch lehnen wir andere ab und sehen sie als Feinde oder Fremde an, weil sie uns missfallen oder unbekannt sind. Wir vergessen niemanden achtlos und beziehen auch jene ein, die wir nicht persönlich kennen oder deren Schicksal uns nicht berührt. Unser Mitgefühl umfängt alle Lebewesen mit Wohlwollen, bis hin zum allerletzten und allerkleinsten.

Wahres Mitgefühl unterscheidet sich sehr von weltlicher Liebe und sentimentaler Anhaftung. Alle Lebewesen haben solche Gefühle von Zuneigung, die jedoch sehr exklusiv bleiben, da sie sich nur auf ihre Angehörigen richten. Selbst die gefährlichsten Raubtiere empfinden

Liebe und Mitgefühl für ihre Jungen; dies ist allerdings vor allem Ausdruck ihrer Anhaftung. Von dieser ichbezogenen Liebe angetrieben, bekämpfen, jagen und töten sie andere Lebewesen, um ihre Nachkommenschaft zu beschützen und zu ernähren. Das Leid ihrer Beute und ihrer Feinde ist ihnen gleichgültig. Ihre liebevolle Fürsorge für die Jungen hat nichts mit der unvoreingenommenen Liebe und dem universellen Mitgefühl eines Bodhisattvas zu tun. Familie und Befreundete zu lieben, zu schützen und ihnen das Beste zu wünschen ist relativ einfach, doch es ist selten mehr als eine Art von Besitzdenken, das andere ausgrenzt. Jene, die wir als zu uns gehörig betrachten, werden unterstützt und verteidigt. Solange sie unseren Vorstellungen entsprechen, lieben wir sie, aber wenn sie uns widersprechen und ihre eigenen Wege gehen, werden wir wütend oder wenden uns ab und verachten sie vielleicht sogar. Diese gewöhnliche Liebe ist verunreinigt durch Begierde und Voreingenommenheit. Sie ist nicht mit der Bodhisattva-Geisteshaltung zu verwechseln.

Ein Bodhisattva löst sich aus weltlichen Verhaftungen
und lässt alle Parteilichkeit hinter sich.

Er betrachtet die Lebewesen, denen er hilft, nicht als Eigentum und erwartet keinen Dank. Seine Hilfestellung entspringt dem umfassenden Gewahrsein ihres Leides und dem tiefen Wunsch, ihnen den Weg zur Erleuchtung zu zeigen. Da gibt es keine Drohungen wie: »Wenn du nicht tust, was ich möchte, bin ich nicht bereit dir zu helfen, selbst wenn du in größte Schwierigkeiten kommst!« Die Liebe und das Mitgefühl eines Bodhisattvas umfassen alle Lebewesen gleichermaßen, ohne zu unterscheiden zwischen Gleichgesinnten und Andersdenkenden, Vertrauten und Fremden. Er kennt keine Schranken und Begrenzungen. Sein Mitgefühl ist nicht auf eine bestimmte Person oder Gruppe beschränkt, sondern umfasst alle und alles. Um solch universelles Mitgefühl hervorzubringen, müssen wir alle Bewertungen aufgeben.

Unsere Liebe und unser Mitgefühl bleiben oft oberflächlich, weil wir uns nicht wirklich dem Leid anderer öffnen, sondern alle Situationen von unserem eigenen Standpunkt aus beurteilen. Dabei gehen wir einfach davon aus, dass unsere beschränkte Wahrnehmung richtig sei. Ohne uns viel dabei zu denken, töten wir lästige Insekten, die über den Tisch krabbeln oder beim Essen um uns herumsurren. Wir möchten sie loswerden und behaupten, Insekten würden nichts fühlen. Dabei wissen wir gar nicht, was sie innerlich erleben. Wenn wir die Welt aber z.B. aus der Perspektive einer Ameise wahrnehmen könnten, würde uns die Welt vermutlich mit einem Mal sehr gefährlich erscheinen. Die Menschen wären groß wie Berge, die sich unberechenbar bewegen und einen unversehens zerquetschen können. Wir müssten ständig vor Gefahren auf der Hut sein. Das Erleben ihrer Welt mit den vielen Leiden, die sie beinhaltet, würde ein tiefes, ehrliches Mitgefühl auslösen und ein wirkliches Interesse, für ihr Wohlergehen zu wirken. Für altruistische Handlungen brauchen wir dieses unter die Haut gehende Bewusstsein des Leides anderer. Dann bleibt Liebe keine bloße Gedankenspielerei.

Aber auch Menschen gegenüber fehlt es uns oft am nötigen Einfühlungsvermögen. Wir meinen zwar, Mitgefühl zu empfinden, weil wir selbst ganz unglücklich werden und mitleiden, wenn wir unsere Nächsten leiden sehen. Doch dieses vermeintliche Mitgefühl ist einfach Anhaftung und Identifikation. Wir leiden nur deswegen mit, weil wir die anderen als Fortsetzung von uns selbst empfinden und unsere eigene Vorstellung von Leid auf sie projizieren. Wir identifizieren uns so stark mit ihnen, dass wir uns durch ihr Leid persönlich betroffen oder sogar angegriffen fühlen. Solches Mitleiden hat nichts mit dem Mitgefühl eines Bodhisattvas zu tun.

Gewöhnliches Mitleid ist sehr begrenzt, weil es sich auf etwas bezieht, das wir sehen, uns vorstellen oder konkret fühlen können. Außerdem ist es oft durch Spuren von Herablassung getrübt: Wir blicken auf die anderen Menschen herab und schenken ihnen in einem Gefühl von Überlegenheit unsere Aufmerksamkeit. Das ist reiner Stolz. Die

Außenwelt dient uns als Publikum, das uns ein angenehmes Bild von uns selbst als mitfühlende Person spiegelt.

Das Mitgefühl der Bodhisattvas hingegen ist eine weite, das gesamte Universum umfassende Geisteshaltung, die aus dem Bewusstwerden der leidhaften Natur bedingter Existenz hervorgeht. Unabhängig von äußeren Situationen strahlt es aus der Tiefe unseres Herzens ins gesamte Universum und umfasst selbst jene Lebewesen, die wir noch nie gesehen haben und uns vielleicht nicht einmal vorstellen können.

Bei unseren Bemühungen, anderen zu helfen, können Hindernisse und Schwierigkeiten auftreten. Es kann sein, dass wir jemandem nicht wirklich helfen können, weil wir noch nicht genügend Weisheit und Erfahrung besitzen. Statt uns davon entmutigen zu lassen, tun wir einfach mit unseren derzeitigen Fähigkeiten unser Bestes und machen Wunschgebete, um später über weiterreichende Fähigkeiten der Hilfestellung zu verfügen. Falls unsere Hilfe abgewiesen wird, wenden wir uns nicht enttäuscht ab oder werden gar ärgerlich, sondern wir akzeptieren, dass es Situationen gibt, in denen wir nicht direkt helfen können. Auch hier machen wir Wunschgebete, dass Hilfe später möglich sein möge. Kraft dieser Wunschgebete finden wir immer wieder zur Bodhisattva-Geisteshaltung zurück und können so auch schwierige Situationen in Gelegenheiten zum Fortschritt auf dem Weg zum Erwachen verwandeln.

Mitgefühl entsteht aus dem Gewahrsein des Leidens anderer – und wenn wir wirklich hinschauen, sehen wir eigentlich überall nur Leid. Wir erkennen, dass selbst diejenigen leiden, die in günstigen Umständen leben und von außen gesehen glücklich erscheinen. Wir lassen uns nicht vom äußeren Anschein täuschen: Auch dort, wo es weder Hunger noch Durst gibt, wo es keinen Krieg und keine materiellen Sorgen gibt, ist Leid.

Wer tiefer schaut, sieht unendliches Leid.

Um anderen helfen zu können, ist es unbedingt notwendig, dieses Leid zu sehen. Dafür schauen wir mit einem mitfühlenden, liebevollen und zugleich sehr klaren, durchdringenden Blick hinter die Kulissen. Wenn wir frei von persönlichen Interessen und Faszination das Leben anderer betrachten, sehen wir ihre Ängste und ihr nicht enden wollendes Leid – und bei allen ist es ein wenig anders. Das Leid entsteht durch die allgegenwärtige Unwissenheit und drückt sich in Hoffnung und Furcht aus. Wir sehen vielfältige Variationen dieses Leides und erkennen zugleich das Gemeinsame am Leid aller Wesen. Das führt nicht zu Depression oder Traurigkeit, sondern setzt immer mehr Energie in uns frei, für die Befreiung aller Lebewesen zu arbeiten und so vielen von ihnen wie möglich den Schlüssel zur Befreiung in die Hand zu geben. Wir sehen, wie sie nach Glück suchen und dabei nur noch mehr Leid erzeugen, weil ihre Unwissenheit sie blind macht. Es wird unerträglich, dies mitanzusehen. Wir würden uns vielleicht gerne an einen Ort flüchten, um das Gesehene wieder zu vergessen, unser kleines, persönliches Glück zu leben und uns ein bisschen auszuruhen – aber das funktioniert nicht mehr. Es wird uns nicht gelingen, das gesehene Leid zu vergessen. Wir denken immer daran und erkennen, dass nur der Dharma die Lebewesen zur Befreiung führen kann. Die Praxis der Lehren wird äußerst dringend für uns, um anderen so viel und so schnell wie möglich helfen zu können.

Indem wir an das Leid aller Lebewesen denken, üben wir den Geist des Erwachens, bis in allen Situationen ihr Wohl wie von selbst wichtiger wird als unser eigenes. Jedes Mal, wenn günstige Umstände, Freude und Glück auftauchen, widmen wir sie sofort dem Wohl aller Lebewesen und richten so unseren Geist auf den größtmöglichen Nutzen für alle aus. Und jedes Mal, wenn wir Nichtheilsamem und Schwierigkeiten begegnen, nehmen wir diese unverzüglich zum Wohle aller auf uns. Mit solch einer Geisteshaltung handeln wir als Bodhisattva, der den ständigen Austausch von sich und anderen praktiziert. Diese Haltung – anderen alle Vorteile zukommen zu lassen und selbst alle Nachteile und Schwierigkeiten anzunehmen – steht in heilsamem

Gegensatz zu unseren gewohnten Tendenzen, stets vor allem für unser eigenes Wohl zu sorgen.

> *Den Geist des Erwachens hervorzubringen,*
> *kommt einer radikalen Umwandlung*
> *unserer Denkweise gleich.*

Wir stellen das Wohlergehen der anderen über das eigene und kümmern uns nicht mehr um unsere ichbezogenen Interessen. Diese Geisteshaltung pflanzt in uns den Samen des Geistes des Erwachens und alle Situationen, alle Begegnungen werden dadurch zu einer Gelegenheit, ihn weiter wachsen zu lassen. Um diese für uns neue Sicht wachzuhalten und zu stärken, kommen wir jeden Tag auf das Wesentliche zurück: die Motivation, die ihr zugrunde liegt. Wir brauchen morgens einen Moment der Sammlung, wo wir dem Tag eine klare Ausrichtung geben und ihn in den Dienst der Praxis zum Wohle anderer stellen. Wenn wir dies einen Tag lang nicht tun, dann mehrere Tage und schließlich wochenlang nicht, wird sich diese Geisteshaltung verlieren, bis wir sie mit der Zeit ganz vergessen. Wir brauchen dieses tägliche Innehalten, wo wir uns der Qualitäten der Zuflucht und des Bodhicitta bewusst werden und unsere Motivation auffrischen. Dann werden wir den ganzen Tag zur inneren Transformation nutzen können und im Licht des Dharma leben.

Aufrichtigkeit – der Blick nach innen

Bevor wir beginnen, anderen konkret zu helfen, machen wir uns die Mühe, uns des Zustands unseres eigenen Geistes gewahr zu werden. Doch für gewöhnlich ist unser Blick ausschließlich nach außen gerichtet. Ständig beobachten, beurteilen und kritisieren wir unsere Mitmenschen.

In der Tat ist es viel einfacher, solange wir den Blick nach innen nicht entwickelt haben, die Außenwelt zu beobachten als uns selbst.

Um nicht unbewusst zu handeln, ist es unerlässlich, die Schau nach innen zu entwickeln.

Solange es uns nicht gelingt, unserer Gedanken bewusst zu werden, bleiben wir in Unkenntnis über den wahren Zustand unseres Geistes. Wir bilden uns ein, nette Menschen voller Qualitäten zu sein, mit einem klaren Geist und uneigennütziger Einstellung. Wir haben aber nie nach innen geschaut, um herauszufinden, wie wir wirklich sind und was uns tatsächlich motiviert.

Ohne uns ihrer bewusst zu sein, verzerren und trüben die Emotionen unsere Wahrnehmung. So projizieren wir unsere Fehler auf die anderen und haben deshalb auch kein Vertrauen in sie: Der eine hat in unseren Augen ein abstoßendes Verhalten, bei der anderen vermuten wir niedere Beweggründe, der nächste hat falsche Ansichten und so fort. Wir glauben, dass andere Schlechtes denken, sind argwöhnisch und entwickeln eine negative Sicht unserer Umgebung, was bei uns zu Verärgerung, Wut, Eifersucht und Ablehnung führt. Als Folge davon, dass wir uns selbst nicht sehen und andere durch die Brille unserer Fehler betrachten, wird unser Geist schließlich völlig von den eigenen Emotionen davongetragen. Diese emotionale Verwirrung führt dazu, dass wir vielfältigen, sich ständig wiederholenden Schwierigkeiten begegnen. Der Motor all dieser emotionalen Verwicklungen sind die fünf Gifte, die unseren Geist beherrschen: Stolz, Eifersucht, Begierde, Unwissenheit und Hass. Ohne zu bemerken, dass sie allesamt aus unserem eigenen Geist hervorgehen, projizieren wir sie auf unsere Umgebung und entwickeln eine völlig von Emotionen gefärbte Sicht der anderen. Die Emotionen scheinen von überall her zu kommen, nur nicht von uns selbst!

Ununterbrochen projizieren wir unsere Probleme nach außen und unterstellen anderen unsere neurotischen Haltungen. Wenn wir zum Beispiel unter dem Einfluss von Eifersucht stehen, sehen wir überall um uns herum Eifersucht, als hätten wir eine Eifersuchtsbrille auf. Wir sind völlig überzeugt davon, dass die anderen eifersüchtig sind und interpretieren ihre Handlungen in diesem Sinne. Und das nährt unter Umständen sogar unseren Stolz, denn wir mögen zu dem Schluss kommen: »Wenn die anderen eifersüchtig sind, dann kann das nur sein, weil ich so fantastisch bin. Ich bin einfach besser.« Uns selbst stellen wir nicht in Frage. So sehen wir auch nicht den Ärger, der unseren Geist beherrscht, sondern sind der festen Überzeugung, die anderen seien aggressiv, wodurch die Beziehungen mit anderen Menschen sehr konfliktreich und unsere Emotionen immer stärker werden. Das führt zu ständigem Unwohlsein und zum Ansammeln von immer mehr negativem Karma.

Wir besitzen im Allgemeinen einen großen Scharfblick, wenn es darum geht, die Fehler anderer aufzuspüren und über die Außenwelt zu urteilen. Diese analytischen Fähigkeiten können wir auf uns selbst anwenden und schauen, wo wir im Irrtum sind und uns nicht mehr auf dem Weg des Erwachens befinden. Wir nutzen unsere Beobachtungsgabe, um die schädlichen und zum Teil böswilligen Tendenzen aufzuspüren, in denen wir selbst feststecken. So können wir schrittweise an unseren sonst unbewussten Tendenzen arbeiten und unser Verhalten ändern. Es mangelt uns nicht etwa an Scharfblick, sondern vor allem an der Bereitschaft, ihn auf uns selbst anzuwenden. Meist wird uns ziemlich unwohl, wenn wir uns objektiv betrachten, und wir versuchen, diesen Blick nach innen zu vermeiden. Da hilft nur Selbstüberwindung und das ständige Erneuern der Verpflichtung, mit unseren eigenen Fehlern aufzuräumen.

Die Welt ist unser Spiegel: Ist sie voller Aggression, bedeutet das, dass wir selbst aggressiv sind. Lächelt sie uns zu, zeigt das, dass wir selbst freundlich sind. Solange wir das nicht verstehen, werden wir uns ständig über die Außenwelt Gedanken machen. Wir werden unsere eigenen Gedanken in andere hineinprojizieren und denken: »Ah, diese Person denkt jetzt garantiert dies und das. Das kann man doch deutlich sehen.« Unser Bild der anderen ist aber nichts als ein Spiegel unserer selbst.

Wir begnügen uns bei unserem Blick nach innen zumeist damit, einige auf der Oberfläche schwimmende Qualitäten zu entdecken. Daraus folgern wir, wir seien insgesamt ziemlich annehmbar. Da wir nicht tiefer schauen, gehen die unbewussten Projektionen unserer eigenen neurotischen Tendenzen auf andere ständig weiter. Wir richten den Blick nach außen und sehen auch die allerkleinsten Fehler der anderen, aber meinen, bei uns selbst sei alles in Ordnung: »Ich habe vielleicht die eine oder andere kleine Unzulänglichkeit, aber keine wirklichen Fehler.« Wenn wir jedoch aufrichtig hinschauen, was uns wirklich motiviert und wie viel Leid wir anderen schon bereitet haben, dann erkennen wir, welch ein großes, nichtheilsames Potential wir in uns tragen. Wir sehen, dass wir unfähig sind, eine einzige Handlung auszuführen, die nicht von Ichanhaften motiviert wäre. Es findet ein Bewusstwerden statt – und wir entwickeln den ehrlichen Wunsch, uns zu ändern.

Die Fähigkeit, nach innen zu schauen
und der eigenen Geisteshaltung gewahr zu sein,
nennen wir das »Auge der Weisheit«.

Mit dem Weisheitsauge entdecken wir viel Ärger in uns, jede Menge Eifersucht, Groll, Unwissenheit, Begierde – Berge von Emotionen, deren Existenz in uns wir nie für möglich gehalten hätten. Wenn wir das Ausmaß unserer eigenen emotionalen Verblendung zu sehen beginnen, erscheint uns die Verwirrung der anderen viel weniger schwerwiegend. Wir erkennen, dass alle Fehler, die wir bei anderen wahrnehmen, nur der Spiegel unserer eigenen Negativität sind, der Widerschein unserer eigenen Störgefühle. Und in direktem Verhältnis zu dieser Erkenntnis wird unsere hohe Meinung von uns selbst wie ein Kartenhaus in sich zusammenfallen. Unser Stolz wird geringer und damit werden sich auch die anderen Emotionen beruhigen. Geistige Ruhe und Stabilität werden sich einstellen. Zugleich befreien wir damit auch die Welt um uns herum von der Last unserer Bewertungen.

Wenn wir meinen, viele Qualitäten zu besitzen, so ist das ein Zeichen für Blindheit und Stolz. Nehmen wir hingegen viele Fehler bei uns wahr, so ist das eine wirkliche Qualität. Wir sehen uns selbst klarer als zuvor und das wird uns ermöglichen, an den Fehlern zu arbeiten und sie aufzulösen. Unsere Situation ist mit einer Person vergleichbar, die mit einem Schmutzfleck im Gesicht auf der Straße spazieren geht. Solange sie den Fleck nicht sieht, ist sie von ihrer eigenen Attraktivität überzeugt und ahnt nicht im Geringsten, dass mit ihr etwas nicht stimmen könnte. Erst wenn sie an einem Spiegel vorbeikommt, kann sie den Fleck entdecken und den Schmutz abwaschen. In gleicher Weise ist es unmöglich, sich von seiner Negativität zu befreien, solange wir sie nicht bemerken. Sobald wir sie jedoch wahrnehmen, entsteht der Wunsch und in Folge davon auch die Fähigkeit, sie aufzulösen.

Erst wenn wir uns
unserer eigenen Unzulänglichkeiten bewusst werden,
ist es möglich, ein Buddha zu werden.

Auf dem Weg zur Buddhaschaft brauchen wir diese nach innen gerichtete Achtsamkeit, eine immer genauer werdende Wahrnehmung unserer eigenen Fehler, die wir dann durch die Praxis auflösen können. Was wir auch tun und wo wir auch sind, ob wir meditieren, arbeiten oder ruhen – durch diese Achtsamkeit werden alle Handlungen unseres Lebens Schritte auf dem Weg ins Erwachen. Mit fortgesetzter Praxis wird sich uns dann die authentische Reinheit eines klaren Geistes frei von Fehlern zeigen – keine eingebildete Reinheit, die auf Stolz und mangelndem Gewahrsein beruht.

Durch die Schau nach innen erkennen wir,
dass die Wurzel allen Glückes
wie auch allen Unglücks in uns selbst liegt.

Löst es zum Beispiel Unbehagen bei uns aus, wenn andere sich freuen und glücklich sind, oder fühlen wir uns in der Begegnung mit anderen ständig unwohl und haben Vorbehalte, so sind das Anzeichen für Neid und Eifersucht. Ohne es zu bemerken, befinden wir uns in einem Wettstreit mit anderen: Wer ist glücklicher, wer hat mehr Erfolg? Wer meditiert besser, wer hat mehr Erkenntnis? Wir vergleichen ihr Glück mit unserem und gönnen ihnen nicht, dass es ihnen gut oder gar besser geht als uns. Unser Glück ist uns wichtiger als das ihrige – ein Beweis für unsere egoistischen Tendenzen und den fehlenden Geist des Erwachens. Ein echter Bodhisattva hingegen macht keinen Unterschied zwischen sich und anderen. Wenn andere dank ihrer früheren heilsamen Handlungen Glück und Freude erleben, empfindet er ungeteilte Mitfreude, ohne die kleinste Spur von Ärger oder Eifersucht, denn das Glück anderer ist ja genau sein Wunsch.

Obwohl unser ganzes Verhalten von ihnen bestimmt sein mag, ist es gar nicht so einfach, sich dieser Gefühle bewusst zu werden, denn sie sind recht subtil und bereits zu sehr ein Teil von uns. Wer nur oberflächlich schaut, entdeckt nichts und zieht es nicht im Geringsten in Betracht, neidisch oder eifersüchtig zu sein. Doch wer tiefer nachforscht, wird sich allmählich bewusst, dass Neid, Eifersucht und Stolz wirklich vorhanden sind.

Stolz äußert sich bei Dharmapraktizierenden unter anderem in dem Wunsch, Anerkennung von Lehrern zu bekommen, und wenn diese einen dann nicht beachten, fühlt man sich gekränkt. Man reagiert gereizt und eifersüchtig und kritisiert die anderen. In hohen Tönen den eigenen Lehrer zu loben dient oft nur dem Herausstreichen der eigenen Wichtigkeit. Und wenn Stolz im Spiel ist, dann geht es auch beim Dharmastudium vor allem darum, sich mit seinem Wissen bewundern zu lassen und sich anderen überlegen zu fühlen. Wer hingegen nicht so stolz ist, freut sich, wenn jemand anders den Dharma gut erklären kann, und möchte von ihm lernen.

Stolz, Eifersucht, Verbitterung, Wut und all die anderen Emotionen werden dadurch genährt, dass wir unsere Umwelt ständig bewerten: »Das mag ich, das mag ich nicht. Das ist gut, das ist schlecht. Das ist richtig, das ist falsch.« Wir bemerken nicht, wie subjektiv unsere Bewertungen sind. Selbstgerecht halten wir an ihnen als vermeintlichen Wahrheiten fest, die niemand hinterfragen darf, und ärgern uns, wenn andere unsere Meinung nicht teilen. Wenn wir stattdessen nach innen blicken und aufhören, die Welt nach unseren Maßstäben zu beurteilen, bringen wir allmählich die Quelle all dieser Emotionen zum Versiegen.

Der erste Schritt ist, sich zu sagen: »Die Welt ist halt anders, als ich sie gerne hätte, die Leute denken anders als ich. Wenn mich das stört, dann deshalb, weil es meinen eigenen Standpunkt in Frage stellt, meine Hoffnungen nicht erfüllt oder Ängste auslöst. Statt mich aufzuregen, halte ich mich lieber an die Sicht des Dharma.« Aber um das zu können, werden wir uns zuerst unserer eigenen Fehler gewahr und gestehen uns ein, dass wir tatsächlich eine Menge Negativität in uns tragen. Wenn wir Achtsamkeit und Mitgefühl entwickeln, erkennen wir allmählich unsere negativen Einstellungen und können uns von ihnen befreien. Dafür bedarf es vor allem des Wunsches, sich wirklich ändern zu wollen. Wir werden zu unserer eigenen Lehrperson und schauen in uns hinein. Im Spiegel der Aufrichtigkeit sehen wir mit etwas Intelligenz selbst, woran wir zu arbeiten haben.

Im Dharma kümmern wir uns nur um einen einzigen Feind: die Negativität, die uns im Innern beherrscht. Es gibt keine äußeren Feinde zu bekämpfen. Wer den inneren Feind ichbezogener Emotionen überwindet, besiegt zugleich auch alle äußeren Feinde, denn nichts kommt an Stärke dem inneren Feind gleich. Woher kommen Feinde? Sie erscheinen aufgrund von Ichanhaften.

Solange es den Gedanken an ein Ich gibt,
gibt es auch Feinde.

Ohne Ichanhaften gibt es niemanden mehr, dem ein Feind schaden könnte, und folglich auch keinen Kampf. Für gewöhnlich fühlen wir uns sicher, wenn wir vor unseren äußeren Feinden die Tür verriegelt haben. Doch dann ist nur das Ich in Sicherheit. Und wenn sich das Ich sicher fühlt, sind wir in Wahrheit in größter Gefahr, denn dann wird alles vom immer stärker werdenden Ichanhaften beherrscht und wir sollten uns wirklich Sorgen machen. Der größte Feind befindet sich innen, im eigenen Haus! Werfen wir diesen Feind hinaus, sind wir gleichzeitig von allen anderen Feinden befreit.

Schwierigkeiten nutzen

Wenn wir nicht am Ichanhaften arbeiten, werden wir in Situationen, in denen jemand erbost unsere Hilfe zurückweist, unsere guten Vorsätze verlieren und sogar wütend werden und denken: »Das reicht mir jetzt! Wer meine Hilfe nicht will, der soll auch keine mehr bekommen!« Damit verletzen wir unsere Bodhisattva-Verpflichtung, für alle Lebewesen offen zu sein. Um dies zu vermeiden, entwickeln wir eine Haltung frei von jeglichem Eigeninteresse. Wir helfen, ohne irgendwelche Bedingungen zu stellen und ohne einen Unterschied zu machen zwischen jenen, die uns danken, und solchen, die uns ablehnen. Unsere Haltung bleibt stets gleich, wie herausfordernd auch immer die Reaktionen der anderen sein mögen. Um nicht aus Zorn dem Geist des Erwachens zuwiderzuhandeln, üben wir uns deshalb auch in Geduld.

Ohne Geduld wird der Geist des Erwachens
nicht stabil sein.

Geduld ist unerlässlich, um anderen zu helfen, und wo sonst könnten wir Geduld besser üben als in schwierigen Situationen? Die Qualitäten eines Bodhisattvas werden im Feuer von Schwierigkeiten geboren – nur durch sie entwickeln wir geduldige Ausdauer. Wir betrachten herausfordernde Situationen als einen Test für unsere Fortschritte in der spirituellen Entwicklung. Mit einer solchen Sicht werden wir auch kein Problem mehr mit Kritik und persönlichen Angriffen haben, denn diese sind dann einfach Prüfungen, die uns zeigen, ob unser Engagement zu mitfühlendem Handeln tief genug verwurzelt ist. Sie zeigen uns, ob wir noch an persönlichem Frieden haften oder wirklich entschlossen sind, uns für andere einzusetzen.

Wenn uns jemand angreift, hasst oder zu schaden versucht, üben wir uns in Geduld, indem wir uns zunächst die Ursachen der Situation klar machen: Wir selbst haben in der Vergangenheit durch schädliche Handlungen, d.h. durch das Leid, das wir dieser und anderen Personen zugefügt haben, karmische Kräfte in Bewegung gesetzt, die der eigentliche Grund für den aktuellen Konflikt sind. Unser Gegenüber ist nicht die Person, die diese für uns unangenehme Situation verursacht, sondern bloß die Person, die daran teilnimmt und es ist nicht richtig, ihr die Verantwortung dafür zuzuschieben. Wir selbst haben eine karmische Schuld zu begleichen. Diese Sicht wird uns helfen, die Situation anzunehmen: Wir begleichen unsere karmische Rechnung und lernen daraus für die Zukunft.

Karma wird in dem Moment reif, in dem wir einer bestimmten Situation begegnen, und es wird in dem Augenblick gereinigt, in dem wir diese voll und ganz annehmen. Wir können uns darüber freuen, dass wir die Gelegenheit haben, unser Karma zu reinigen, denn dadurch bleibt uns erspart, dass es später unter vielleicht viel schwierigeren Umständen reif wird. Zusätzlich entwickeln wir Mitgefühl für den vermeintlichen Widersacher und wünschen, dass die karmischen Auswirkungen seiner Wut nicht zu Leid für ihn heranwachsen mögen, sondern stattdessen in uns heranreifen.

Wir hüten uns davor, unsere Mitmenschen in Freunde und Feinde aufzuteilen. Nahestehende als Freunde zu betrachten führt schnell dazu, dass wir weniger Nahestehende als potentielle Feinde sehen. Wenn wir uns mit unseren Freunden identifizieren, entsteht unwillkürlich Abneigung gegenüber denen, die ihnen schaden oder sie angreifen. Aufgrund dieser Identifikation führen wir dann viele nichtheilsame Handlungen aus, um die Freunde zu schützen und die vermeintlichen Feinde zu besiegen. Nur wenn wir uns nicht in Anhaftungen verstricken, können wir unparteiischen Gleichmut entwickeln und lernen, alle Lebewesen als gleichwertig zu betrachten.

Es wird uns unmöglich sein, vollkommenes Erwachen zu erreichen, solange wir jene, die uns Schwierigkeiten bereiten, als wirkliche Feinde einstufen. Wir brauchen solche »Feinde«, Hindernisse und Probleme geradezu, denn sonst hätten wir nie die Gelegenheit, Geduld zu üben – und ohne Geduld kann sich unsere Meditationserfahrung nicht vertiefen.

Aus spiritueller Sicht sind jene, die wir gewöhnlich als Feinde betrachten, unsere besten Freunde.

Sich und alle Lebewesen als gleich wichtig zu betrachten erlaubt, echte Geduld zu entwickeln. Der Geist ist dann nicht mehr von Anhaftung und Abneigung aufgewühlt, sondern kann in vollkommenem Gleichmut verweilen, einem Zustand der Ungezwungenheit, der Leichtigkeit und des Glücks. Solche Ausgeglichenheit ist ein Anzeichen dafür, wirklich den Geist des Erwachens hervorgebracht zu haben. Wenn uns das gelegentlich schwer fällt, betrachten wir die Person, die Ärger in uns hervorruft, als unsere spirituelle Lehrperson. Sie hilft uns, unser Karma zu reinigen und zu bemerken, wie sehr es uns noch an Geduld fehlt. Dafür sind wir ihr dankbar, denn ohne die wertvollen Hinweise, die wir durch sie erhalten, könnten wir nie die Qualitäten hervorbringen, die auf dem Weg zur Buddhaschaft unerlässlich sind.

Alle Qualitäten wachsen aufgrund von Schwierigkeiten.

Ohne Herausforderungen und Provokationen wäre es unmöglich, Geduld zu entwickeln. Und ohne Lebewesen, die Leid erfahren, könnten wir kein Mitgefühl entwickeln. Genauso gäbe es ohne Mangel und Armut keine Freigebigkeit, ohne Begierde und Anhaften keine Disziplin und so weiter.

Der springende Punkt beim Umgang mit Schwierigkeiten ist, sie nicht zu verfestigen. Ob Krankheiten, Hindernisse oder Emotionen: Wir neigen stets dazu, sie für wirklich zu halten. Wir fixieren uns auf die Probleme und messen ihnen eine so große Bedeutung bei, dass sie schließlich riesig werden und unser gesamtes Bewusstsein vereinnahmen. Solches Festhalten am Leid verstärkt nur noch unseren Schmerz und unsere Niedergeschlagenheit. Statt die Probleme so zu verfestigen, machen wir uns klar, dass wir gerade ein Karma erleben, das sich irgendwann von selbst erschöpfen wird. Die Situation ist vorübergehend und besitzt keine absolute, bleibende Wirklichkeit. Sie ist lediglich eine Manifestation in unserem Geist, die, wie alles andere auch, traumgleich und vergänglich ist.

Dharmapraxis beschleunigt das Reifen unserer karmischen Saat. Wir verdanken es der Güte der Drei Juwelen und der reinigenden Kraft von Mitgefühl und Hingabe, wenn dieses Karma, das letzten Endes unausweichlich ist, schon in diesem Leben reif wird. Denn jetzt haben wir Bedingungen, unter denen wir wesentlich leichter mit Schwierigkeiten umgehen können als später in anderen Daseinsbereichen ohne Unterstützung des Dharma. Wir lösen das in uns schlummernde Potential großen Leides so schnell wie möglich auf, bevor es weiter heranwächst. Bildlich gesprochen, reißen wir den Baum des Leides unverzüglich aus, bevor er so groß ist, dass dies nur noch unter unvorstellbaren Mühen möglich ist. Wir können uns freuen, bereits jetzt an die Reinigung gehen zu können, und dadurch weitere Qualitäten freizusetzen, die anderen Lebewesen zugute kommen werden. Wenn wir unsere Schwierigkeiten mit freudigem Elan angehen, werden wir sie alle überwinden und die Grenzen der Ichbezogenheit hinter uns lassen.

Auch werden wir Schwierigkeiten leichter annehmen, wenn wir daran denken, wie gering unser gegenwärtiges Leid im Vergleich zu dem Leid ist, das wir in ungünstigeren Daseinsbereichen auszuhalten haben, wenn unser Karma nicht schon in diesem Leben gereinigt wird. Die Leiden im Menschenbereich sind trotz ihrer Intensität nur wie ein einfacher Schnitt in den Finger im Vergleich zu den unaufhörlichen Foltern und Qualen der Lebewesen in den Abgründen von Panik und Hass. Wenn wir aus dieser Perspektive unser momentanes Leid gelassener oder sogar freudig annehmen, können wir nach und nach alles angesammelte negative Karma auflösen. Wenn wir beim Heranreifen von schwierigem Karma Dankbarkeit fühlen, sind wir auf dem richtigen Weg. Probleme verwandeln sich dann in Herausforderungen, tiefer an uns zu arbeiten und brachliegende Qualitäten zu entfalten.

Schwierigkeiten sind eine Herausforderung
an unsere Intelligenz und Kreativität.

Sie ermöglichen uns zu wachsen und voranzukommen. Von jemandem angegriffen zu werden ist so gesehen äußerst nützlich – eigentlich das Beste, das uns passieren kann! Wenn wir nur in Frieden und Stille verweilen, sehen wir nicht, was es noch zu entwickeln gibt. Wir denken, wir seien ruhig und mitfühlend. Wie es wirklich um uns steht, werden wir erst herausfinden, wenn wir in Bedrängnis geraten. Tilopa sagte, dass sich in schwierigen Situationen mehr noch als in der Meditation zeigt, was unsere Praxis wert ist. Leicht kann sich Stolz einschleichen und wir mögen uns für hohe Verwirklichte halten. Doch kaum kommt es zu einem kleinen Konflikt, fühlen wir uns miserabel und werden aggressiv. So kommt die Wahrheit über uns an den Tag. Eigentlich wäre es sehr gut, jeden Tag einen kleinen Konflikt zu erleben, der uns wieder auf den Boden bringt.

Wenn Schwierigkeiten auf dem Weg auftauchen, erinnern wir uns zudem stets an die Zuflucht: »Mein Körper, meine Rede und mein

Geist gehören mir nicht mehr, denn ich habe sie bei der Zuflucht der Befreiung aller Lebewesen geschenkt.« Wir fühlen uns dann nicht mehr persönlich angegriffen, da wir nicht für das eigene, sondern für das Wohl aller Lebewesen arbeiten. Schwierige Umstände und Leid können uns stimulieren, zusätzliche spirituelle Kraft zu entwickeln und uns noch mehr der Befreiung der Lebewesen hinzugeben.

Wir vermeiden, unser körperliches oder psychisches Leid durch starkes Haften noch zu vergrößern. Wenn wir uns auf unser Leid fixieren, verspannt sich der Geist, und die Schmerzen werden immer schlimmer. Wir vergessen bald, wie es ist, frei von Leid zu sein, und werden immer anfälliger. Schließlich halten wir aus lauter Gewohnheit das Leid sogar selbst aufrecht. Um aus diesem Teufelskreis herauszufinden, lenken wir unsere Aufmerksamkeit auf das Leid anderer und machen uns klar, dass alle Lebewesen im Universum ähnliche und zum Teil noch härtere Prüfungen ertragen als wir. Wir bringen den Wunsch hervor, dass sie alle frei von Leid sein mögen. Dabei können wir uns vorstellen, dass wir ihr Leid und ihre Verzweiflung in unsere eigene schmerzhafte Erfahrung hineinnehmen und ihnen dadurch den Weg zum Glück öffnen. Mögen sie alle wahres Glück finden! Praktizieren wir auf diese Weise, werden wir nie mehr wirklich leiden, denn wir sind bereit, Leid mit Freude anzunehmen, es umzuwandeln und als Mittel zu benutzen, anderen zu helfen.

Wenn wir leiden, suchen wir normalerweise sofort eine Person, die wir verantwortlich machen und der wir die Schuld für die Situation anlasten können. Und je mehr wir darüber nachdenken, was sie oder andere uns vermeintlich angetan haben, desto größer wird unser Ärger, was uns noch mehr verspannt, bis wir schließlich viel stärker leiden, als es der ursprünglichen karmischen Situation entsprochen hätte. Statt Schuldige zu suchen, rufen wir uns in Erinnerung, dass Leid nichts wirklich Ernstes ist. Es handelt sich lediglich um karmische Kräfte, die, wie alles andere auch, vergänglich sind – Leid ist zeitlich begrenzt. Es bringt nichts, sich gegen Leid aufzulehnen. Wir brauchen nur zu warten, bis sich unser Karma erschöpft. Wir lösen uns innerlich von seinen Manifestationen in dem Wissen, dass sie von selbst abklingen werden, wenn sich die karmischen Kräfte erschöpft haben. Leid manifestiert sich als Ausdruck unserer karmischen Schulden, und wenn diese beglichen sind, verschwindet es von selbst. Das Erbe der Vergangenheit anzunehmen und die Gegenwart zu nutzen, damit die Zukunft besser aussehen wird, ist der beste Weg zum Erwachen.

Negative Muster auflösen

Um das Erwachen zu erlangen und wirklich etwas für andere tun zu können, müssen wir zunächst selbst vom Ballast früherer schädlicher Handlungen frei werden und die Auswirkungen unserer Handlungen bereinigen.

Der erste Schritt ist es, die negativen Verhaltensweisen und Tendenzen uns selbst und den Buddhas gegenüber offen einzugestehen. Bei diesem Bekennen werden wir uns zunächst der schädlichen, ichbezogenen Handlungen, die wir begangen haben, bewusst. Dafür schauen wir so weit wie möglich zurück, bis in die früheste Kindheit, und untersuchen genau, was wir alles an Nichtheilsamem getan haben. Wir werden uns auch der scheinbar geringfügigen Vergehen und ichbezogenen Einstellungen bewusst, da uns nur so klar wird, wie viel Zeit wir schon mit negativen Handlungen verbracht haben. Natürlich können wir uns nur an Handlungen aus diesem Leben erinnern, aber wir können aus ihnen schlussfolgern, dass wir in früheren Leben auf ähnliche Weise gehandelt haben. Wir haben sehr viel negatives Karma zu reinigen. Schauen wir nicht genau genug hin, bleiben wir davon überzeugt, nie etwas wirklich Schlechtes getan zu haben, und denken, es sei gar nicht nötig, irgendetwas zu bekennen.

In einem weiteren Schritt bedenken wir die Folgen dieser schädlichen Handlungen und bereuen sie zutiefst. Uns wird klar, wie dringend notwendig es ist, sie zu reinigen: Wir selbst laufen Gefahr, in Daseinsbereichen mit großem Leid wiedergeboren zu werden, und andere werden weiter unter unseren ichbezogenen Tendenzen zu leiden haben. Wir bemühen uns deshalb, sie aufzulösen, bevor sie zu neuem Leid für uns und andere heranreifen.

Das beste Gegenmittel für unsere negativen Tendenzen ist die Meditation auf den Buddha *Dordje Sempa*, der für die ursprüngliche Reinheit unseres Geistes steht, oder auch auf *Tschenresig*, den Buddha des Großen Mitgefühls. Wir gestehen all unsere schädlichen Handlungen und Neigungen offen ein und visualisieren dabei einen dieser Buddhas über unserem Scheitel. Wir stellen uns vor, dass von seinem Körper Licht ausstrahlt, das mit uns verschmilzt und uns von unserem Karma reinigt. Wenn wir tiefes Vertrauen in die reinigende Kraft des erwachten Mitgefühls haben, dann vollzieht sich die Reinigung tatsächlich. Es ist wichtig, Gegenmittel zur Anwendung zu bringen, wie zum Beispiel auch das Zufluchtnehmen und das Hervorbringen der erwachten Geisteshaltung, damit die Kraft des Positiven in uns nachhaltig gestärkt wird.

Das Bekennen, Bereuen und Bereinigen schädlicher Handlungen wird durch unser Versprechen besiegelt, in Zukunft keine solchen Handlungen mehr zu begehen. Wenn wir uns an dieses Versprechen halten, können wir sicher sein, dass all die schädlichen Handlungen, die wir seit anfangsloser Zeit angesammelt haben, vollkommen gereinigt werden.

> *Ein Bekennen nichtheilsamer Handlungen*
> *ohne die innere Verpflichtung, sie in Zukunft*
> *nicht mehr auszuführen, bleibt unvollständig.*

Für eine vollständige und endgültige Reinigung aller nichtheilsamen Handlungen sind zwei Dinge notwendig: der feste Entschluss, mit solchen Handlungen aufzuhören und das unerschütterliche Vertrauen, dass der Buddhageist die Kraft hat, unser negatives Karma aufzulösen und die Buddhanatur in uns zu wecken. Doch wir sind uns bewusst, dass eine vollständige Reinigung auch den Körper und die Rede einbezieht.

Es gibt viele Mittel, das vom Körper angesammelte negative Karma zu reinigen. So können wir z.B. auf praktischer Ebene anderen mit körperlichen Handlungen hilfreich zur Seite stehen. Auch können wir den Drei Juwelen gegenüber unserem Respekt und unserer Bitte um Reinigung Ausdruck verleihen, indem wir Symbole der Erleuchtung, wie z.B. Stupas oder Stätten spiritueller Praxis, umkreisen und an solchen Orten Gaben darbringen. Solche körperlichen Handlungen helfen, positive Kraft aufzubauen und Schleier aufzulösen und erlauben dem Geist, Hingabe, Offenheit und Vertrauen entstehen zu lassen. Wenn sie mit der richtigen Geisteshaltung ausgeführt wird, kann im Grunde jede körperliche Handlung zur inneren Umwandlung genutzt werden.

Das Ausführen reiner körperlicher Handlungen erzeugt weder Stolz noch Selbstgefälligkeit, sondern führt zu größerer Demut, zu einem Gefühl von Verbundenheit mit anderen. Wir wertschätzen alle Lebewesen gleichermaßen, einschließlich derer, die in unseren Augen normalerweise ganz unbedeutend sind, wie z.B. Insekten. Auch Insekten haben die Buddhanatur. Sie sind zukünftige Buddhas und sollten als solche respektiert und geschützt werden. Demut und eine tiefe Wertschätzung im Hinblick auf alle Lebewesen sind die Leitlinien unseres Weges.

Im Dharma führen wir zur Reinigung auf der körperlichen Ebene auch Verbeugungen vor Buddha, Dharma und Saṅgha aus. Wir lassen uns selbst und unseren Stolz los, verbeugen uns in Bescheidenheit und anerkennen damit die Größe des vollkommenen Erwachens. Zur Unterstützung dieser inneren Haltung können wir die Verbeugungen vor einer Buddhastatue oder ähnlichen Symbolen ausführen, die uns an die Qualitäten des Erwachens erinnern. Begleitend dazu können wir das Zufluchtsgebet sprechen.

Weitergehende Praxismethoden der Reinigung des Körpers sind die Meditationen, während derer wir unsere eigene Gestalt mit einer reinen, erleuchteten Form, einem sogenannten *Jidam*, identifizieren. Ein Jidam ist ein Buddha, auf den wir mittels bildlicher Vorstellung meditieren, um uns aus den Mustern der Unwissenheit zu befreien. Ein Jidam ist »das, woran der Geist sich bindet, um seine wirkliche Natur zu erfahren«. Meditation auf einen Jidam hat nichts mit Anbetung einer Gottheit zu tun, deren Gnade wir erbitten würden. Es geht darum, die wahre Natur physischer Manifestation zu verstehen, die wir für gewöhnlich nicht in ihrer Weisheitsdimension wahrnehmen. Die Jidam-Praxis ist also eine Methode, den erleuchteten Aspekt unseres körperlichen Seins zu meditieren. Wenn wir unseren Körper nur als aus Knochen, Fleisch und Blut beschaffen betrachten, erkennen wir nicht, dass in ihm erleuchtete Weisheit liegt. Führen wir die Reinigung des Körpers zu Ende und lösen alle Formen der Identifikation mit ihm auf, verwirklichen wir seine grundlegende Natur, den illusorischen Ausstrahlungskörper, den man auf Sanskrit *Nirmāṇakāya* nennt.

Auch unsere Rede wird in den Reinigungsprozess mit einbezogen. Normalerweise verleihen wir mit unseren Worten nur unseren ichbezogenen Tendenzen Ausdruck, ohne zu erkennen, dass die Rede auch einen Weisheitsaspekt hat. Unter dem Einfluss von mangelndem Gewahrsein und Emotionen haben wir dieses wunderbare Werkzeug Sprache für egoistische Zwecke benutzt. Aus Stolz haben wir andere verletzt, sie manipuliert, schlecht über sie geredet und uns gestritten. Dadurch haben wir oft großes Leid verursacht. Um persönlicher Vorteile willen haben wir gelogen und unaufrichtigen, unangemessenen Gebrauch von der Rede gemacht. Indem wir bewusster mit ihr umgehen, können wir unsere Rede reinigen und sie ihrer höheren Bestimmung zuführen, andere auf dem Weg zur Befreiung zu unterstützen.

Aber auch dabei gilt es aufzupassen, dass nicht der Stolz diese Arbeit verdirbt! Die Qualität der Rede zu entwickeln bedeutet, bei allen Gesprächen voller Respekt und Mitgefühl zu sein, motiviert einzig vom Wunsch, anderen zu helfen. Dann werden wir auf eine Art sprechen, die klar, versöhnlich und freundlich ist und anderen Sicherheit gibt. In unserem Bemühen um wahrheitsgemäße Rede lassen wir aber Weisheit walten. Es kann z.B. sehr schmerzhaft und auch sinnlos sein, jemandem eine Wahrheit mitzuteilen, für die er nicht offen ist. Wer helfen möchte, setzt die eigene Intelligenz ein, um zu wissen, wie und wann etwas gesagt werden kann. So reinigen wir allmählich all die Redeschleier, die wir durch nichtheilsames Sprechen erzeugt haben.

Um uns der reinen Dimension der Kommunikation von Buddhas zu nähern, können wir Texte von erleuchteten Meistern und Meisterinnen rezitieren oder Mantras und Gebete sprechen, die Ausdruck von reiner Rede und der Wahrheit des vollkommenen Erwachens sind. Wir entdecken so allmählich, dass Sprache eine heilige Qualität hat, wie ein Mantra, das den Geist unterstützt, ihn schützt und Verwirklichung ermöglicht und zur selben Zeit Offenheit und Mitgefühl vermittelt. Mit dem Auflösen der Redeschleier entdecken wir die tiefe Wirklichkeit der erwachten Rede, die auf Sanskrit *Saṃbhogakāya*, Freudenkörper, genannt wird, Ausdruck des Reichtums erleuchteter Qualitäten.

Die hauptsächliche Reinigung ist jedoch in Bezug auf den Geist zu leisten, da die Impulse für unser Verhalten mit Körper und Rede in unserem Geist entstehen. Allen ichbezogenen Handlungen liegt die fundamentale Unwissenheit zugrunde: das Aufteilen der Wirklichkeit in Ich und andere. Da wir der Natur des Geistes und der Erscheinungen nicht gewahr sind, entsteht die Vorstellung eines »Ichs«, eines Individuums, das von allem anderen getrennt ist. Als Folge der Identifikation mit diesem isolierten »Ich« treten Gefühle von Anhaftung und Ablehnung auf. Das Ich möchte das Beste für sich haben und alles ihm Unangenehme vermeiden. Der Versuch, die Bedürfnisse dieses Ichs zu befriedigen, führt zwangsläufig zu Konflikten mit anderen, denn es stellt sich die Frage, wer das Recht hat, von den angenehmen Dingen zu profitieren: wenn nicht ich, dann sind es die anderen. Wenn wir in der Überzeugung leben, auf alles mehr Anspruch zu haben als die anderen, nimmt zwangsläufig unser Stolz zu. Und wenn wir etwas nicht bekommen können und sehen, dass andere mehr Erfolg haben als wir, zeigen sich Eifersucht, Enttäuschung und Wut. Als Folge von Ichanhaften entfaltet sich so die ganze Palette von Emotionen. Sie nehmen den Geist völlig in Anspruch und formen die Persönlichkeit, die Struktur unseres Geistes. So funktionieren wir schon seit anfangslosen Zeiten. Stets war unser Geist bestrebt, das Beste für sich selbst haben zu wollen und anderen die Probleme zuzuschieben.

Wenn wir uns bemühen, unseren gewohnheitsmäßigen Neigungen entgegenzuwirken, die uns immer wieder zu nichtheilsamen Handlungen veranlassen, entdecken wir, dass Stolz unser Hauptproblem ist. Das tibetische Wort für Stolz (*Nga-gyal*) bedeutet »Ich–König« oder »Königreich des Egos«. Wir haben zahllose nichtheilsame Handlungen ausgeführt, um diesen stolzen König zu befriedigen. Viel Leid entstand, weil wir so überzeugt von unserer eigenen Wichtigkeit waren. Das Gegenmittel für Stolz ist, uns unserer eigenen Fehler bewusst zu werden und die Qualitäten anderer sowie der Zuflucht zu sehen. Wir lernen, andere zu achten und selbst bescheiden und demütig zu werden.

In dem Maße, in dem wir unsere geistigen Schleier auflösen, werden wir fähig, den Geist in sich selbst ruhen zu lassen. Dies setzt die Reinigung des Geistes auf einer tieferen Ebene fort und er wird sich zunehmend von ichbezogenen Mustern befreien. In der Meditation der wahren Natur aller Dinge werden sich Unwissenheit und Ichanhaften auflösen und wir werden verstehen, dass wir und alle Lebewesen nicht voneinander getrennt und vollkommen gleichwertig sind. Es offenbart sich der eine, unteilbare Geistesraum, den wir auch den Körper der letztendlichen oder absoluten Wahrheit oder auf Sanskrit den *Dharmakāya* nennen. Unser Geist findet sich in seine ureigenste Wirklichkeit ein, in den »Einen Geschmack« aller Phänomene, die wahre Natur seiner selbst und aller Erscheinungen. In dieser Wirklichkeit gibt es keine Vorlieben mehr. Dieser Zustand der Gleichwertigkeit oder des Einen Geschmackes aller Erscheinungen ist jedoch keineswegs ein Zustand von Gleichgültigkeit, denn er ist völlig von Mitgefühl und tiefer Liebe durchdrungen. Er ist die Dimension der Einheit von Mitgefühl und leerer Natur. Indem wir immer wieder in diese Dimension hineinfinden, vollzieht sich die letztendliche Reinigung des Geistes.

Durch den Prozess des Läuterns von Körper, Rede und Geist und des Ansammelns von Verdiensten auf diesen drei Ebenen vollzieht sich allmählich ein Auflösen unserer karmischen Schleier und wir erkennen die wahre Natur von Körper, Rede und Geist, die seit anfangsloser Zeit die Buddhanatur ist. Nur durch diese sehr persönliche Arbeit karmischer Reinigung können wir unsere wahren Qualitäten freilegen, vollkommenes Erwachen erreichen und erleuchtete Aktivität zum Nutzen aller Lebewesen ausführen.

Positive Kraft aufbauen

Das Reinigen schädlicher Tendenzen sollte stets vom Ausführen heilsamer Handlungen begleitet werden, denn diese werden die erleuchtete Geisteshaltung in uns stärken und eine solide Grundlage aus Verdiensten bilden. Mit »Verdiensten« ist die aus heilsamen Handlungen entstehende, dem vollkommenen Erwachen gewidmete dynamische Kraft gemeint, die es ermöglicht, mit der notwendigen Energie voranzuschreiten und Hindernisse zu überwinden. Um diese Kraft aufzubauen, braucht es zweierlei: Zum einen reinigen wir, wie bereits beschrieben, die vorhandenen schädlichen Tendenzen und zum anderen schaffen wir durch unser Handeln günstige Bedingungen für die innere Entwicklung. Das eine führt zum anderen: Im Prozess der Reinigung erkennen wir, wie sehr nichtheilsame Handlungen unseren Geist einengen und zu Leid führen. Aufgrund dieser Erkenntnis beschließen wir, heilsame Verhaltensweisen zu üben, durch die wir innere Freiheit entwickeln und positive Kraft aufbauen können. Wir reinigen also einerseits alles, was zu Leid führt und uns belastet, und fördern andererseits alles, was zu wahrem Glück und zur Befreiung beiträgt. Reinigung verbunden mit dem Aufbauen positiver Kraft lässt uns auf dem Weg zum Erwachen vorankommen.

> *In dem Maße, wie die heilsame Energie*
> *in unserem Wesensstrom zunimmt,*
> *wird sich auch der Geist des Erwachens entwickeln.*

Indem wir mit Körper, Rede und Geist viele heilsame Handlungen ausführen, bauen wir heilsame Kraft auf. Dadurch werden zugleich die Spuren der auf diesen drei Ebenen ausgeführten nichtheilsamen Handlungen der Vergangenheit gereinigt. Besonders geeignet dafür sind alle Arten von Freigebigkeit: Wir können anderen unsere Freundlichkeit und Liebe schenken, ihnen in Schwierigkeiten beistehen, sie versorgen und ihnen Freude bereiten. Manchmal haben wir auch Gelegenheit, andere zur Dharmapraxis und zu heilsamen Handlungen zu inspirieren – und sei es nur, jemandem zu raten, OM MANI PADME HUNG, das Mantra von *Tschenresig*, dem Buddha des Großen Mitgefühls, zu rezitieren.

Zusätzlich zur gewöhnlichen Praxis der Freigebigkeit können wir auch den Drei Juwelen Opfergaben darbringen. Dabei geht es nicht darum, irgendwelche Wünsche der Buddhas zu befriedigen oder ihre Gnade zu erwerben – solche Vorstellungen entspringen einer dualistischen Sicht. Opfergaben darzubringen ist ein Mittel, unsere tief verwurzelte Tendenz zu reinigen, an der Schönheit von Dingen zu haften, an angenehmen Klängen und Gerüchen, an Gaumenfreuden, sowie an Besitz, unserem Körper und dergleichen. Aufgrund dieser Verhaftungen haben wir viele nichtheilsame Handlungen ausgeführt und um die Neigung zu solchen Handlungen aufzulösen und unser Festhalten zu lockern, bringen wir Opfergaben dar. Durch das Geben wirken wir der Tendenz entgegen, stets zu unserem eigenen Vorteil zu handeln, denn die den Drei Juwelen dargebrachten symbolischen Opfergaben dienen nicht der Befriedigung dieses »Ichs«, das der Ausgangspunkt aller Probleme ist. Wir lösen uns von der Illusion des Ichs und von der Tendenz, Gutes stets für uns selbst haben zu wollen, und rufen uns durch die Gaben die Qualitäten des Erwachens in Erinnerung, wie sie von Buddha, Dharma und Saṅgha repräsentiert werden.

Freigebigkeit ist eine Lebenseinstellung – genau wie Geiz.

Alle Handlungen werden von einer dieser beiden Einstellungen inspiriert. Wer viel Geiz in sich hat, will ständig mehr haben und wird entsprechende Handlungen ausführen. Zudem hat er oder sie ständig Angst, etwas zu verlieren. Wer im Sinne der Freigebigkeit lebt, ist im ständigen Fluss des Gebens. Dies wird zu einer Lebensweise, die alle Aspekte unserer Existenz einschließt, denn Opferungen sind ja nicht auf die traditionellen Opfergaben beschränkt. Wir können alles als Gabe betrachten und dem Opfern in unserem Geist sind keine Grenzen gesetzt. Wenn wir Freigebigkeit so zu unserem Leben machen, werden wir keinen Geiz mehr kennen. Wir geben rückhaltlos und erleben darin vollkommene Freiheit.

Materielle Gaben darzubringen, drückt das Loslassen des Haftens an Sinnesfreuden aus. Doch wir beschränken uns nicht auf materielle Gaben, wie eine Blume, eine Kerze oder etwas Räucherwerk, denn die positive Kraft, die aus äußeren Opfergaben entsteht, wird stets begrenzt bleiben. Wir betrachten materielle Gaben in erster Linie als Unterstützung für die im Geist dargebrachten Opferungen, die keinerlei Beschränkungen in Anzahl, Qualität und Vielfalt unterliegen. So können wir zum Beispiel eine den Drei Juwelen dargebrachte Blume im Geist endlos vervielfältigen und das Universum mit Tausenden, Millionen und Billionen von Blumen anfüllen. Wir beschränken uns nicht auf die materielle Gabe, sondern bringen zusätzlich zu den tatsächlich vorhandenen Opferungen die unzähligen, im Geist erzeugten Opfergaben dar. Das Wichtigste dabei ist unsere geistige Haltung. Sie macht die Gabe grenzenlos und zu etwas Wunderbarem. Wenn wir den Drei

Juwelen eine Schale Wasser darbringen und dabei denken: »Ich mache eine Anstrengung und opfere etwas Wasser in einer schönen Schale«, so ist das Opfer sehr begrenzt, denn unser Geist beschränkt sich auf das unmittelbar Sichtbare. Wenn wir das Wasser aber mit dem Gedanken darbringen, dass es als Symbol für das Leben selbst steht, für das Wasser, das sich im gesamten Universum befindet und dem Leben aller Lebewesen nützt, so wird diese kleine Menge Wasser zum symbolischen Träger einer riesigen Opfergabe. Unsere Geisteshaltung hat die Gabe grenzenlos gemacht. Dieses Ausweiten der materiellen Gaben durch die Wünsche und Vorstellungen, die sie begleiten, nennt man »geistiges Opfer«.

Wir können im Geiste alles opfern, was es im Universum gibt: den Besitz, die Güter und Reichtümer aller Lebewesen. Wir opfern, ohne irgendetwas auszulassen und ohne zu denken, bestimmte Dinge könnten wir den Drei Juwelen nicht darbringen. Da es darum geht, das Ichanhaften zu reinigen, behalten wir absolut nichts zurück, sondern geben alles, woran wir haften. Zusätzlich können wir in unserem Geist alle Dinge darbringen, die keiner Person gehören und an denen alle gleichermaßen teilhaben, wie die Pflanzen, die Erde, das Meer, den Wind, die Berge, Sonne und Mond, die Planeten, den gesamten Kosmos. All diese Dinge opfern wir zusammen mit unserem eigenen Körper, unserer Rede und unserem Geist und widmen sie dem Erwachen. Statt an unserer eigenen Befriedigung festzuhalten, stellen wir alles in den Dienst der Drei Juwelen und des Wohles aller Lebewesen. So öffnet Freigebigkeit unseren Geist.

Freigebigkeit wird grenzenlos, indem wir nicht nur den Opfergaben keine Grenzen setzen, sondern sie zudem mit der Absicht darbringen, damit unbeschränkt allen Lebewesen ohne Ausnahme zu nützen. Solche Freigebigkeit reinigt unzählige schädliche Handlungen der Vergangenheit und erzeugt die immense Ansammlung heilsamer Kraft, die wir auf dem Weg zum Erwachen benötigen. Begrenzte Gaben hingegen lassen nur geringe Verdienste entstehen, die den riesigen Berg nichtheilsamer Handlungen, die wir seit anfangsloser Zeit begangen haben, in keiner Weise aufwiegen können.

Eine andere Quelle spiritueller Verdienste ist, sich an all dem Guten mitzufreuen, das von anderen Lebewesen bewirkt wird. Üben wir uns in Mitfreude, sobald wir sehen, dass jemand eine gute, heilsame Handlung ausführt, so entsteht für uns dieselbe positive Kraft wie für denjenigen, über dessen Tun wir uns freuen. Sind wir hingegen neidisch oder ärgerlich auf Menschen, die Gutes tun, dann wird es uns nie gelingen, heilsame Kraft aufzubauen. Wenn wir Menschen begegnen, die glücklich über etwas sind, das sie erlebt, in sich entwickelt oder erhalten haben, und unsere erste Reaktion ist, uns mit ihnen und für sie zu freuen, so ist das ein Zeichen, dass wir die erwachte Geisteshaltung hervorgebracht haben. Fühlen wir uns in der Begegnung mit ihnen hingegen unzufrieden oder gereizt, so zeigt dies, dass unsere Grundhaltung immer noch ichbezogen ist. Betrachten wir andere gar als lästig, als Quelle von Schwierigkeiten, so ist das ein sehr deutlicher Hinweis auf unser Haften an einem Ich und der Beweis, dass wir noch nicht einmal begonnen haben, die erwachte Geisteshaltung hervorzubringen.

Das Austauschen von sich und anderen

Ein Zeichen, dass eine Person wirklich die Bodhisattva-Haltung entwickelt hat, ist, dass sie anderen das Gute wünscht, das wir gewöhnlich für uns selbst wünschen, und dass sie die Schwierigkeiten anderer auf sich nimmt, die wir normalerweise zu vermeiden suchen. Sie versucht nicht mehr, das Beste für sich selbst zu bekommen und anderen die Nachteile zuzuschieben. Die vom Ichanhaften bestimmte normale Denkweise hat sich in ihr Gegenteil gewandelt. So eine Person weiß, dass diejenigen, die ihr Schwierigkeiten bereiten, ihre besten Freunde sind, da sie ihr helfen, Geduld zu entwickeln. Freudig nimmt sie alles Leid anderer auf sich und macht ständig Wunschgebete wie:

Möge das Leid aller Lebewesen gereinigt werden,
indem ich es voll und ganz als das meine annehme.

Wenn wir diese Haltung ständig leben, werden wir auch in leidvollen Situationen einen heilsamen und fröhlichen Geist bewahren. Nichts löst dann noch Ablehnung aus, nichts wird mehr zu einer Quelle von weiterem Leid. Diese Haltung setzt allem Leid ein Ende! Indem wir uns nicht mehr auf das Symptom fixieren, sondern unsere ichbezogene Haltung aufgeben und die wohlwollende Haltung des Geistes des Erwachens einnehmen, behandeln wir die eigentliche Ursache allen Leides. Wenn die Ursache beseitigt ist, kommen auch ihre Folgen zum Erliegen.

Ohne Ichbezogenheit würden wir kein Leid erfahren. Durch das Verlangen, unser Ego zu schützen, haben wir in der Vergangenheit eine Menge nichtheilsamer, ichbezogener Handlungen ausgeführt und diese Handlungen reifen jetzt als leidvolle Erfahrungen heran. Leid wird so zu einem Katalysator auf dem Weg: Es weckt uns auf und zeigt uns, wohin ichbezogenes Handeln führt. Es schreckt uns ab, weiter in der gleichen Weise zu handeln. Die Erfahrung von Leid ist eine unerschöpfliche Quelle kostbarer Unterweisungen und bringt uns auf dem Weg voran. Mit solch einer Sicht werden wir dem Leid mit einer offenen, frohen Geisteshaltung begegnen.

Bei allen Methoden, die wir anwenden, um Schwierigkeiten für den Weg zu nutzen, geht es um das Ändern unserer Einstellung. Normalerweise halten wir uns für sehr wichtig und haben als Folge davon viele Konflikte mit anderen. Schaffen wir es, uns selbst nicht mehr als Mittelpunkt der Welt zu betrachten, verändert sich unser ganzes Leben und es gibt keinen Grund mehr, ärgerlich zu sein. Unsere Handlungen sind dann automatisch vom Wunsch geprägt, anderen zu helfen. In diesem Augenblick ist *Bodhicitta*, der Erleuchtungsgeist, natürlicherweise vorhanden. Wir müssen nur das Festhalten an unserer eigenen, vermeintlichen Wichtigkeit aufgeben. So betrachtet, ist das Hervorbringen des Erleuchtungsgeistes nicht so schwierig, wie wir vielleicht glauben.

Wenn sich mit zunehmender Reinigung der ichbezogenen Tendenzen unsere Wahrnehmung mehr und mehr auf alle Lebewesen um uns herum ausdehnt, werden wir ihrer vielfältigen Leiden bewusst und erkennen zunehmend auch die Ursachen ihrer Probleme. Daran denkend, dass sie alle in vergangenen Leben unsere Eltern waren, erwacht der Wunsch, ihnen zu helfen. Je kontinuierlicher diese Geisteshaltung vorhanden ist, desto mehr werden sich die natürlichen Qualitäten von Liebe und Mitgefühl in unserem Geist zeigen. Um diese innere Haltung und Bewusstheit zu entwickeln, brauchen wir eine Praxis. Das Austauschen von sich und anderen in Form des Gebens und Annehmens (Tibetisch: *Tong-len*) ist dafür besonders gut geeignet. Es ist wichtig, diese formelle Praxis zusätzlich zum liebevollen und mitfühlenden Handeln im täglichen Leben zu üben. Sie wird uns helfen, eine weiträumige Sicht von Problemen und von Beziehungen mit anderen Menschen sowie ein Verständnis der leeren Natur aller Erscheinungen zu entwickeln. Diese Meditation hat mehrere Schritte und benutzt den Atem als Stütze:

Zunächst lassen wir den Geist sich völlig entspannen und in tiefe Ruhe hineinfinden, ohne an irgendetwas festzuhalten. Wir ruhen in dem Gewahrsein, dass alles, was erscheint, unser eigener Geist ist und betrachten Erscheinungen nicht mehr als getrennt von uns selbst und verweilen mit völlig ruhigem, friedvollem Geist. Auf natürliche, ungezwungene Art richten wir dann unsere Achtsamkeit auf die Atembewegungen, ohne sie zu beeinflussen und ohne irgendetwas zu beabsichtigen. Wir folgen den Atembewegungen, bis wir uns ihrer klar bewusst sind. Dann beginnen wir mit dem Austausch.

Mit dem Ausatmen stellen wir uns vor, dass weißes Licht aus unserem Herzen herausströmt und mit den Lebewesen verschmilzt, denen wir unsere Praxis widmen. Dieses Licht steht für alle unsere Qualitäten, die günstigen Umstände, derer wir uns erfreuen, für alle heilsame Energie, die wir seit anfangslosen Zeiten angesammelt haben, sowie für alles, was den Lebewesen Freude bereiten könnte. Mit dem Ausatmen schenken wir ihnen all dies und stellen uns vor, dass sie vollkommen davon durchdrungen werden. Diese positive Kraft aus heilsamen Handlungen ist in der Lage, die Leiden, Krankheiten und Hindernisse all der Lebewesen, die den Weltenraum füllen, aufzulösen, genauso wie sich Morgennebel in den Strahlen der Sonne auflöst. All diese Lebewesen empfinden Freude, ein Gefühl großer Erleichterung und beginnen zu strahlen. Sie werden erfüllt von Wohlsein, positiver Kraft und allen Qualitäten, die sie benötigen, um Glück und Befreiung zu verwirklichen.

Beim Einatmen stellen wir uns jeweils vor, dass wir schwarzen, dichten Rauch in unser Herz aufnehmen, der für die Leiden, Krankheiten, Schwierigkeiten und Hindernisse der Lebewesen steht. Ihr Leid verschmilzt mit unserem Herzen, in die Offenheit unseres nicht haftenden Geistes.[16] Wir denken, dass wir die Lebewesen auf diese Weise von all ihren Leiden, ihrer Negativität und deren Ursachen befreien, und entwickeln große Freude darüber, so handeln zu können. Während wir natürlich ein- und ausatmen, setzen wir den Austausch so lange fort, bis wir das Gefühl haben, alle Schwierigkeiten der Lebewesen angenommen und ihnen alles Förderliche geschenkt zu haben.

Schließlich lassen wir den Geist so gelöst wie möglich in seiner natürlichen Dimension verweilen, der letztendlichen Wirklichkeit von *Mahāmudrā*, in der es keine Trennung mehr gibt zwischen »Selbst« und »anderen«, zwischen Meditierendem und Meditationsobjekt. Wir verweilen jenseits aller Bezugspunkte, indem wir völlig in den Zustand ursprünglicher Offenheit hinein loslassen. Es ist wichtig, im Anschluss in vollkommener Offenheit, im Gewahrsein der leeren Natur, zu meditieren, weil wir sonst Gefahr laufen, an der Vorstellung von wirklich existierendem Leid festzuhalten. Um diese und auch alle

---

16 Manchmal erwähnte Gendün Rinpotsche, dass wir uns für die *Tonglen-Praxis* (das Austauschen von sich und anderen) die Offenheit des eigenen Geistes symbolisch als eine Lichtsphäre, als Buddha Śākyamūni oder als Tschenresig, den Buddha des Mitgefühls, in unserem Herzen vorstellen können. Doch kann die Praxis auch ohne solch eine zusätzliche Visualisation ausgeführt werden.

anderen Fixierungen aufzulösen, verweilen wir am Ende der Meditation in Leerheit. Dadurch löst sich auch unsere Angst auf, vom Leid der anderen belastet oder verunreinigt zu werden. Das Gewahrsein der leeren Natur des Geistes ist der beste Schutz gegen alle Ängste.

Wir beginnen diese Praxis mit dem Annehmen von uns selbst, indem wir zunächst unser eigenes Leid ins Herz strömen und sich auflösen lassen. Dann erst widmen wir uns dem Austausch mit anderen. Dabei stellen wir uns als erstes diejenigen vor, die wir mögen und die uns nahe stehen, und weiten die Praxis dann auf jene aus, die uns bisher gleichgültig waren. Wir versuchen, ihr Leid zu empfinden und zu erspüren, was sie brauchen. Dann weiten wir Liebe und Mitgefühl auch auf jene aus, die wir bisher als schwierig und unangenehm erlebt haben. Niemand wird aus der mitfühlenden Aktivität ausgeschlossen, wir bevorzugen sogar diejenigen, die besonders große Schwierigkeiten haben, denn sie brauchen die Zuwendung am meisten. So weiten wir den Austausch immer mehr aus, bis er schließlich alle Lebewesen des Universums einbezieht.

Wenn die gerade beschriebene Meditation mit der richtigen Motivation ausgeführt wird, nimmt allmählich unsere Fähigkeit zu, sie auch im Alltag anzuwenden, und die neue innere Haltung beginnt, in unserem gesamten Verhalten durchzuscheinen. Das Austauschen von sich und anderen bildet die Wurzeln des Baumes der Erwachens. Aus diesen Wurzeln wächst der Stamm unablässigen heilsamen Handelns mit Körper, Rede und Geist empor. Je mehr spirituelle Verdienste dadurch angesammelt werden, desto stärker wird der Stamm und aus diesem starken Stamm werden unweigerlich die Blätter, Blüten und Früchte höchster Verwirklichung hervorgehen. So bringt die erwachte Geisteshaltung die Frucht vollkommener Verwirklichung des Wahrheitskörpers hervor.

Doch bisher setzen wir uns nur selten uneigennützig für andere ein. Wir sind vor allem an unserem persönlichen Wohlergehen interessiert: »Wie kann *ich* glücklicher sein? Wie lassen sich Probleme für *mich* vermeiden? Wie kann *ich* mehr Anerkennung bekommen? Wer wird *mich* lieben?« Überall ist dieses »Ich«, »mein« und »mir«. Wenn wir dann wirklich einmal etwas für andere tun, wird sich unser egoistischer Geist doch wieder alle Früchte von dem aneignen, was zu Anfang vielleicht tatsächlich eine reine Handlung war. Wenn wir dies bemerken, praktizieren wir sofort den Austausch: alles Gute den anderen widmen und alles, was wir für gewöhnlich lieber auf andere abwälzen, auf uns nehmen. Diese Arbeit setzt voraus, dass wir achtsam sind, unsere egoistischen Tendenzen bemerken und auch wirklich bereit sind, sie umzuwandeln. Sobald wir wieder einmal alles Angenehme für uns haben wollen, wenden wir sofort das Austauschen mit anderen an und ändern unsere Beweggründe, Handlungen und Worte. Statt an unserem Glück, unserem Recht und unseren Vorteilen festzuhalten, nehmen wir Leid, Nachteile und Niederlagen auf uns. Alle Schwierigkeiten sind uns willkommen – alles Angenehme, Leichte und Schöne sei anderen geschenkt.

Aufgrund dieser neuen Geisteshaltung wird sich immer mehr Klarheit einstellen. Die Umwandlung wird ganz natürlich stattfinden und wir werden spontan altruistisch handeln. Doch diese Spontaneität ist die Frucht stetiger Arbeit, denn es bedarf einer kontinuierlichen Anstrengung, um diese Umwandlung in Gang zu bringen. Wenn wir so arbeiten, werden wir allmählich fähig, anderen zu helfen. Und je mehr wir auf diese Weise praktizieren, umso besser verstehen wir den Geist und umso mehr haben wir den Wunsch, den Dharma zu praktizieren, um noch schneller die Fähigkeiten zu entwickeln, alle Lebewesen aus dem Leid zu befreien.

Ein Rat für Meditierende

Lasse Deinen Geist in einem Zustand,
der gelöst und zwanglos ist.
Betrachte in diesem Zustand
die Bewegung der Gedanken
und verweile entspannt darin.
So wird Stabilität einkehren.

Frei von Haften an Ruhe
und ohne Furcht vor Bewegung
sei gewahr, dass es keinen Unterschied
zwischen Ruhe und Bewegung gibt –
Geist entsteht aus Geist.

Verweile in diesem Zustand, so wie er ist,
entspannt, ohne Ergreifen und ohne Anhaften.
Hierin – der Wirklichkeit, wie sie ist –
wird die Essenz deines eigenen Geistes, Weisheit,
als strahlende Offenheit zum Vorschein kommen.

Du wirst stumm sein vor Staunen
und eine natürliche Ruhe wird sich einstellen.
Doch halte diese Ruhe nicht fest als Etwas,
sondern bleibe natürlich, entspannt und frei.
Ohne geistige Gebilde zu ergreifen oder abzuweisen,
verweile einfach – so.

Gendün Rinpotsche

Lehrer und Schüler

Wir alle haben die Buddhanatur. Sie ist die Grundbedingung dafür, dass wir an uns selbst arbeiten können. Wollen wir jedoch wirklichen Zugang zu dieser Buddhanatur finden, brauchen wir eine Person, die uns unterrichtet – entweder einen spirituellen Meister oder eine Meisterin oder einfach eine Person, die uns den Weg zeigt und uns begleitet. Damit unsere Praxis in die Tiefe geht und Früchte trägt, ist es wichtig, einer Lehrperson zu folgen, auf die wir uns völlig verlassen können. Denn durch sie lernen wir, was zu tun und was zu lassen ist, was hilfreich und was nicht hilfreich ist und auf welche Weise wir auf dem Weg des Erwachens vorankommen können.

Damit die Zusammenarbeit zwischen Lehrern und Schülern Früchte trägt, brauchen beide die notwendigen Voraussetzungen. Das ist ähnlich wie beim Gießen einer Statue: Sowohl die Gussform wie auch das verwendete Material sollen fehlerfrei sein. Ist die Gussform einwandfrei, kann die darin gegossene Statue es auch werden. Nehmen wir aber ein Material, das spröde oder unrein ist, so ist trotz einer guten Gussform keine genaue Wiedergabe möglich. Hat umgekehrt bereits die Gussform Fehler, so wird auch mit dem besten Gussmaterial keine fehlerfreie Statue entstehen. Damit eine vollkommene Übertragung möglich ist, müssen also Meister wie Schüler einwandfrei sein: die Meister wie eine makellose Gussform und die Schüler wie feines, geschmeidiges Material frei von Verunreinigungen.

In der Kagyü-Linie hat es viele Begegnungen von vollkommenen Meistern mit hervorragenden Schülern und Schülerinnen gegeben. Ein eindrucksvolles Beispiel dafür sind *Tilopa* und *Naropa*: Tilopa war ein perfekter Meister und Naropa ein vollkommener Schüler. Einmal, als Naropa seinen Lehrer um Unterweisungen bat, antwortete dieser ihm: »Wenn ich einen wirklich bereiten Schüler hätte, der würde für solche Unterweisungen ins Wasser springen.« Naropa zögerte nicht den Bruchteil einer Sekunde und sprang ins Wasser. Und als Tilopa ein andermal in einer ähnlichen Situation zu ihm sagte: »Wenn ich einen wirklich bereiten Schüler hätte, der würde dafür ins Feuer springen«, sprang Naropa augenblicklich ins Feuer. Durch diese völlige Hingabe konnte sich die Übertragung von Segen und Erkenntnis auf perfekte Weise vollziehen. Wem dieses Beispiel etwas extrem erscheint, kann sich auch an *Marpa* und seinen Schüler *Milarepa* halten. Milarepa führte selbst die schwierigsten Aufgaben ohne Zögern oder Widerwillen aus – er tat alles, was Marpa im Interesse seines Schülers und der Übertragung von Meister zu Schüler anordnete. Anhand solcher Beispiele bekommen wir einen kleinen Eindruck von dem, wie Meister und Schüler idealerweise sind, und können uns von diesen Vorbildern inspirieren lassen.

Was sind die Merkmale von authentischen Lehrern und Lehrerinnen? Sie sind im äußeren Verhalten maßvoll und diszipliniert, um die Schüler nie zu schädlichem Handeln zu verleiten und deren weitere Entwicklung nicht in Gefahr zu bringen. Durch Worte und Taten kann sie andere zu immer umfassenderem ethischem Verhalten inspirieren, so dass Schüler Nichtheilsames meiden und Heilsames tun. Er oder sie sollte den Weg vollständig gegangen sein und durch ausdauernde Praxis alle Verwirklichungen erlangt haben. Der Geist ist frei von Eigennutz und allen Lebewesen gegenüber ständig von grenzenloser Liebe und grenzenlosem Mitgefühl erfüllt. Auch die völlige Abwesenheit von

Stolz zeichnet eine authentische Lehrperson aus. Sie hat keinerlei egoistische oder weltliche Interessen mehr, sondern wünscht ausschließlich, alle Lebewesen zur Reife zu führen und ihnen so zu ermöglichen, sich von ihren Konditionierungen und dem daraus entstehenden Leid zu befreien.

In der tibetischen Tradition werden fähige Lehrer und Lehrerinnen »Lama« (Guru) genannt. Ein Lama ist die Wurzel aller Verwirklichung und allen Segens. Er oder sie wird zum zentralen Bezugspunkt des spirituellen Weges und ist zugleich Inspiration, Quelle der Unterweisungen, Vorbild und Stütze in Schwierigkeiten. So entsteht mit dem Fortschreiten der Praxis und dem sich vertiefenden Vertrauen ein inniges Verhältnis zwischen Lama und Schülern.

Was sind geeignete Schüler? Sie haben viel Liebe und und praktizieren den Dharma in der Absicht, zum Nutzen aller Lebewesen Buddhaschaft zu verwirklichen. Da sie sich in einer selbstlosen Geisteshaltung üben, nehmen die ichbezogenen Tendenzen allmählich ab. Vertrauen und Hingabe zu den Drei Juwelen und besonders zum Lama nehmen immer weiter zu, während Stolz und Eigensinn weniger werden. Geeignete Schüler haben einen ausgeglichenen Geist, lassen sich weder von Lob noch von Tadel aus der Fassung bringen und bewahren in allen Umständen Gleichmut, ohne sich von den wechselnden Geschehnissen aus dem Gleichgewicht bringen zu lassen.

Bevor Lehrer und Schüler
eine tiefere spirituelle Verbindung eingehen,
prüfen sie einander.

Dabei schauen die Schüler und Schülerinnen, ob der Lama in Übereinstimmung mit den Lehren Buddhas lebt und ob seine Handlungen und seine innere Haltung klar und transparent sind. Wir sollten uns nicht auf Lamas einlassen, deren äußeres Auftreten zwar tadellos ist und voller Qualitäten erscheint, deren innere Haltung aber viele Fehler aufweist. Meister sollten in ihrem gesamten Denken und Handeln die Essenz der Lehren Buddhas verkörpern. Wenn Emotionen ihren Geist beherrschen, sind sie keine geeigneten Lehrer. Lehrende dürfen nicht scheinheilig sein und nichts zu verbergen haben. Auch sollten sie umgekehrt nicht bloß innerlich eine reine Haltung haben, die im äußeren Verhalten aber nicht zu erkennen ist. Um anderen den Weg zeigen zu können, sollten sie die vollständige Übertragung der Lehren Buddhas empfangen haben und in der Meditation erfahren sein. Außerdem sollten sie die zur Übertragung gehörenden mündlichen Unterweisungen erhalten haben und fähig sein, diese weiterzugeben. Schließlich schauen wir, ob die Lehrenden wirklich eine Quelle der Inspiration sind. Dafür müssen sie den vollen Segen der Linie empfangen haben und die spirituellen Bande vollkommen rein halten. Nur dann können sie den Segen der Linie auch an andere vermitteln. Solche Lehrer und Lehrerinnen sind fähig, Schüler anzuregen, die gleichen Erfahrungen und dieselbe Verwirklichung wie sie selbst hervorzubringen. Sie können den Dharma nicht nur den Bedürfnissen der Schüler und Schülerinnen entsprechend erklären, sondern haben alle Unterweisungen selbst praktiziert und vor deren Weitergabe authentische Verwirklichung daraus geschöpft.

Die Lehrer ihrerseits beobachten die Qualitäten der Schüler. Diese mögen zunächst viel Vertrauen und Hingabe zeigen, aber wenn dies nur Anhaften und kein wahres Vertrauen ist, besteht die Gefahr, dass die Hingabe verschwindet, sobald die Beziehung verbindlicher wird. Wer kein stabiles und belastbares Vertrauen hat, sollte nicht als Schüler oder Schülerin akzeptiert werden. Auch können die Lehrer keine Schüler annehmen, die es aufgrund sehr starker Emotionen nicht schaffen, die eigenen Handlungen zu kontrollieren, oder die in ihrem Verhalten nicht ausreichend gefestigt sind. Schüler sollten fähig sein, den Dharma mit Ausdauer und Mut zu praktizieren, und über eine ausreichende Basis von Mitgefühl und Liebe verfügen. In den körperlichen, sprachlichen und geistigen Handlungen sollten sie diszipliniert und respektvoll sein.

Bevor wir einen Lama um eine Unterweisung oder Ermächtigung bitten, sollten wir sicher sein, dass er eine authentische Lehrperson ist, zu der wir Vertrauen haben können. Ist einmal eine solche Verbindung geschaffen, ist es nicht mehr angebracht, Lamas in irgendeiner Form zu kritisieren oder ein Urteil über sie zu fällen. Dann braucht es Vertrauen in sie.

Das Eingehen einer Beziehung zwischen Lehrer und Schüler bedarf keiner bestimmten Form und keines Rituals. Es ist unnötig, den Lama zu fragen: »Nimmst Du mich als Schüler an?«, um bestätigt zu bekommen: »Du bist jetzt mein Schüler.« Die Verbindung entsteht ohne alle Förmlichkeit aus dem Wunsch nach gemeinsamer Arbeit. Die Lehrenden bieten Unterstützung, Aufmerksamkeit und Mitgefühl an – und die Schüler und Schülerinnen bringen eine vertrauensvolle Bereitschaft mit, sich auf die Arbeit einzulassen.

Dass ein perfekter Meister und ein vollkommener Schüler aufeinandertreffen, ist äußerst selten. Aber wenn Schüler große Hingabe und eine reine Sicht haben, dann ist es nicht so schwerwiegend, wenn ihr Meister oder ihre Meisterin nur wenige Qualitäten besitzt. Schüler können, indem sie den Lama voller Vertrauen als Buddha sehen, den vollen Segen des erleuchteten Geistes erhalten, auch wenn diese nur ein gewöhnlicher Mensch sein sollte. In solch einem Fall sind Lehrer lediglich ein Bindeglied in der Kette der Segensübertragung und die Hingabe der Lernenden ist es, die alles bewirkt. Heikler ist der gegenteilige Fall, wenn der Meister oder die Meisterin vollkommen verwirklicht ist, aber die Schüler nicht den Hauch von guten Eigenschaften besitzen. In so einem Fall können Meister nicht viel bewirken, weil die Schüler sie nur für ein gewöhnliches Wesen halten. Ihre irrige Sicht macht sie blind für deren erwachte Natur und unter Umständen projizieren sie sogar ihre eigenen Fehler auf den Meister oder die Meisterin.

Das Beste ist natürlich, wenn eine Schülerin oder ein Schüler mit vielen guten Eigenschaften einem voll verwirklichten Lama begegnet.

Kann aber kein solcher Lehrer gefunden werden, müssen wir uns mit einer weniger vollkommenen Lehrperson zufrieden geben. Für Anfänger und Anfängerinnen ist es ohnehin nicht nötig, einen verwirklichten Bodhisattva als Lehrer zu haben. Der erste Lehrer für den spirituellen Weg kann durchaus ein gewöhnlicher spiritueller Freund sein. Wenn wir seine Anweisungen in die Praxis umsetzen und Fortschritte machen, werden wir mit zunehmender Erfahrung und spiritueller Kraft von selbst immer qualifizierteren Lehrerinnen und Lehrern begegnen, die unserem jeweiligen Entwicklungsstand entsprechen und uns weiterhelfen können.

Das unsichtbare Band, das Lama und Schüler verbindet, hat zwei Enden. Das Ende des Lamas heißt Mitgefühl, Liebe und Unterstützung und das Ende der Schüler heißt Hingabe, Vertrauen und freudige Ausdauer.

Das Band mit dem Lama ist die Garantie
für den Fortschritt der Schüler.

Dieses Band kann von beiden Seiten beschädigt werden. Fehlt es beim Lama an Mitgefühl, Geduld und Interesse am Wohlergehen der von ihm Unterrichteten, so wird die Verbindung geschwächt oder gar unterbrochen. Genauso beschädigen Lernende, die ihre Hingabe und ihr Vertrauen aufgeben, dieses für die Praxis lebenswichtige spirituelle Band *(Samaya)* und werden es schließlich ganz verlieren. Sie entfernen sich von der spirituellen Aktivität des Meisters und die Arbeit zwischen Lehrer und Schüler bricht ab. Geschieht dieser Bruch aufgrund negativer Einstellungen, so leiden beide. Gibt die Lehrperson ihr Mitgefühl oder Interesse am Lernenden auf, dann wird sie die karmischen Konsequenzen davon erfahren. Geht der Bruch vom Schüler oder der Schülerin aus, dann müssen diese die Konsequenzen tragen. Verläuft die Zusammenarbeit hingegen positiv, werden vertrauensvolle Schüler aufgrund ihrer Hingabe von der spirituellen Entwicklung des

Meisters oder der Meisterin vorangezogen und beide entwickeln sich gleichzeitig weiter.

Wo Vertrauen ist, da ist auch Segen.

Vertrauen und Hingabe der Schüler sind ausschlaggebend. Wenn wir ein Gebet an unseren Meister oder unsere Meisterin richten, wenden wir uns nicht an die Person, sondern an den erleuchteten Geist, den sie verkörpern. Die Beziehung zum Lama vollzieht sich von Geist zu Geist. Wenn wir ihn oder sie voller Hingabe und Vertrauen um Segen bitten, kann das in einer sehr einfachen Sprache, mit unseren eigenen Worten geschehen. Unser Herz öffnet sich aufgrund unseres ehrlichen Wunsches, Segen zu erhalten und durch diese Öffnung wird unser Geist auf ganz natürliche Weise dem erleuchteten Geist begegnen. Dann sind alle Worte überflüssig. Die physische Gegenwart des Lamas ist nicht wichtig. Wenn wir offen sind und großes Vertrauen besitzen, dann reicht es, dass wir uns hinsetzen und den Lama im Geist anrufen – und schon ist er da! Das ist möglich, auch wenn wir ihn nur ein einziges Mal getroffen haben oder ihn nur sehr selten sehen. Der Lama ist im Geist. Dort begegnen wir ihm und erhalten seinen Segen. Den Lama in Menschenform benutzen wir nur als Brücke, um Vertrauen zu entwickeln und dadurch in den erleuchteten Geist hineinzufinden und die Schleier der Unwissenheit aufzulösen. Vertrauen ist der Schlüssel zum Segen.

Hierzu eine kleine Geschichte: Eine alte Frau in Tibet hatte einen Sohn, der nach Indien reiste, um dort Handel zu treiben. Sie bat ihn, ihr einen vom Buddha selbst gesegneten Gegenstand mitzubringen, etwas, das auf irgendeine Weise mit ihm in Berührung gekommen sei. Der Sohn versprach es, doch war er auf der Reise so beschäftigt, dass er das Geschenk für seine Mutter vollkommen vergaß. Es fiel ihm erst wieder ein, als er sich bereits dem Heimatdorf näherte. Da sie ihn schon mehrmals darum gebeten hatte und er seine Mutter nicht erneut enttäuschen wollte, überlegte er angestrengt, wie er seine Vergesslichkeit gutmachen könnte. Kurz vor dem Haus kam er an dem ausgebleichten Skelett eines Hundes vorbei. Das brachte ihn auf eine Idee: Er brach einen Zahn aus dem Kiefer des Hundeschädels, hüllte ihn in feinste Seide und überreichte ihn seiner Mutter als eine Reliquie des Buddha, als einen seiner Zähne. Die Mutter war hocherfreut und hatte nicht den geringsten Zweifel an der Echtheit des Zahnes. Sie legte ihn auf ihren Altar und benutzte ihn die letzten Jahre ihres Lebens als Stütze für ihre hingebungsvollen Gebete und Opfergaben. Sie empfing durch diesen gewöhnlichen Hundezahn nicht nur Trost und Zuspruch, sondern den Segen des erleuchteten Geistes – und zwar in einem solchen Ausmaß, dass sie bei ihrem Tod alle Zeichen der Verwirklichung offenbarte und in ihrer Verbrennungsasche eine große Anzahl von Reliquienperlen[17] hinterließ.

Vertrauen und Hingabe zum Buddha machten dies möglich, denn wo diese vorhanden sind, da strömt der Segen. Vertrauen und Hingabe *sind* der Lama. Er bzw. sie verkörpert den erleuchteten Geist und ist nicht bloß die äußere Gestalt. Wäre dies der Fall, müssten wir immer in seiner Nähe bleiben! Wenn wir kein Vertrauen haben und für den Geist des Erwachens, der im Lama weilt, verschlossen sind, dann können wir ein ganzes Leben lang zu seinen Füßen sitzen, ohne ihm auch nur einen einzigen Augenblick wirklich zu begegnen. Wir begegnen dem Menschen, gewiss, aber nie dem Lama. Andererseits können wir sehr weit entfernt vom Lama leben und doch in unserem Geist durch Vertrauen und Hingabe ständig untrennbar mit seinem Geist vereint sein.

Wenn wir uns vom Lama getrennt fühlen, so zeigt das, dass wir ihn als gewöhnliche Person sehen. Tatsächlich ist aber die Essenz der Hingabe der Lama selbst und von dem Augenblick an, in dem diese Gewissheit in uns entsteht, ist er immer gegenwärtig. Dann kann uns auch sein

---

17 *Reliquienperlen (Ring-sel)* sind kleine, meist weiße Perlen von knochenähnlicher Beschaffenheit, die in der Verbrennungsasche von großen Praktizierenden gefunden werden.

Tod nicht mehr von ihm trennen, denn der erleuchtete Geist ist jenseits von Tod und Sterben. Unsere Gebete erreichen ihn weiterhin und sein Segen kann uns weiter führen.

> *Der wahre Lama ist unsterblich –*
> *er ist jenseits von Leben und Tod.*

Nur im Geist eines Schülers, der Vertrauen und Hingabe verloren hat, stirbt der Lama wirklich. Solange Vertrauen vorhanden ist und die Schüler offen für seine Inspiration sind, ist auch der Lama lebendig und sein Segen bleibt erhalten. Das erklärte auch der große Verwirklichte *Milarepa* seinen Schülerinnen und Schülern kurz vor seinem Tod: Wenn er nun stürbe, sollten sie nicht traurig sein und denken, er wäre unerreichbar. Sein Geist sei wie der weite Raum – allgegenwärtig und ohne Grenzen. Für alle, die ihre Hingabe auf ihn ausrichteten, sei er jederzeit gegenwärtig und sie könnten jeden gewünschten Segen erhalten.

Auch *Guru Rinpotsche* sagte seinen Schülerinnen und Schülern bei zahlreichen Gelegenheiten, dass er überall dort sei, wo sie ihn rufen. Wenn sie sich vorstellten, er weile über ihrem Scheitel, vor ihnen oder in ihrem Herzen, so sei er tatsächlich da. Hingabe zum Lama und Vertrauen in seinen erleuchteten Geist sind das Herz der Beziehung zum Lama.

> *Der Lama ist dort, wo ein von Vertrauen*
> *und Hingabe erfüllter Schüler ist.*

Wir brauchen keine Zweifel zu haben, ob dies wirklich so ist, denn der Lama ist nicht mit einem gewöhnlichen Lebewesen gleichzusetzen. Deshalb wird gesagt, das Ausmaß des Vertrauens und der Hingabe der Schüler seien ausschlaggebend für ihre Verwirklichung. Besitzen sie vortreffliche Hingabe, wird ihre Verwirklichung vortrefflich sein. Bei mittlerer Hingabe wird sie mittelmäßig sein, und bei gewöhnlicher

Hingabe wird die Verwirklichung ebenfalls gewöhnlich sein. Ohne Hingabe entsteht keine Verwirklichung – das wäre wie der Versuch, auf trockenem, steinigem Boden etwas anpflanzen zu wollen.

Wenn ein vollkommener Meister, ein Buddha, einen wenig begabten Lernenden hat, so wird er ihn nicht abweisen, sondern ihm helfen, die für den Weg notwendigen Qualitäten zu entwickeln. In diesem Fall vollzieht sich der Weg vor allem aufgrund der Fähigkeiten des Meisters – es ist, als würde er oder sie die Lernenden an die Hand nehmen. Wenn der Meister jedoch nicht so vollkommen ist, aber der Schüler viele echte Qualitäten hat, so leistet dieser, indem er den Meister mit Vertrauen und Hingabe als erwachtes Wesen ehrt, den größeren Teil der Arbeit.

Es könnte uns bei mangelndem Vertrauen aber auch wie jenem Mönch ergehen, der dem Buddha achtzehn Jahre lang diente, ohne jemals irgendwelche außergewöhnlichen Eigenschaften im Erwachten zu bemerken. Er hielt ihn für einen gewöhnlichen Praktizierenden mit einigen Fehlern. Als sich immer mehr Schüler und Schülerinnen um den Buddha versammelten, wurde er von Abneigung, Neid und Ärger erfasst. Dieser Ärger führte schließlich zu einer Wiedergeburt in den Höllenbereichen. So ist also allein die körperliche Nähe zu einem Buddha noch keine Garantie für erfolgreiche Praxis.

In den Praxisanweisungen heißt es oft, man solle seinen »Wurzellama« visualisieren, und viele fragen sich, wer ihr Wurzellama sei. Wir sollten wissen, dass es stets die Schüler sind, die ihren Lama wählen. Es ist unvorstellbar, dass ein Lama zu jemandem sagen würde: »Also, ich bin dein Lama und du wirst mein Schüler, meine Schülerin.« Wenn Lamas ihre Schüler auswählten, würden sie ihren persönlichen Vorlieben folgen. Die Beziehung zu Schülern wird nicht auf diese Weise hergestellt. Die Wahl liegt in den Händen der Schüler. Sie wählen diejenige Lehrperson als Wurzellama, zu der sie sich natürlicherweise hingezogen fühlen und zu der sie das meiste Vertrauen haben. Dieser Lama entspricht dem augenblicklichen Karma. Ist das Band einmal hergestellt, widmen sich Lama und Schüler dem Weg des Erwachens.

Das Band mit dem Lama kann sehr innig werden, aber wir dürfen dabei nicht einen engen Geist voller Anhaften entwickeln und unseren Lama für den einzigen Seelenretter dieser Welt halten. Wenn wir ein enges Band zu einem guten Lama geknüpft haben, dann ist es nur natürlich, dass wir nicht woanders nach weiteren Unterweisungen suchen, denn unser Lama gibt uns alles, was wir zur Vertiefung unserer Praxis brauchen. Dabei kann große Nähe und Vertrautheit entstehen. Das darf aber nie dazu führen, andere Lehrende abzulehnen oder herabzuwürdigen. Wer immer die wahre, tiefgründige Lehre übermittelt, sollte zutiefst respektiert werden, auch wenn wir uns persönlich für einen anderen Lehrer oder eine Lehrerin entscheiden. Unter Umständen haben wir bereits Unterweisungen und Ermächtigungen von vielen Lamas erhalten. Dadurch wurden Verbindungen geschaffen, die wir nicht einfach ignorieren dürfen. Aber wenn wir zu unserem Lama beten, dann wenden wir unseren Geist hauptsächlich einem Guru zu, den wir dann als die Einheit all der Gurus betrachten, mit denen wir eine Verbindung haben.

In Zeiten ohne direkte Begegnungen mit einem Lama wird uns der Kontakt zu anderen Dharma-Praktizierenden sehr auf dem Weg unterstützen. Sie haben einen guten Einfluss auf uns, wir motivieren uns gegenseitig in der Praxis und ihr Rat wird uns helfen, in wichtigen Angelegenheiten Entscheidungen zu treffen, die uns weiter in Richtung innere Öffnung und Erwachen fortschreiten lassen.

Wir brauchen keine Sorgen zu haben, jemals vom Mitgefühl und Segen des Lamas getrennt zu sein: Der erleuchtete Geist und seine spontane altruistische Aktivität sind allgegenwärtig und durchdringen alles. Sobald wir uns öffnen, werden Vertrauen und Hingabe entstehen, die das Empfangen von Segen ermöglichen – und diesen offenen Geist können wir nicht nur in der Beziehung zum Lama, sondern in all unseren täglichen Aktivitäten entwickeln.

Der Meister macht uns das Geschenk der Lehre und sein Geist ist offen. Nun liegt es an uns, Vertrauen zu entwickeln und Zugang zu dieser Offenheit zu finden. Dafür gibt es die Praxis des *Guru Yoga*, bei der wir unseren Geist mit dem des Lamas vereinen. Dank des so erhaltenen Segens können wir die wahre Dimension unseres Geistes erkennen und *Mahāmudrā*, die letztendliche Wirklichkeit, verwirklichen.

Für die Verwirklichung von Mahāmudrā
ist der Segen des Meisters unerlässlich.

In welchem Maße eine Segensübertragung stattfindet, hängt sehr von der Sicht des Schülers ab. Sieht er den Lama, wenn er zu ihm betet, als Buddha, so erhält er den Segen eines Buddhas. Sieht er ihn als Bodhisattva, erhält er den Segen eines Bodhisattvas. Sieht er ihn als großen Yogi, erhält er den entsprechenden Segen. Und betrachtet er den Lama nur als einen gewöhnlichen Menschen mit etwas spiritueller Erfahrung, so wird er auch nur den dementsprechenden Segen erhalten. Haben Schüler eine reine Sicht und sehen große Qualitäten in ihrem Lama, dann wird jedes Mal, wenn sie sich mit Gebeten an ihn wenden, der Segen der Buddhas und Bodhisattvas mit dem Lama verschmelzen. So können Schüler mittels der Hingabe an den Lama den Segen aller Buddhas erhalten. Das Vertrauen bestimmt das Ausmaß und die Tiefe des Segens, den sie empfangen.

Guru Yoga, die Vereinigung mit dem erleuchteten Geist des Meisters oder der Meisterin, ist eine der wirkungsvollsten Methoden, um die Buddhanatur hervorzubringen. Durch das innige und hingebungsvolle Beten zum Lama können sein Segen und seine Verwirklichung mit unserem Geist verschmelzen und unseren Geistesstrom zur Reife bringen. Damit ein Same keimt, zur Pflanze heranwächst und diese schließlich eine Blüte hervorbringt, bedarf es nicht nur des Samens und der Erde, sondern auch der Wärme der Sonne und des Regens der Wolken. Mit unserem Geist ist es ähnlich. Es genügt nicht, den Samen der Buddhanatur zu besitzen: Wir brauchen die Wärme des Vertrauens und der Hingabe sowie den Segensregen des Lamas, der diesen Samen in uns zum Wachsen bringt.

Es wird gesagt, der Lama sei die Quelle und Wurzel allen Segens. Durch ihn werden alle Dharmalehren verständlich und in unserem Geistesstrom wirksam. Es heißt, dass Erwachen ohne den Segen des Lamas unmöglich ist. Alle Buddhas der Vergangenheit sind den Weg der Hingabe gegangen, um das vollständige Erwachen zu verwirklichen. »Lama« steht in diesem Zusammenhang jedoch nicht für eine Person aus Fleisch und Blut, sondern für den Wahrheitskörper (*Dharmakāya*), die vollkommen reine Gewahrseins-Dimension des erleuchteten Geistes. Der Lama ist der reine Aspekt unseres Geistes und der äußere Lama dient uns vor allem als Stütze, damit wir diesen reinen Aspekt unserer selbst verwirklichen können. Der Lama ist in Wahrheit der Urbuddha Vajradhara, der Wahrheitskörper selbst, die Essenz der Verwirklichung aller Buddhas. Der Segen dieser Verwirklichung ist durch die Jahrhunderte hindurch bis in unsere Zeit in ununterbrochener Überlieferung von einem vollständig erwachten Meister zum anderen übertragen worden. Alle Lehrer und Schüler dieser Linie haben ihre spirituellen Bande und Verpflichtungen völlig rein gehalten. Jeder dieser Meister hat seinen Hauptschülern die Gesamtheit der Unterweisungen der Linie und den ihr innewohnenden Segen übermittelt. Nichts ging verloren – so, als würde Wasser von einer Vase in die andere umgefüllt, ohne dass auch nur ein einziger Tropfen zurückbliebe oder verschüttet würde. Jeder dieser Schüler und Schülerinnen verwirklichte das ursprüngliche Gewahrsein und war in der Lage, die Verwirklichung des Wahrheitskörpers an seine Schüler weiterzugeben. Und jeder dieser Schüler war aufgrund des völligen Vertrauens in den Lama in der Lage, sich ganz für das ursprüngliche Gewahrsein zu öffnen.

Der Lama ist die Tür zur Dimension des ursprünglichen Gewahrseins. Wenn wir hingebungsvoll zu ihm beten, wird sich die Tür öffnen und der Segen des Dharmakāya kann in unseren Geist fließen. Nur so wird der Segen übertragen. Wenn wir im Dunkeln sitzen, während nebenan Licht ist, wird es nicht hell werden, solange wir nicht die Tür öffnen. Ebenso verhält es sich mit dem Lama: Solange wir uns nicht vertrauensvoll an ihn wenden, werden sein Segen und seine Verwirklichung uns nicht erreichen.

So wie wir einen Spiegel brauchen,
um unser Gesicht zu sehen, genauso brauchen wir
einen Lama, um die Natur unseres Geistes zu sehen.

Vertrauen und Hingabe sollten frei von Schwankungen sein, nicht manchmal klar und stark und dann wieder von Zweifeln verschleiert. Meist fühlt sich unsere Hingabe zuerst künstlich an, doch je mehr wir beten und um den Segen des Lamas bitten, desto natürlicher wird sie. Und schließlich müssen wir nicht einmal mehr an das Entwickeln von Hingabe denken oder etwas Besonderes unternehmen, sondern fühlen uns die ganze Zeit mit dem Lama vereint. Vertrauen und Hingabe werden so ganz natürlich.

Wir beten nicht, um etwas zu bekommen, das wir unbedingt haben möchten, sondern bitten darum, dass sich unsere karmischen Schleier auflösen und wir direkte Einsicht in die Natur des Geistes erlangen mögen. Unser Gebet und der Segen des Lamas bzw. der Drei Juwelen sind so untrennbar wie Feuer und Wärme. Immer wenn wir das Feuer des Gebets entfachen, wird sich die Wärme des Segens ausbreiten. Segen ist die natürliche Folge von Gebet und nicht etwas, das uns von einer besonderen Kraft oder einem übernatürlichen Wesen geschenkt wird.

Beten ist eigentlich sehr einfach. Wir vereinen dabei unseren Geist mit dem erleuchteten Geist, den wir Lama nennen. Der eigene Geist, der Geist des Lamas und die ursprüngliche Gewahrseins-Dimension sind ein und dasselbe. Sie alle sind die wahre Natur des Geistes. Den eigenen Geist in einem Zustand vollkommener Einfachheit verweilen zu lassen, frei von allen Komplikationen und Vorstellungen, ist natürliches Beten und die höchste Art der Praxis.

Der Geist
kann nicht vom Geist gesucht werden.
Der Geist als solcher existiert nicht.
Seine Natur ist leer –
leer und unbegrenzt
erleuchtet sie alles.

•

Sei der große Meditierende,
der Nichtmeditation praktiziert:
Weile unabgelenkt in Großer Freude,
in der Klarheit und Leerheit
nicht mehr getrennt sind.

Gendün Rinpotsche

Grundlegende Betrachtungen zur Natur des Geistes

Zu Beginn der Meditation brauchen wir ein erstes Verständnis davon, was der Geist ist. Zu meditieren, ohne eine gewisse theoretische Vorstellung zu haben, wie der Geist wirklich ist, wird nicht zur Befreiung vom Leid führen. Wir würden riskieren, uns in unserer Meditationspraxis zu verirren und das Ziel, das Erkennen der Natur des Geistes, zu verfehlen.

Um vollkommenes Erwachen zu erlangen,
brauchen wir das Zusammenspiel einer korrekten Sicht
mit der ihr entsprechenden Meditation.

Das Zusammenspiel dieser beiden Aspekte der Praxis ist unerlässlich auf dem Weg. In den traditionellen Belehrungen heißt es, Wissen ohne Praxis sei so, wie am Ufer eines Sees zu verdursten. Und Meditation ohne korrekte Sicht sei wie das Umherirren eines Blinden in der Wüste. Da der Geist die Basis unseres gesamten Erlebens ist, von Täuschung wie auch von Befreiung, ist es wichtig, eine klare Vorstellung vom Wesen des Geistes zu haben.

Im alltäglichen Sprachgebrauch benennen wir mit dem Wort »Geist« das, was alles Denken, Erinnern und Erforschen ausführt. Wir sagen, der Geist sei das, was denkt – manchmal sehr aktiv, manchmal recht ruhig, manchmal glücklich, dann wieder traurig, mal sanft und manchmal kraftvoll. All dies ist der Geist – aber gibt es diesen Geist wirklich? So sehr wir auch nach ihm suchen, es ist nichts zu finden, von dem wir sagen könnten: »Das ist der Geist.« Er ist nirgends zu sehen, kein wahrnehmbares Objekt. Es scheint ihn zu geben und doch ist er nicht zu fassen. Wir können diesen unfassbaren Geist aber auch nicht fortschicken; er bleibt nicht einmal ruhig, wenn wir ihn abstellen wollen. Er lässt sich weder mit etwas anderem mischen noch in einzelne Teile zerlegen. Kein Bild oder Beispiel trifft völlig auf ihn zu, keine Definition erfasst ihn in all seinen Aspekten. Und doch ist keines der Beispiele, die wir für ihn wählen mögen, gänzlich unpassend, denn er steht zu keinem der ihn beschreibenden Begriffe im Widerspruch.

Der Geist lässt sich nicht definieren.
Er entzieht sich der Analyse und der Beschreibung.

Wir können nicht sagen, der Geist existiere, denn selbst ein Buddha kann keinen Geist finden. Und ebenso wenig können wir sagen, der Geist existiere nicht, denn er ist die Quelle aller Erscheinungen – von Saṃsāra wie auch von Nirvāṇa. Wir können höchstens sagen, dass er jenseits aller Vorstellungen ist, die Natur alles Belebten und Unbelebten, die Wirklichkeit selbst. Er ist jenseits von Gedanken und Vorstellungen, unfassbar und nicht beschreibbar. Wenn man ihn sieht, wird nichts gesehen – er hat weder Farbe, Form noch Merkmale. Wenn man ihn erkennt, wird nichts erkannt, denn er ist kein Objekt der Erkenntnis. Wenn man ihn verwirklicht, wird nichts verwirklicht, denn es gibt da niemanden, der irgendetwas verwirklichen würde. Wir können nichts finden, was sich als Geist definieren ließe. Der Geist hat keine Beine und kann doch überall hingehen, er hat keine Augen und kann dennoch alles sehen, er hat keinen Körper und kann dennoch alle

Arten von Handlungen vollbringen. Er ist jenseits aller intellektuellen Vorstellungen wie »existent« oder »nichtexistent« oder »existent und nichtexistent zugleich« oder »keines von beiden«. Er ist jenseits des Denkens und kann von diesem nicht erfasst werden. Deshalb sagt man von ihm, er sei die »Große Mitte« jenseits aller festlegenden, extremen Anschauungen, jenseits aller begrifflichen Bezugspunkte.

Wer behauptet, dass der Geist oder eine Essenz des Geistes »existiert«, verfällt der Sicht des Ewigkeitsglaubens, die eine tatsächliche, bleibende Existenz des Geistes annimmt. Wer hingegen sagt, der Geist oder eine Essenz des Geistes »existiert nicht«, verfällt dem anderen Extrem einer nihilistischen Sicht, die das Vorhandensein des Geistes komplett abstreitet. Auch mit Behauptungen wie »Der Geist *ist* jenseits von existent und nichtexistent« oder »Er *ist* existent und nichtexistent zugleich« fallen wir wieder in den Glauben an bleibende Existenz, weil wir ein Vorhandensein des Geistes an sich bejahen. Wenn wir nun – als vierte Möglichkeit – denken: »Dann muss der Geist also *nichts* von all dem sein«, verneinen wir seine Existenz und fallen wiederum in das Extrem des Nihilismus. Der buddhistische »Weg der Mitte« beruht auf dem Verständnis, dass keiner dieser intellektuellen Standpunkte und auch keine ihrer Kombinationen die Natur des Geistes erfassen kann, da sie sich dem Zugriff des Intellekts entzieht. Und auch an dieser Mitte sollten wir nicht als etwas wirklich Existierendem und als neuem Standpunkt festhalten.

Intellektuelle Überlegungen dieser Art können uns helfen, nicht in fehlerhafte Anschauungen zu verfallen, aber wir müssen sie schließlich hinter uns lassen, um die Natur des Geistes zu verwirklichen. Die letztendliche Wirklichkeit des Geistes ist völlig jenseits aller Vorstellungen, Begriffe und Definitionen. Um sie zu verwirklichen, begeben wir uns auf den Weg der Meditation. Die Natur des Geistes ist kein Ort und doch brauchen wir einen Weg, um sie zu erkennen. Um zu dieser Erkenntnis zu gelangen, dürfen wir aber aus dem Geist und seiner Natur kein Objekt oder Ziel machen.

Der Geist hat keinen Ursprung, er verweilt nirgends und hat auch kein Ende, keinen Tod, denn er ist kein Objekt mit definierbarer Existenz. Er ist keine Erscheinung, die aufgrund von Ursachen und Bedingungen entsteht und wieder vergeht, sondern die wahre Natur aller Erscheinungen. Es gibt keinen Ort oder Zeitpunkt, von dem man sagen könnte: »Da entsteht der Geist, dies ist der Moment seiner Geburt.« Aus diesem Grund sagen wir, der Geist sei »ungeboren«. Da er sich in Zeit und Raum nicht bestimmen lässt, sagen wir, er verweile nirgends. Und da er ungeboren ist, ist er auch unsterblich, denn es kann kein Ende eines ungeborenen Geistes geben.

Obwohl der Geist weder existent noch nichtexistent ist, können wir doch sagen, dass er spontan, nicht bedingt, ewig, unveränderlich, unzerstörbar, ursprünglich rein und vollkommen ist. Sein unzerstörbarer Aspekt wird auch Körper der letztendlichen Wirklichkeit, unzerstörbarer Körper oder Buddhanatur genannt.

Um *Mahāmudrā* verwirklichen zu können, das »Große Siegel« der Natur aller Dinge, brauchen wir eine klare Vorstellung von der Natur des Geistes, die uns dann in der Meditation führen wird. Dafür entwickeln wir Weisheit. Das Erlangen des Zieles unserer Praxis wird auch die »Vollendung der Weisheit«, auf Sanskrit *Prajñāpāramitā*, genannt. Diese Weisheit wohnt unserem Geist bereits natürlicherweise inne. Sie vermag sich selbst unmittelbar in vollkommener Nichtzweiheit zu erkennen, ohne Verzerrung durch den Intellekt. Sie vollendet sich im tiefen Verstehen der letztendlichen Natur des Geistes.

Wenn wir von »Geist« sprechen, klingt es fast so, als sei dieser Geist ein konkretes Ding, das sich beschreiben und benennen ließe. Doch wenn wir das, was wir Geist nennen, direkt anschauen, können wir es nirgendwo finden. Falls wir annehmen, der Geist weile an einem bestimmten Ort, müssten wir ihm irgendeine Form zuschreiben können, denn etwas, das an einem bestimmten Ort und nicht anderswo existiert, muss eine abgrenzbare Form haben. Welche Form oder Gestalt aber hat der Geist? Wenn etwas eine Form hat, sollte es auch eine Farbe haben. Welche Farbe hat denn der Geist?

Wenn wir uns diese Fragen stellen, werden wir zu der Feststellung kommen, dass wir nichts Definitives über dieses vermeintliche Etwas sagen können, das wir so einfach Geist nennen. Wir können aber auch nicht behaupten, dass der Geist »nichts« sei oder dass er nicht existiere. Wäre dies der Fall, müsste der Körper auch ohne Geist handeln können. Könnte unser Körper ohne Geist irgendetwas tun? Könnten die Sinnesorgane wie Ohren und Augen hören und sehen, wenn es keinen Geist gäbe? Kann eine Leiche, ein Körper ohne Geist, sehen und hören? Solche Fragen sollten wir uns stellen, wenn wir zu der Annahme neigen, der Geist existiere nicht. Wir können auch einen Schritt weiter gehen und direkt den Geist betrachten, der da denkt, er existiere nicht.

Falls wir hingegen noch immer überzeugt sind, der Geist existiere, obwohl wir weder seine Form noch Farbe gefunden haben, sollten wir unsere Aufmerksamkeit auf das richten, was sich des Geistes bewusst ist. Ist es der Körper, der sich des Geistes bewusst ist, oder ist es der Geist, der sich seiner selbst bewusst ist?

Der Geist besitzt kein stoffliches Dasein, weder Form noch Farbe, und ist doch imstande, alles zu wissen und zu erleben und der verschiedensten Wahrnehmungen bewusst zu sein. Aufgrund des Geistes wissen wir um Vergangenheit, Gegenwart und Zukunft und erleben Glück und Leid, Gefangensein und Befreiung. Doch er selbst ist nicht zu fassen. Wenn der Geist nicht vom Intellekt erfasst werden kann, wie können wir ihn dann erkennen?

Die einzige Möglichkeit,
die Natur des Geistes zu erkennen,
ist tiefe meditative Versenkung,
die zur direkten, nichtbegrifflichen Einsicht
in die Natur aller Dinge führt.

Nur in der Meditation können wir unsere Fragen hinsichtlich der Existenz oder Nichtexistenz des Geistes klären und alle Zweifel durchtrennen. Sie ermöglicht uns, alle Vorstellungen über das, was der Geist ist oder nicht ist, hinter uns zu lassen. Aus diesem Grund ist Meditation das Herz spiritueller Praxis.

Dieser durch Definitionen nicht fassbare Geist bringt eine ständige Aktivität in Form von unzähligen Gedanken, Wahrnehmungen und Emotionen hervor. Sie erscheinen aufgrund von Kräften, den karmischen Tendenzen, die in unserem Geist wirksam sind. Diese karmischen Tendenzen entstanden aufgrund von Anhaften. Anhaften ist die Ursache von allem, was sich in unserem Geist zeigt. Wenn wir den Strom der Gedanken aufmerksam beobachten, können wir sehen, wie – ohne dass wir eine Kontrolle darüber hätten – ein Gedanke nach dem anderen auftaucht. Jeder einzelne erscheint unvermittelt, wie von selbst, auch ohne dass wir etwas Bestimmtes denken wollten. Nicht wir entscheiden, welche Gedanken auftauchen, sondern unsere karmischen Gewohnheiten, unser Karma.

Gedanken sind einzelne Bewegungen im Geist – und Denken ist ein auf Ergreifen beruhender Strom von Reaktionen auf diese unwillkürlichen geistigen Bewegungen. Ob Anhaften oder Ablehnen, das Ergreifen von Gedanken führt zu einer Folge weiterer, sich daran heftender Gedanken und dadurch oft zu komplizierten Wirbeln im Geist. Unser Ergreifen stört das ungehinderte Erscheinen geistiger Bewegungen, die wir eigentlich lassen könnten, wie sie sind, ohne auf sie zu reagieren. Statt die Gedanken sich von selbst wieder auflösen zu lassen, heften wir sofort eine Abfolge von Konzepten an diese Bewegungen im Geist – Erinnerungen an die Vergangenheit, Betrachtungen über die Gegenwart oder Spekulationen über die Zukunft. So verwickeln wir uns immer mehr in Anhaften und Ablehnen, woraus sich Anspannung und alle weiteren emotionalen Zustände ergeben. Sind die geistigen Wirbel stark, so deshalb, weil viel Festhalten und Anhaften da ist.

Wenn wir das Haften an Gedanken aufgeben, wird sich unser aufgewühlter Geist von selbst beruhigen, weil der Geist an nichts mehr festhält. Gedanken erscheinen zwar weiterhin, aber die auf sie folgenden Gedankenketten treten nicht mehr auf. Es gibt eine Bewegung im Geist und diese löst sich auch sogleich wieder auf. Der Geist nimmt die Bewegung wahr, wie sie ist, ohne aus ihr ein Objekt des Anhaftens zu machen. Er greift nicht in die Bewegung ein und sie kann ungehindert ablaufen. Wir mögen uns nun fragen: »Warum hören diese Gedanken nicht einfach auf?«

Das Denken findet kein Ende, weil wir glauben,
äußere Objekte besäßen eine eigenständige,
von uns getrennte Existenz.

Aufgrund von mangelndem Gewahrsein halten wir Erscheinungen, die nichts als Projektionen unseres eigenen Geistes sind, für konkret und unabhängig von unserem Geist existierend. Und solange wir an der Vorstellung der Existenz von Objekten festhalten, werden wir in Gedankenketten gefangen sein. Wir schaffen zwischen uns und dem Objekt, von dem wir denken, es existiere, eine Verbindung, die uns wie ein Strick daran bindet und uns unter seinen Einfluss bringt. Die Fixierung auf das Objekt führt zu einer Abhängigkeit, die viele Gedanken und emotionale Schwankungen bewirkt. Wenn wir den Geist entspannen, durchtrennen wir den Strick, der uns an die Objekte der Erscheinungswelt bindet. Dadurch entsteht eine wohltuende Ruhe, in welcher der Geist nicht länger von allen möglichen Vorstellungen über Objekte des Anhaftens aufgewühlt wird.

Die meisten unserer Gedanken, die das Zuruhekommen des Geistes so erschweren, kreisen um weltliche Anliegen und Wünsche, kurz: Glück erlangen und Leid vermeiden zu wollen. Sie kommen von unserem Anhaften an dieses Leben und von unserem mangelnden Gewahrsein der Vergänglichkeit und des Todes. Aber wir wollen nicht sehen, was wirklich in unserem Geist geschieht, und sind überzeugt, unsere Unruhe würde von anderen Menschen oder von Situationen hervorgerufen. Wir meinen, es sei ihretwegen, dass unser Geist von Stolz, Ärger und dergleichen aufgewühlt ist. Haben wir jedoch verstanden, dass alle unsere Gedanken und Emotionen von innen kommen und nicht auf äußeren Ursachen beruhen, hören wir auf, anderen die Verantwortung zuzuschieben, und unser Geist wird nicht mehr von diesen emotionalen Reaktionen geschüttelt. In solch einem Moment, in dem wir gewahr werden, dass alles aus dem Geist selbst entsteht, löst sich unser Haften an der Vorstellung einer objektiv, getrennt von uns existierenden Welt auf. Dadurch werden wir völlig frei und leiden nicht mehr.

Leid gibt es nur, solange wir in der Dualität sind.

Die Welt, in der wir uns befinden, ist eine Projektion unseres Geistes. Unsere früheren Handlungen haben Tendenzen in uns erzeugt, die bewirken, dass unser Geist eine bestimmte Art von Welt projiziert. Aber diese Welt existiert nicht wirklich, sie ist nichts als aus Leerheit hervorgegangene Manifestation. Sie hat nichts Bleibendes, sie ist ohne Substanz, »leer« von einem eigenständigen Wesen, über das sie sich definieren ließe. Ursache für ihr Entstehen und für den Glauben an ihre konkrete Existenz ist mangelndes Gewahrsein, unsere Unwissenheit. Was wir als solide Welt wahrnehmen ist eigentlich eine Serie von Ereignissen, Situationen und Objekten der Wahrnehmung, die alle voneinander abhängig sind und sich gegenseitig bedingen. Nichts hat eine unabhängige Existenz. Alles in dieser Welt beruht auf Wechselwirkungen, eins steht mit dem anderen in Beziehung.

Unsere Erfahrung der Welt ist mit dem Träumen vergleichbar. Der Geist kann im Traum die Vision verschiedenster Welten erzeugen, die aber keine wirkliche Existenz besitzen. Wenn der Traum einen angenehmen Verlauf nimmt, sind wir zufrieden und glücklich und würden gerne so weiter träumen. Unangenehme Träume hingegen lösen Ablehnung oder Angst aus und wir wollen sie loswerden. Weil wir glauben, die Träume seien wirklich, sind wir glücklich oder angespannt, je nachdem, was im Geist erscheint. Beim Aufwachen wird uns dann klar, dass wir bloß geträumt haben. Nichts von all dem ist wirklich passiert, und so gab es also nicht den geringsten Grund, glücklich oder unglücklich zu sein! Und genauso ist es auch mit den Erfahrungen des Wachzustandes.

> *All die Gedanken und Empfindungen,*
> *mit denen wir uns identifizieren, haben genauso wenig*
> *Wirklichkeit wie Traumerfahrungen.*

Der Glaube an die Wirklichkeit von Erscheinungen, die tatsächlich aber von leerer, illusorischer Natur sind, lässt uns an ihnen haften und ist die Quelle aller Täuschung. Dabei hält das Wechselspiel zwischen wahrnehmendem Subjekt und wahrgenommenem Objekt die Täuschung weiter aufrecht. Wenn wir zur wahren Natur der Erscheinungen erwachen, erkennen wir, dass wir uns von vollkommen illusorischen Ereignissen zu emotionalen Reaktionen haben hinreißen lassen. Aus höchster Sicht betrachtet sind Erfahrungen im Traum- und Wachzustand gleichermaßen leer, ohne irgendeine Wirklichkeit. Sie sind nichts weiter als eine Projektion der Gewohnheiten und Muster unseres Geistes.

Viele Menschen schaffen es nicht, ihre Traumerlebnisse loszulassen, weil sie glauben, ihre Träume hätten einen tieferen Sinn und würden Hinweise für ihr tägliches Leben enthalten. Doch wenn wir nach dem Aufwachen weiterhin an der vermeintlichen Wirklichkeit des Traumes festhalten, verfallen wir der Täuschung noch tiefer. War der Traum angenehm, halten wir ihn für ein gutes Zeichen, sind voller Erwartung und versuchen, tagsüber die Situationen oder Erfahrungen herbeizuführen, die uns der Traum verheißen hat. Hatten wir hingegen einen unangenehmen oder Furcht erregenden Traum, betrachten wir ihn als schlechtes Omen und sind möglicherweise sehr beunruhigt. Wir sehen im Traum Anzeichen für kommende Schwierigkeiten und setzen alles daran, den drohenden, unangenehmen Ereignissen auszuweichen oder sie zu verhindern, so als würden sich die Situationen des Traumes tagsüber wiederholen. Und warum all das? Weil wir an die Wirklichkeit von etwas glauben, das nichts als eine trügerische Erscheinung unseres Geistes ist.

Im Glauben, unsere Erfahrungen seien durch und durch wirklich, haften wir an ihnen und erfahren als Folge davon Leid. Wenn wir hingegen bei allen Handlungen – so, als würden wir aus einem Traum erwachen – das Gewahrsein der illusorischen Dimension der Erfahrungen kultivieren, werden wir zur Erkenntnis der leeren Natur aller Erscheinungen gelangen und die Täuschung wird ein Ende haben. Solange der Geist in Täuschung und Unwissenheit gefangen ist, erfahren die Lebewesen in den verschiedenen Daseinsbereichen Leid von grenzenloser Dauer und Intensität. Die Erkenntnis hingegen, dass Geist und Erscheinungen in Wirklichkeit leer, illusorisch und von daher jenseits von Leid sind, führt in das vollkommene, unübertreffliche Glück des vollkommenen Erwachens. Solange wir diese Dimension der Leerheit der Erscheinungen, ihre illusorische Natur, nicht erkennen, sind wir in Leid gefangen.

Wir mögen glauben, dass sich diese Illusion von selbst auflösen wird, aber das ist nicht der Fall. Solange die Ursachen vorhanden sind, wird es auch entsprechende Auswirkungen geben. Solange es Täuschung gibt, wird sich derselbe Prozess in unzähligen Existenzen fortsetzen, weshalb wir auch vom »Kreislauf des Leides«, *Saṃsāra*, sprechen.

Wenn wir von dem unermesslichen Ausmaß des Leidens, der allgegenwärtigen Täuschung und Unwissenheit und dem endlosen Umherirren in Saṃsāra hören, sind wir vielleicht entmutigt oder traurig und denken, es sei unmöglich, dieses Leid zu beenden und zum Erwachen zu gelangen. Wir meinen vielleicht, so gewöhnliche Menschen wie wir könnten nie das Ziel des Erwachens erreichen. Aber es gibt keinen triftigen Grund, so zu denken und entmutigt zu sein. Im Gegenteil:

Wir halten uns nicht für unfähig,
Buddhaschaft zu verwirklichen,
denn die Buddhanatur ist bereits in uns.

Sie ist die wahre, innerste Natur unseres Geistes. Sie ist weder außerhalb noch weit entfernt von uns. Vollkommenes Erwachen ist daher kein unerreichbares Ziel in weit entfernter Zukunft. Wenn wir wissen, wie wir zu praktizieren haben, können wir sehr schnell dorthin gelangen, denn wir brauchen das Erwachen nicht erst zu erzeugen. Die Buddhanatur ist schon jetzt in uns gegenwärtig und wartet nur darauf, entdeckt zu werden, indem wir die Natur unseres Geistes sehen. Um dorthin zu gelangen, brauchen wir allerdings eine Methode. Diese ist der von Buddha gelehrte Weg. Wenn wir ihm folgen, wird sich die Buddhanatur enthüllen.

Die Buddhanatur ist die Dimension der allgegenwärtigen, wahren Natur aller Phänomene in Saṃsāra und Nirvāṇa. Sie durchdringt alle Dinge und Lebewesen und ist im Geist von uns allen als das Potential zukünftigen Erwachens vorhanden. Zwischen dem latenten Potential und dem vollen Erwachen besteht hinsichtlich Natur und Qualität kein Unterschied – sie sind ununterscheidbar und untrennbar.

Obwohl die Buddhanatur in uns vorhanden ist, sehen wir sie nicht, weil sie von Schleiern verhüllt ist, die verhindern, dass der Geist seine wahre Natur erkennt. Die Schleier sind die Folge all der ichbezogenen Handlungen, die wir mit Körper, Rede und Geist seit anfangsloser Zeit ausgeführt haben: eine egoistische Handlung nach der anderen. Die eigentliche Quelle aller Schleier ist Unwissenheit, das Haften an einem vermeintlichen Ich. Aufgrund von Ichanhaften führten wir Handlungen aus, die karmische Kräfte erzeugten, welche jetzt in Form von ichbezogenen Gedanken, Gefühlen und Vorstellungen die wahre Natur unseres Geistes verdecken. Durch sie sind wir vom Potential der Weisheitsqualitäten unseres Geistes getrennt, denn die Schleier bewirken eine dualistische Wahrnehmung der Wirklichkeit und tief eingefahrene, reflexhafte Denk- und Verhaltensmuster. Sie können gereinigt werden, wenn wir die ichbezogenen Reaktionsmuster aufgeben, kein weiteres negatives Karma ansammeln und Körper, Rede und Geist völlig auf heilsames Handeln ausrichten. Wenn alle Schleier aufgelöst sind, enthüllt sich die Buddhanatur und wir sehen, was wir wirklich sind: Buddhas.

Lösen wir die Schleier jetzt auf, werden wir den Buddha-Zustand bald verwirklichen. Schieben wir die Arbeit aber auf, wird sich das Erwachen entsprechend später einstellen, vorausgesetzt, wir finden überhaupt wieder die geeigneten Bedingungen, um mit unserem Geist zu arbeiten. Die Entscheidung liegt bei uns – die Buddhanatur begleitet uns ständig. Wenn uns das Vorhandensein der Buddhanatur bewusst wird, entsteht der Wunsch, sie zu verwirklichen. Doch sie wird sich uns nicht enthüllen, wenn wir den Weg nicht kennen, der zum Auflösen der Schleier führt, oder wenn wir uns nicht wirklich auf diesen Weg begeben oder ihn nach einiger Zeit der Praxis aufgrund mangelnder Ausdauer wieder aufgeben.

In unseren vergangenen Leben sind wir offenbar nicht dem richtigen Weg gefolgt oder waren nicht ausdauernd genug, denn sonst wären wir bereits zum Erwachen gelangt. Jetzt, wo wir den Weg zum vollkommenen Erwachen kennen, ist es wichtig, ihm auch ohne Abweichung bis ans Ende zu folgen. Dann ist es völlig gewiss, dass sich unsere wahre Natur zeigen wird, denn sie ist schon immer da und es gibt nichts zu erzeugen oder zu finden, was nicht schon längst vorhanden wäre. Wir brauchen uns nur zu entschließen, den Weg zu gehen und uns nicht von ihm abzuwenden. Dann ist es nicht schwer, das Ziel zu erreichen. Unternehmen wir nichts und belassen es bei einem intellektuellen Wissen um die Buddhanatur, wird sich uns die Buddhaschaft nicht enthüllen. Das ist genauso wie bei der Butter, die als Möglichkeit bereits in der Milch enthalten ist: Wenn wir sahnige Milch auf die richtige

Weise schlagen, erhalten wir Butter. Aber wenn wir nichts tun, uns nur hinsetzen und die Milch anblicken, dann wird die Milch höchstens sauer, aber Butter wird keine daraus. Wer weiß, wie es geht, der wird die Milch schlagen und mit etwas Anstrengung daraus Butter gewinnen. Genauso strengen wir uns an, um erleuchteten Körper, erleuchtete Rede und erleuchteten Geist hervorzubringen. Wer das Erwachen erlangen möchte, muss etwas tun.

Die Schleier, welche die Buddhanatur verhüllen, beruhen auf Unwissenheit und zeigen sich als die drei emotionalen Reaktionsmuster des Anhaftens, des Ablehnens und der Gleichgültigkeit oder anders ausgedrückt als Begierde, Hass und Dummheit. Diese drei Muster, deren gemeinsamer Nenner die Ichbezogenheit ist, trüben unsere geistige Wahrnehmung. Sie beeinflussen dadurch alle Handlungen, die wir auf den drei Ebenen von Körper, Rede und Geist ausführen und werden so zur Ursache für das Ansammeln von Karma. Die von emotionaler Verwirrung getrübten Handlungen bewirken, dass unsere Schleier weiter zunehmen, und erschweren so das Erkennen unserer wahren Natur.

Sämtliche Lebewesen des gesamten Universums tragen die Buddhanatur in sich und obwohl sie im Moment noch gewöhnliche Lebewesen sind, werden sie, wenn sie den Dharma praktizieren, ohne jeden Zweifel eines Tages Buddhas sein. Die allem zugrunde liegende Wirklichkeit der Buddhanatur – das Herz vollkommenen Erwachens – ist unbegrenzt in Raum und Zeit. Sie ist allgegenwärtig wie der Raum und durchdringt alle Lebewesen, ohne irgendeinen Unterschied in Quantität oder Qualität.

Um die Buddhanatur freizulegen und die für die Meditation notwendige klare Sicht zu entwickeln, machen wir uns mit den beiden Ebenen der Wirklichkeit, der relativen und der letztendlichen, vertraut und erkennen ihre Untrennbarkeit. Die relative Wirklichkeit ist die Welt, so wie sie uns erscheint. Aber in dieser Manifestation auf relativer Ebene ist zugleich die letztendliche Wirklichkeit, die leere Natur aller Manifestation, gegenwärtig. Das tibetische Wort für Welt (*Djig-ten*) bedeutet »zerstörbare Grundlage«. Die materielle Welt wird als eine Basis betrachtet, die aufgrund ihrer Bedingtheit unausweichlich der Zerstörung unterliegt. Die Welt ist vergänglich. Sie entsteht, besteht dann für einige Zeit und vergeht auch wieder. Sie hat keine bleibende Existenz – das ist ihre letztendliche Wirklichkeit, ihre Leerheit. Und die Tatsache, dass sie dennoch sichtbar ist und sich manifestiert, ist ihre relative Wirklichkeit.

In dieser relativen Wirklichkeit wandelt sich alles von Augenblick zu Augenblick. Der Geist drückt sich unaufhörlich und spontan in einer nicht endenden Vielzahl von Erscheinungen aus, aber diese sind im letzten Sinne nicht wirklich, denn nichts bleibt, alles ändert sich ständig. Vorstellung reiht sich an Vorstellung, eine Bewegung des Geistes folgt der anderen, unablässig wandeln sich die Erscheinungen. Und aus diesem Grunde können wir bei näherer Betrachtung sehen, dass Erscheinungen nicht wirklich sind. Sie sind leer von jeglicher Wirklichkeit und doch geht die Manifestation immer weiter, da sie Ausdruck der leeren Natur und spontanen Strahlkraft des Geistes ist.

> *Erscheinungen sind sowohl manifest als auch leer –*
> *sie sind die Einheit von Manifestation und leerer Natur.*

Mit relativer Wirklichkeit bezeichnen wir den Aspekt des sich Manifestierens von Erscheinungen und mit letztendlicher Wirklichkeit den Aspekt der illusorischen, vorübergehenden Natur aller Manifestation, ihr Leersein von etwas Bleibendem. Alle Erscheinungen, ob es sich um die äußere Welt oder um uns selbst handelt, sind die untrennbare Einheit dieser beiden Ebenen.

Allgemein gesehen können wir alle Erscheinungen und Lebewesen zwei Arten von Seinserfahrungen zuordnen: dem Kreislauf bedingter, leidvoller Existenz, *Saṃsāra*, oder der Dimension der Befreiung jenseits von Leid, *Nirvāṇa*. Das Wesen von Saṃsāra ist Täuschung und sein Merkmal ist Leid, wohingegen das Wesen von Nirvāṇa Gewahrsein ist und sein Merkmal wahres Glück jenseits allen Leides. Aber die wahre Natur von Saṃsāra wie auch von Nirvāṇa ist die leere Natur, denn beide besitzen keinerlei wirkliche, unabhängige Existenz. Sie sind »leer« von einer Essenz, aber manifestieren sich dennoch. Mit der leeren Natur von Saṃsāra ist gemeint, dass die gesamte belebte und unbelebte Erscheinungswelt nichts anderes ist als die Einheit von Erscheinungen und Leerheit, Leerheit und Form. Das Ziel spiritueller Praxis ist das Erkennen dieser Wirklichkeit.

Dabei entspricht das Erkennen der leeren Natur aller Dinge der Verwirklichung des Wahrheitskörpers (*Dharmakāya*). Alle Erscheinungen auf der relativen Ebene werden als die Manifestationen der Strahlkraft des Dharmakayas erkannt – sie sind leer, erscheinen aber dennoch. Durch diese Erkenntnis wird alles als die Einheit von Freude (Dynamik) und Leerheit erfahren, denn der Glaube an vermeintlich konkrete Existenz hat sich aufgelöst und nichts führt mehr zu Haften und Leid. Da wir nicht mehr der Täuschung unterliegen, wird Leid als leer, als ohne wirkliche Existenz erkannt – das ist *Nirvāṇa*, die Dimension jenseits allen Leides, das Ende des Kreislaufs von Tod und Wiedergeburt. Ob wir dem leidvollen Daseinskreislauf unterliegen oder die leidfreie Dimension erfahren, *Saṃsāra* oder *Nirvāṇa*, hängt vom Vorhandensein oder Nichtvorhandensein der Täuschung ab. Wenn unsere Wahrnehmung durch Unwissenheit, d.h. durch dualistische Täuschung beeinträchtigt und verzerrt ist, irren wir in Saṃsāra umher.

Wenn wir der Natur der Täuschung gewahr sind,
lösen sich die Schleier dualistischen Haftens auf
und wir sind in der erwachten Dimension,
dem Gewahrsein der leeren Natur aller Erscheinungen.

Wir meditieren, bis wir erkennen, dass Erscheinungen und Geist untrennbar sind. Dadurch wird uns klar, dass es unsinnig, ja sogar schädlich ist, die auftauchenden Erscheinungen und Wahrnehmungen blockieren zu wollen, denn das würde bedeuten, die natürliche Bewegung des Geistes zu unterdrücken. Auch brauchen wir nicht künstlich eine Erfahrung von Leerheit zu erzeugen, denn indem wir Erscheinungen als Projektionen des Geistes erkennen, können wir im Gewahrsein der Einheit von Erscheinung und Leerheit verweilen.

Auf diese Weise sehen wir, dass wir selbst – das Subjekt, das etwas wahrnimmt – nicht verschieden sind von dem Objekt, das wahrgenommen wird. In diesem Zustand von Verstehen und Offenheit wird unsere Meditation authentisch. Wenn wir uns jedoch damit zufriedengeben, über ein Objekt zu kontemplieren und dies Meditation nennen, dann werden wir niemals die Dualität zwischen Meditierendem und Meditation überwinden.

Alle Objekte unserer Wahrnehmung sind nichts als Manifestationen des Geistes, sie sind keine äußeren Objekte, sondern Geist selbst. Dies zu erkennen, befriedet das Spiel emotionaler Reaktionen, weil es dann keine Trennung mehr zwischen dem Geist und seiner Schöpfung gibt, zwischen Subjekt und Objekt. Alles, was wir erfahren, ist Ausdruck unseres eigenen Geistes. Geist und Manifestation sind ein und dasselbe, nicht im Geringsten getrennt. So wie der Geist kein Objekt ist, das sich beschreiben oder eingrenzen ließe, so sind auch die Erscheinungen, die der Geist projiziert, jenseits aller Vorstellungen und Beschreibungen.

Meditieren bedeutet,
der wahren Natur aller Erscheinungen
gewahr zu werden.

Da Manifestation und Geist untrennbar sind, dürfen wir beim Meditieren nicht versuchen, Erscheinungen – also Gedanken, Bilder und dergleichen – zu blockieren und eine künstliche »Leerheit« in uns zu erzeugen. Wir lassen den Geist einfach im Jetzt, dem gegenwärtigen Moment verweilen, in seinem gewöhnlichen Bewusstsein, frei von jeder Beeinflussung. Um dahin zu gelangen, reicht es, sich zu entspannen und alles Anhaften loszulassen.

Selbst der geringsten Details vollkommen gewahr und ohne die Bewegungen des Geistes zu behindern, ruhen wir im Bewusstsein, dass Geist und Erscheinungen sich wechselseitig bedingen und untrennbar sind. Der Geist entspannt sich in der Unmittelbarkeit des Augenblicks. So schreitet unsere Meditation fort von der Ebene geistiger Ruhe zu intuitiver Einsicht und Mahāmudrā.

Glück findet sich nicht mit dem Willen
oder durch große Anstrengung.
Es ist immer schon da, vollkommen und vollendet,
im Entspannen und Loslassen.

Beunruhige dich nicht. Es gibt nichts zu tun.
Was im Geist erscheint, hat keinerlei Bedeutung,
weil es keine Wirklichkeit besitzt.
Halte an nichts fest. Bewerte nicht.

Lass das Spiel von selbst ablaufen,
entstehen und vergehen,
ohne irgendetwas zu ändern.
Alles löst sich auf und beginnt wieder von Neuem,
unaufhörlich.

Allein dein Suchen nach Glück hindert dich, es zu sehen –
wie bei einem Regenbogen,
den man verfolgt, ohne ihn je zu erreichen –
weil das Glück nicht existiert und doch immer schon da war
und dich jeden Moment begleitet.

Glaube nicht, gute oder schlechte Erfahrungen seien wirklich.
Sie sind wie Regenbögen.
Im Erlangenwollen des Nichtzufassenden
erschöpfst du dich vergeblich.

Sobald du dieses Verlangen loslässt,
ist Raum da – offen, einladend und wohltuend.
Also nutze ihn.
Alles ist bereits da für dich.

Wozu
im undurchdringlichen Dschungel
den Elefanten suchen,
der schon ruhig zu Hause ist?

Nichts tun,
nichts erzwingen,
nichts wollen –
und alles geschieht von selbst.

Gendün Rinpotsche

Der Weg der Meditation

Die drei Siegel

Jegliche Dharmapraxis, ob von Anfängerinnen und Anfängern oder fortgeschrittenen Praktizierenden, sollte die »drei Siegel« beinhalten: Zufluchtnahme, Entwickeln von Gewahrsein und Widmung. Diese drei Siegel gewährleisten, dass die Praxis auch tatsächlich zum Erwachen führt. Sie verbürgen die Reinheit einer Handlung und sollten immer enthalten sein, auch wenn wir nur ein einziges Mantra wie Om Mani Padme Hung rezitieren! Sie sind die Zeichen jeder authentischen Dharmapraxis.

Das erste dieser drei Siegel besteht aus dem Zufluchtnehmen zu den Drei Juwelen und dem Hervorbringen der erwachten Geisteshaltung. Mit dem Entwickeln dieser höchsten Motivation richten wir die Praxis auf das vollkommene Erwachen aus.

Das zweite Siegel, das Entwickeln von Gewahrsein, betrifft die Hauptphase der Praxis, bei der wir uns in den verschiedenen Methoden des Dharma üben: Wir führen heilsame Handlungen aus, lösen die ichbezogenen Tendenzen auf, reinigen die Folgen nichtheilsamer Handlungen und widmen uns dem Hervorbringen von Weisheit, indem wir die schöpferische und die vollendende Phase der Meditation ausführen und geistige Ruhe und intuitive Einsicht entwickeln. Alle diese

Praktiken dienen dem Entwickeln von Gewahrsein. Um dieses weiter zu vertiefen und ein Gewahrsein für die wahre Natur des Geistes und der Erscheinungen zu fördern, schließen wir unsere Handlungen stets mit einem Moment des Verweilens jenseits aller Bezugspunkte ab.

Das dritte Siegel schließlich ist die Widmung: Am Ende der Praxis teilen wir die heilsame Kraft, die spirituellen Verdienste, die durch die Praxis entstanden sind, mit allen anderen Lebewesen und wünschen, dass wir alle dadurch schnell zum letztendlichen Erwachen gelangen mögen. Indem wir unsere heilsamen Handlungen dem Erwachen widmen, richten wir ihre Kraft auf ein klar definiertes Ziel aus – ein Ziel, das jenseits von Subjekt und Objekt ist. Dieses Widmen verwandelt auch gewöhnliche gute Handlungen in eine zum Erwachen führende Kraft. Dabei verweilen wir für einen Moment vollkommen natürlich im Verständnis der leeren Natur aller Phänomene.

Ohne an der vermeintlichen Wirklichkeit von was auch immer zu haften, opfern wir auf diese höchste Weise alles, was im Verlauf der Praxis an Heilsamem oder an Erkenntnis entstanden ist. Wir versiegeln die Handlung mit der Offenheit frei von Ichanhaften: dem Verständnis, dass Subjekt, Objekt und Handlung Geist sind und sich letztlich nicht voneinander unterscheiden. Durch diese Offenheit, in der wir alles loslassen, kann sich die heilsame Kraft der Handlung unendlich ausweiten. So vermeiden wir, dass heilsame Handlungen nur zu vorübergehendem Wohlergehen führen und in ihrer Wirkung begrenzt und vergänglich bleiben.

Dieses Verweilen in der letztendlichen, höchsten Wirklichkeit wird auch das »Siegel der Wirklichkeit der Erscheinungen« genannt. Versehen mit diesem Siegel völliger Nichtidentifikation sind die Handlungen nicht mehr unser Besitz und werden dadurch – so begrenzt und unvollkommen sie vorher auch gewesen sein mögen – zu wahren, reinen Handlungen.

Die Kraft der heilsamen Handlung wird so aus dem Bereich der Ichbezogenheit befreit und wird zu einer Energie, die dem Erwachen aller Lebewesen dient. Dadurch ist sie auch davor geschützt, von einem Moment starker Emotionen in unserem Geist vernichtet zu werden. Es heißt: All die positive Energie, die in einem unendlich langen Weltzeitalter aufgebaut wurde, kann durch einen einzigen Moment tiefen Hasses zerstört werden. Als Schutz gegen unsere eigene Negativität widmen wir deshalb alle heilsamen Handlungen und »enteignen« sie dadurch – sie haben keinen Besitzer mehr.

Wir können jedes Mal zusätzlich auch die heilsamen Handlungen aller Lebewesen als Ganzes widmen: Dafür verbinden wir das Heilsame, das durch unsere eigenen Handlungen entstanden ist, mit dem kraftvollen Strom alles Heilsamen, das bisher schon aus den Handlungen der Buddhas und Bodhisattvas und aller anderen Wesen entstanden ist und noch in Zukunft entstehen wird.

Indem wir die Kraft unserer Handlung, die vielleicht nur klein war, in den Strom aller heilsamen Handlungen hineingeben, entsteht große Freude in unserem Geist. Diese Freude hat eine verstärkende Wirkung auf unsere Widmung. Sie ist zudem eine wichtige Hilfe gegen Eifersucht, Neid und das ständige Sich-Vergleichen mit anderen. Solche Tendenzen kommen zum Beispiel im Wunsch zum Ausdruck, es noch besser machen zu wollen als andere, oder in dem vermeintlich bescheidenen, aber ichbezogenen Gedanken, andere könnten diese Handlungen viel besser ausführen als wir. Freude am Positiven räumt mit all diesem Vergleichen auf.

Widmen verbindet unsere Handlungen
mit der spontanen Dimension,
in der alle Qualitäten grenzenlos
und zur Quelle für das Glück aller Lebewesen werden.

Das Verweilen in der leeren Offenheit des Geistes löst zudem Hoffnung, Furcht und alle anderen Störungen auf, die aufgrund von Unwissenheit entstehen können.

Was bedeutet Meditieren?

Die Grundlage von Meditation ist Disziplin –
das Entwickeln von Achtsamkeit
bei allen Handlungen von Körper, Rede und Geist.

Achtsamkeit bedeutet, stets darauf zu achten, anderen nicht zu schaden, sondern zu ihrem höchsten Wohl beizutragen. Dadurch wird sich die altruistische Einstellung immer mehr in unserem Geist ausbreiten und zu einer alles umfassenden Lebensweise werden. Unser Egoismus verringert sich, unser selbstloses Interesse an anderen wächst und schließlich werden Liebe und Mitgefühl ganz natürlich für uns. Wir denken nicht mehr an uns selbst. Das ist wahre Meisterschaft der Meditation. In der Meditation üben wir, unseren Geist anderen zuzuwenden.

Meditieren bedeutet,
entschlossen unsere ichbezogenen Muster
anzuschauen und aufzulösen.

Das wahre Zeichen von Fortschritt in der Meditation ist, dass unser Interesse am Wohlergehen anderer wächst und es uns immer leichter fällt, an unseren Fehlern zu arbeiten. Wenn sich unsere ichbezogene, übelwollende Haltung auflöst, wird sich Güte ausbreiten, das Leben wird einfacher werden und unsere Handlungen werden spontan das Wohl der anderen und dadurch zugleich auch unser eigenes Glück bewirken.

Meditation beinhaltet, dass wir über die Unterweisungen nachdenken, um die wahre Natur des Geistes zunächst intellektuell zu verstehen. Bei dieser Vorbereitung nehmen wir eine Analyse von Subjekt und Objekt, Geist und Erscheinungen auf relativer Ebene vor – eine bewusste, vielleicht etwas künstlich anmutende Vorarbeit. Auf der Basis dieses intellektuellen, analytischen Verständnisses führt uns die Meditation dann in den Raum jenseits von Subjekt und Objekt, in dem der Geist sich selbst erkennt. Dabei entsteht eine unmittelbare Gewissheit jenseits aller Analysen. Die analytischen Betrachtungen, die wir benutzt haben, um zu einer richtigen Meditation zu finden, werden an diesem Punkt losgelassen, sonst entsteht keine wirkliche, spontane Meditation.

> *Nur völlig natürliche Meditation frei von Vorstellungen führt zur Befreiung.*

Meditation bedeutet nicht, einen besonderen Geisteszustand zu erzeugen, sich in Trance, wohlige Behaglichkeit oder irgendwelche künstlichen Zustände zu versetzen. Es geht nicht darum, spezielle Erfahrungen hervorzurufen, Visionen zu haben oder bestimmte Formen und Farben zu sehen. Meditieren bedeutet gewahr zu werden, dass unser Geist seit undenkbaren Zeiten Gefangener seines Anhaftens an Erfahrungen ist. Es bedeutet zu sehen, dass dies Leid hervorruft, den Geist eng macht und ihm künstliche Grenzen setzt. In der Meditation erlauben wir ihm, sich zu entspannen und aus dieser Enge zu befreien. Entspannt zu sein bedeutet nicht, sich körperlich gehen zu lassen oder unaufmerksam zu sein. Gemeint ist eine Entspannung des Geistes, in der Körper und Geist vollkommen präsent und wach sind.

Unsere engen, »beschränkten« Geisteszustände sind die Folge unseres ichbezogenen Handelns in früheren Leben und der dadurch erzeugten karmischen Tendenzen. Aufgrund dieser zwanghaft gewordenen Gewohnheiten haben wir kaum Kontrolle über unser Leben – wir leiden, auch wenn wir es nicht wollen – und sind in vielerlei Hinsicht Spielball unseres Karmas mit nur geringen Möglichkeiten, Einfluss zu nehmen. Durch das Meditieren legen wir allmählich unsere geistige Enge und Zwanghaftigkeit ab. Wir lösen unsere karmischen Tendenzen auf und können zunehmend Einfluss auf unsere Zukunft nehmen, bis wir schließlich unser Leben in völliger Entscheidungsfreiheit meistern.

Allgemein gesprochen sind wir gefangen in den Reaktionsmustern von Mögen und Nichtmögen, Wollen und Nichtwollen. Wir leben in der Hoffnung, dass unsere Wünsche in Erfüllung gehen mögen, und in der Furcht, dass Unangenehmes eintreten könnte. Die sich daraus ergebenden Gefühle des Unbefriedigt- und Angespanntseins und sämtliche Probleme entspringen unserem eigenen zwanghaften Geist und entstehen nicht, wie wir für gewöhnlich denken, durch andere Menschen und äußere Zwänge. Sie kommen von unserem unstillbaren Durst nach Selbstbestätigung und Erfüllung im Außen, vom Wunsch, etwas zu erreichen, was nicht erreichbar ist. Dieses anstrengende Suchen nach einem Glück außerhalb von uns ist die eigentliche Ursache unseres Leides und des Kreislaufes sich immer wiederholender leidvoller Existenzen.

Mit Hilfe der Meditation befreien wir uns
vom Hoffen auf Glück
und von Anhaften und Anspannung.
Sie eröffnet uns die natürliche Weite
und grenzenlose Freude,
die der Buddhanatur innewohnen.

In dieser Weite, frei von Anhaften und dadurch frei von allem Leid, kommt unser Geist zur Ruhe, denn unsere für gewöhnlich starke gedankliche Aktivität wird nicht, wie wir meist annehmen, von äußeren Gegebenheiten, dem Kontakt mit äußeren Objekten hervorgerufen, sondern wird von unseren Mustern des Anhaftens, des Ablehnens und des gleichgültigen Vermeidens unterhalten. Gedanken und Gefühle erscheinen aufgrund unserer eigenen Tendenzen. Wir projizieren unsere Gefühlszustände aus unserem eigenen Inneren nach außen und nehmen sie dann als äußere Welt wahr. Wenn wir in der Meditation damit vertraut werden, einen Geist frei von Anhaften zu wahren, ohne ihn auf etwas zu fixieren oder durch vorgefasste Vorstellungen einzuengen, dann entspannt er völlig und kommt zur Ruhe. Es gibt dann keinen Grund mehr für das Entstehen von Gedanken und Empfindungen.

Wenn das Haften an einem Ich aufhört,
hören auch die Projektionen auf.

Ohne das Ichgefühl gibt es auch keine vom »Ich«, dem Subjekt, getrennte Erscheinungswelt, keine Objekte, die unabhängig von einem projizierenden Geist existieren würden. Wenn wir dies erkennen, löst sich unser Haften an der vermeintlichen Wirklichkeit von Erscheinungen auf und der Geist verwickelt sich nicht mehr in Reaktionen auf seine eigenen Projektionen. Er wird ruhig und frei von emotionalem Aufruhr. So entsteht wahre geistige Ruhe.

Für gewöhnlich greift der Geist, mit dem wir uns als einem »Ich« identifizieren, ununterbrochen nach Objekten und haftet an all den verschiedenen Situationen. In der Meditation geben wir dieses Greifen und Festhalten auf und lösen den Geist aus seinen Fesseln, indem wir alle Fixierungen und alles Abgelenktsein sich von selbst auflösen lassen. In diesem Prozess des Loslassens befreit sich der Geist auf natürliche Weise von allen Spannungen und Anhaftungen, die ihn einschränken und gefangen halten. Wir finden in immer tiefere Entspannung und öffnen uns vollkommen. Was immer in unserem Geist erscheint, überlassen wir sich selbst, ohne irgendetwas festzuhalten oder abzulehnen.

Meditieren bedeutet,
den Geist im gegenwärtigen Augenblick ruhen zu lassen –
ohne etwas abzulehnen,
ohne etwas künstlich zu erzeugen
und ohne das Sosein des jeweiligen Momentes
zu manipulieren.

Der große Verwirklichte *Saraha* hat in einer Unterweisung über die Natur des Geistes gesagt: »Wenn wir diesen im Anhaften gefangenen Geist entspannen, wird er sich ohne jeden Zweifel befreien.«

Es geht lediglich darum, zu erlauben, dass der Geist sich frei von Anhaften und Ablehnen in seinem natürlichen Zustand niederlässt, in dem das gewöhnliche Bewusstsein völlig ungekünstelt im gegenwärtigen Augenblick verweilt.

Auf diese Weise entwickelt sich eine immer tiefere Entspannung – und das ist es, was zur Befreiung führt. Wenn es uns gelingt, frei von Manipulation zu meditieren, lösen sich alle Spannungen und der Geist entknotet sich. Das offene, klare und lebendige Bewusstsein lässt sich unzerstreut in sich selbst nieder, ohne die geringste Spur von Dumpfheit.

Dazu ein Beispiel: Wenn wir Tee eingeschenkt haben, ist dieser zuerst noch in Bewegung. Doch wenn wir die Tasse in Ruhe lassen, wird sich der Tee allmählich beruhigen. Das Gleiche geschieht, wenn wir den Geist in Ruhe lassen: Er wird in einem Zustand von natürlicher, gelöster Entspannung weilen, die sich immer mehr vertieft. Nicht zu erlauben, dass der Geist in diesem entspannten, ruhigen Zustand weilt, ist, als würden wir die Tasse fortwährend bewegen.

Meditation besteht darin, sich der im Geist stattfindenden Bewegungen bewusst zu werden und die Gedanken sich erheben und wieder dorthin zurückkehren zu lassen, woher sie kamen – ein natürlicher Vorgang, den wir einfach geschehen lassen. Unsere Aufgabe ist es, die Offenheit und Spontaneität des Geistes zuzulassen. Dabei öffnen wir uns dem Erkennen, dass das gesamte Spiel der Manifestation, alles, was im Geist erscheint, ohne Wirklichkeit ist. Dies führt zur Entspannung des Geistes und dadurch auch zu einer natürlichen Entspannung des Körpers. Das heißt aber nicht, dass dieser in sich zusammensackt, sondern er behält seine aufrechte und zugleich offene und geschmeidige Haltung, frei von aller Verkrampfung.

Wir haben die Tendenz, Körper und Geist durch Gedanken und Absichten zu fesseln und diese Fesselung angespannt aufrechtzuerhalten – und als Reaktion entstehen Dumpfheit oder Wildheit im Geist. In der Meditation lösen wir diese Fesseln und erlauben, dass wir uns auf natürliche Weise öffnen. Dadurch findet unser Geist seine Weite und schließlich auch seine Weisheitsdimension wieder. Frei von Zwang und Spannung gibt es kein Leid mehr. Überhaupt kein Leid mehr zu erfahren, bedeutet vollkommene Freude und das ist vollkommenes Erwachen!

Öffnen und Loslassen ist nicht schwierig.
Eigentlich ist es viel schwieriger,
immerzu festzuhalten und sich abzumühen.
Loslassen ist sogar die einfachste Sache der Welt.
Es gibt dabei überhaupt nichts zu tun.

Loslassen ist die Voraussetzung für tiefe Meditation. Wir müssen uns von *Saṃsāra*, den Leid erzeugenden Mustern des Anhaftens lösen. Das Schwierige daran ist, dass diese Muster sehr stark sind, weil wir sie so lange genährt und durch so viele Handlungen verfestigt haben. Doch jetzt haben wir die Möglichkeit, uns von der Faszination und den Gewohnheiten, die uns an die Welt unserer Anhaftungen binden, zu lösen. Dafür entwickeln wir wahre Entsagung – und dies nicht nur in Worten. Zu entsagen bedeutet, sich von der emotionalen Verwicklung in weltliche Angelegenheiten zu lösen.

Entsagung ist die Basis aller Meditation. Um sie zu entwickeln, kontemplieren wir zunächst, wie kostbar dieses Leben ist und auch wie vergänglich. Dann denken wir daran, wie alles Leid und Glück durch Karma, durch unser Handeln, bedingt ist.

Wir schauen genau hin, was die Ergebnisse all der Handlungen waren, die wir bisher ausführten, und bedenken, was die Folgen unseres gegenwärtigen Handelns in Zukunft sein werden. Wir machen uns klar, wie wir selbst die Ursachen unserer Anhaftung und unseres Gefangenseins in Saṃsāra geschaffen haben.

Wenn wir uns eingestehen, wie sinnlos
und letzten Endes schädlich alle Handlungen sind,
die wir aus Anhaften ausführen,
werden wir in der Lage sein, uns von ihnen zu lösen.

Bisher haben wir weltlich gehandelt, weil wir unter dem Einfluss von mangelndem Gewahrsein waren, doch nun können wir dank der Lehre Buddhas unser Leben aufs Erwachen ausrichten. Zugleich sehen wir, dass alle Lebewesen unter dem Einfluss dieser Unwissenheit stehen und aus diesem Grunde negativ handeln und immenses Leid erfahren. Die meisten dieser Lebewesen haben keinen Kontakt mit solchen Unterweisungen und deshalb keine Möglichkeit, ihre Unwissenheit zu erkennen und sich aus ihr zu befreien. Dies weckt Mitgefühl, das unsere Entsagung stärkt und uns noch mehr für uneigennützige Praxis zum höchsten Nutzen aller Lebewesen öffnet.

Entsagung vertieft sich weiter, wenn echte Hingabe entsteht. Diese verbindet uns mit dem Segen des Lamas und der Übertragungslinie und erleichtert das Loslassen unserer Beschränkungen und Anhaftungen. Durch die Praxis der Unterweisungen des Lamas entwickeln wir ein immer tieferes Vertrauen und überzeugen uns von der Richtigkeit der Dharmalehren. In diesem Vertrauen und dieser Gewissheit fällt es leicht, das Anhaften am Daseinskreislauf loszulassen und uns von unserer Faszination zu lösen.

Indem wir uns aus dem Anhaften lösen
und zugleich Mitgefühl und Vertrauen entwickeln,
kommt der Geist in natürlicher Entsagung
von selbst zur Ruhe.

Der Weg der Meditation, der zum Erkennen der Natur des Geistes führt, kann in zwei Phasen eingeteilt werden: das Entwickeln von geistiger Ruhe (*Schinä/Śāmatha*) und das Kultivieren von intuitiver Einsicht

(*Lhaktong/Vipaśyanā*). Durch die Praxis geistiger Ruhe stabilisieren wir zunächst Körper und Geist. Diese Stabilität wird weiterentwickelt, bis wir die Methoden der Meditation intuitiver Einsicht anwenden können. In dem Maße, in dem sich unsere Meditation entwickelt, werden wir immer vertrauter mit tiefer Entspannung und diese führt uns mühelos zu den entsprechenden Meditationserfahrungen und schließlich zur Befreiung. Entspannung ist Voraussetzung für jede Meditation, unabhängig davon, welche Praxis wir ausführen.

Als ersten Schritt auf dem Weg der Meditation müssen wir lernen, unseren Geist zu sammeln. Dies geschieht, indem wir unseren Geist auf das vollkommene Erwachen aller Lebewesen ausrichten – eine innere Haltung, die Entsagung, Liebe und Mitgefühl in sich vereint. Eine korrekte Körperhaltung und ein klarer Bezugspunkt für unsere Meditation werden uns die geistige Sammlung zusätzlich erleichtern.

Die Sitzhaltung

Falls es uns aus Mangel an Beweglichkeit oder aus Altersgründen schwer fällt, auf dem Boden zu sitzen, können wir auch auf einem Stuhl meditieren. So wird der zukünftige Buddha *Maitreya* dargestellt. Aber auch wenn wir auf einem Stuhl sitzen, sollte der Rücken völlig gerade und die Wirbelsäule »wie ein Pfeil« gestreckt sein. Das hebt und dehnt den Oberkörper, wodurch der Druck auf die inneren Organe im Bauchraum, wie Leber, Darm und Nieren, verringert wird. Bei geradem Rücken ist auch der Geist klarer. Wir achten deshalb darauf, nicht zusammenzusacken und weder nach vorne oder hinten noch zur Seite geneigt zu sein.

Die Haltung des Kopfes ist ebenfalls wichtig: Weder nach vorne, hinten, rechts oder links geneigt, wird er in Verlängerung der Wirbelsäule aufrecht gehalten. Das Kinn ist in der Horizontalen und übt einen leichten Druck auf die Kehle aus. Die Augen lassen wir einfach ruhen, ohne einen Ort zu fixieren, ohne sie zu schließen und ohne sie weit aufzureißen. Sie sind halb geöffnet und entspannt. Unsere Blickrichtung hängt dabei von der Art der Meditation ab, die wir üben. Zum Entwickeln von geistiger Ruhe richten wir den Blick abwärts, in der Phase der intuitiven Einsicht ist der Blick gerade nach vorn gerichtet und für die Mahāmudrā-Praxis schauen wir leicht nach oben, um den Geist mit dem Raum zu verbinden.

Es ist sehr wichtig, sich in der richtigen Haltung zu üben, besonders des Rückens und der Augen, denn dadurch wird es einfach, den Geist bewusst zu halten und Erfahrungen und Verwirklichung zu entwickeln. Wenn wir uns »hängenlassen«, engt das den Brustraum ein, wodurch der Geist schwer und dumpf wird. Es mangelt an Klarheit und wir versinken in unbewusste, schläfrige Geisteszustände.

> *Halten wir uns gerade, können die subtilen Energien frei zirkulieren und der Geist wird klar.*

Dies sind die wichtigsten Punkte, die wir berücksichtigen, um den Geist über den Körper günstig zu beeinflussen. Für diejenigen, die jung und geschmeidig sind, gibt es darüber hinaus die Sieben-Punkte-Haltung von *Vairocana*. Wenn wir sie einnehmen können, ist das sehr nützlich und segensreich für die Meditation.

Der erste Punkt dieser Haltung besteht darin, die Beine im »Vajra-Sitz« zu kreuzen. Dazu wird zunächst das linke Bein angewinkelt und mit dem linken Fuß auf den rechten Oberschenkel gelegt. Dann winkeln wir auch das rechte Bein an, so dass der rechte Fuß auf dem linken Oberschenkel liegt. Beide Fußflächen zeigen nach oben.

Zweitens setzen wir die Handgelenke mit den Handflächen nach oben in der Leiste auf den Oberschenkeln auf. Der Daumen presst die Wurzel des Ringfingers. Dann strecken wir die Arme vollkommen durch, bis die Innenseite der Arme nach vorne zeigt und der Oberarm am Brustkorb anliegt. Dabei übt das Ellenbogengelenk einen leichten

Druck auf die Rippen aus. Durch den Druck auf diese Punkte in der Leistengegend, am Ringfinger und am seitlichen Brustkorb werden bestimmte Energiebahnen gepresst, die mit den Emotionen verbunden sind. Der Druck auf diese Punkte unterbricht die Zirkulation emotionaler Energien.

Drittens ist die Wirbelsäule »gerade wie ein Pfeil«. Das bedeutet nicht nur, aufrecht zu sitzen, sondern beinhaltet auch, dass der obere Teil des Brustkorbs geöffnet ist, ohne vorgewölbt zu werden, während der obere Beckenkamm leicht nach vorne gekippt ist, ohne ins Hohlkreuz zu kommen. Dank dieses Ausgleichs ist der Oberkörper vollkommen aufrecht und zugleich bleibt die natürliche Beugung der Wirbelsäule erhalten.

Viertens sind die Schultern aufgerichtet »wie die Flügel eines Geiers«. Sie sind durch die Armstellung etwas angehoben, aber weder nach vorn noch nach hinten gezogen. Die angehobene und gerade Haltung der Schultern beseitigt den Druck, der normalerweise auf den inneren Organen lastet, die im Bauchraum zusammengepfercht aufeinander liegen. Während der Meditation trägt diese Haltung dazu bei, problemlos zu einem klaren und lebendigen Bewusstsein Zugang zu finden, in dem der Geist weder erregt noch dumpf ist.

Fünftens heißt es, der Hals sei »gebogen wie ein Haken«. Das bedeutet aber nicht, dass wir mit dem Hals tatsächlich einen Haken formen und den Kopf nach hinten neigen oder auf die Brust beugen. Der Kopf wird völlig gerade gehalten, aber das Kinn ist in der Horizontalen etwas zurückgezogen und drückt dadurch leicht auf den Kehlkopf. Diese Stellung blockiert die Zirkulation von emotionalen Energien in zwei Energiekanälen rechts und links an der Seite des Halses.

Sechstens sind die Augen halb geöffnet und der Blick ist nach unten gerichtet. Traditionell heißt es, man solle auf einen Punkt schauen, der vier Finger von der Nasenspitze entfernt ist, aber dies ist nicht wörtlich zu nehmen. Wir brauchen nicht zu schielen, sondern richten den Blick in Verlängerung der Nase nach unten, ohne die Augen oder die Lider zu bewegen. Es wird gesagt, ein ruhender Blick sei die Eingangspforte zu geistiger Stabilität.

Siebtens ruht die Zunge in ihrer natürlichen Lage entspannt am Gaumen. Sie wird nicht mit Kraft gegen den Gaumen gepresst. Auch der Mund bleibt völlig entspannt. Er ist kaum merklich geöffnet, so dass ein kleiner Luftstrom passieren kann. Hierbei geht es nicht darum, eine künstliche Position einzunehmen, sondern eine natürliche Haltung wiederzufinden.

Dies sind die sieben Punkte einer idealen Meditationshaltung, die sehr zum Öffnen des Geistes beiträgt. Zusätzlich können wir dem Geist helfen, ruhig zu verweilen, indem wir ihn mit Hilfe eines Bezugspunktes sammeln. Nachdem wir darin ein gewisses Geschick entwickelt haben, können wir zur gegenstandslosen Meditation übergehen. Der Bezugspunkt, den wir dem Geist geben, kann ein gewöhnliches, »unreines« oder ein spirituelles, »reines« Objekt sein. Was wir auch immer als Objekt benutzen, wir lassen den Geist darauf ruhen und praktizieren, bis die Erfahrungen von Glück, Klarheit und Nichtdenken auftauchen. Wenn wir in diesen Erfahrungen tiefer geistiger Ruhe verweilen, wird sich intuitive Einsicht, die zweite Phase der Meditation, entfalten und wir werden der Natur des Geistes begegnen.

Meditation mit einem Bezugspunkt

In der beschriebenen aufrechten Haltung nehmen wir uns zunächst jedes Mal etwas Zeit, in die Meditation hineinzufinden. Wir lassen alles Haften an unserer Umgebung los, ebenso alles Ablehnen, und verweilen in Gleichmut. Wir erlauben unserem Geist, sich zu entspannen und sich in seinem natürlichen Zustand niederzulassen.

Dann wenden wir unsere Aufmerksamkeit dem Objekt zu, das wir als Bezugspunkt für unsere Meditation gewählt haben. Es sollte eher klein sein und wir können es, um den richtigen Abstand zu finden, auf ein Tischchen vor uns stellen. Es kann eine Blume, ein Glas Wasser, ein Stein oder sonst ein beliebiger, gewöhnlicher Gegenstand sein. Wir schauen ihn unzerstreut an, ohne unseren Blick anderen Dingen zuzuwenden.

Es ist wichtig, den Gegenstand nicht angespannt und voller Anstrengung zu fixieren. Zwingen wir den Geist, kann vielleicht zu Beginn ein Eindruck von Stabilität entstehen, ein Gefühl, als würden weniger Gedanken aufkommen. Aber dieser Eindruck vergeht schnell und dann stellen sich Frustration und Ärger ein. Der Geist soll sich in natürlicher Weise auf dem Gegenstand sammeln und sich einfach nur des Objekts bewusst sein, ohne sich um dessen Form, Farbe oder sonstigen Merkmale zu kümmern. Wenn wir den Geist sich so entspannen lassen, wird er nach einiger Zeit ruhig werden und ein spontanes Gefühl von Klarheit, Offenheit und Raum entsteht. Für Anfänger und Anfängerinnen ist es gut, so lange mit Hilfe einer solchen Stütze zu meditieren, bis der Geist unzerstreut und ohne Anspannung auf dem Objekt verweilt. So entsteht geistige Ruhe.

Nach einiger Zeit können wir das Gefühl bekommen, als ändere sich die Größe, Form oder Farbe des Gegenstandes. Es ist auch möglich, dass die Augen müde werden, jucken oder zu tränen anfangen und dass wir das Objekt nicht mehr sehen. Das sind Zeichen von Erschöpfung. Wir wenden uns dann für einige Momente vom Objekt ab und lassen den Blick wie auch den Geist sich in die Weite des Raumes öffnen. Wir lernen, im Verlauf der Meditation zwischen Phasen bewusster Sammlung und der Entspannung in die Weite des Raumes abzuwechseln. Wenn wir uns zu viel Disziplin auferlegen, spannt sich der Geist immer mehr an und blockiert.

Am Anfang machen wir kurze, auf wenige Minuten
beschränkte Meditationssitzungen,
wiederholen diese aber so oft wie möglich.

Mit zunehmender Gewöhnung verlängern wir die Sitzungen allmählich. Wenn wir gleich zu Anfang versuchen, lange Zeit zu meditieren, wird der Geist leicht ungeduldig und ärgerlich. Wir verlieren die Freude am Meditieren und setzen Meditation mit Anspannung und Einengung gleich. Deshalb empfiehlt es sich, mit der Sitzung aufzuhören, wenn der Geist noch glücklich und entspannt ist, und nicht weiterzumachen, bis es uns zu viel wird und sich der Geist verschließt.

Wir können statt eines gewöhnlichen Objektes auch ein spirituelles, reines Objekt wie zum Beispiel den Körper des Buddhas zur Sammlung unseres Geistes benutzen. Dabei stellen wir uns vor, der Buddha befände sich vor uns im Raum, oder wir richten – wenn sich das als zu schwierig erweist – unsere Aufmerksamkeit auf eine vor uns stehende Buddhastatue.

Buddha Śākyamūni hat vor seiner letzten Geburt im Menschenbereich bereits während unvorstellbar vieler Leben für das Wohl aller Lebewesen im ganzen Universum gewirkt. Dabei hat er Verdienste und Gewahrsein angesammelt und alle Schleier seines Geistes gereinigt. Bevor er sich als der historische Buddha manifestierte, nahm er fünfhundert Mal Geburt in unreinen Daseinsbereichen an, um den dort lebenden Wesen zu helfen, und fünfhundert weitere Leben in reinen Bereichen, um den verwirklichten Lebewesen zu helfen. So wurde er ein vollkommener Buddha. Wenn wir uns ihn in menschlicher Form vorstellen, so tun wir dies in strahlender, leuchtender Gestalt mit all den körperlichen Merkmalen und Zeichen, welche das vollkommene Erwachen symbolisieren.

Ein vollkommen Erwachter wie der Buddha ist in der Lage, allen Lebewesen den Weg zu zeigen und sie zum Erwachen zu führen. Sein Wirken für das Wohl anderer kennt keine Grenzen. Uns gewöhnlichen Menschen mit begrenzter, unreiner Wahrnehmung fällt es schwer, uns vorzustellen, was ein Buddha wirklich ist. Aus diesem Grund wählen wir als Stütze für unsere Meditation die Gestalt des historischen

Buddha Śākyamūni. Dabei ist uns aber bewusst, dass der Buddha keine gewöhnliche Person ist.

Zum Meditieren setzen wir uns bequem hin, aufrecht und entspannt. Wir lassen alles Anhaften und Ablehnen los und verweilen gleichmütig im Gewahrsein des Augenblicks, in körperlicher und geistiger Entspannung. Dann kontemplieren wir den Buddha vor uns, sei es in Form einer Statue, einer bildlichen Darstellung oder als Visualisation in der eigenen Vorstellung.

Zunächst richten wir unsere Aufmerksamkeit auf den Thron, auf dem der Buddha sitzt. Er ist mit kostbaren Steinen verziert und wird von acht Schneelöwen getragen. Auf Seidentüchern und Kissen befindet sich ein weißer Lotus, auf ihm eine flache Mondscheibe und darauf sitzt der Buddha mit gekreuzten Beinen in Vajra-Haltung. Dabei stellen wir ihn uns nicht mit einem Körper aus Fleisch und Blut, sondern als Weisheitskörper vor.

Wir meditieren auf den Buddha
als vollkommen transparentes Lichtwesen,
als regenbogengleiche, illusorische Manifestation –
die Einheit von Form und Leerheit.

Falls das zu schwierig ist, stellen wir uns den Buddha mit einem menschlichen Körper vor, der Licht ausstrahlt. Seine rechte Hand berührt den Boden und seine linke liegt in der Meditationsgeste im Schoß. Er blickt auf uns und alle anderen Lebewesen mit einer Liebe und einem Mitgefühl ohne Grenzen. Sein Geist weilt stets im meditativen Gewahrsein, das frei von jeder Täuschung alle Lebewesen aufs Genaueste kennt. Sein sanftes Lächeln bekundet die wohlwollende Aufmerksamkeit, die er allen Wesen schenkt.

Sobald wir eine klare Vorstellung vom Buddha vor uns entwickelt haben, denken wir an seine große Güte und an das Glück, das wir haben, in seiner Gegenwart sein zu können. Wir stellen uns vor, dass er uns anspricht und den Dharma erklärt. Wir sind dankbar für diese außergewöhnliche Gelegenheit und machen uns klar, dass diese Situation das Ergebnis der Ansammlung heilsamer Handlungen und der Reinigung unseres Geistesstromes während unzähliger Lebenszeiten ist. Es ist, als würden wir jetzt die Früchte der Anstrengungen vergangener Leben ernten. Wir sind sehr glücklich. Voller Freude betrachten wir den Buddha mit all den wunderbaren Zeichen seines Körpers und stellen uns vor, dass Lichtstrahlen von ihm ausgehen, die unseren Geist und Körper erfüllen. Sie befreien uns von körperlichen und geistigen Beschränkungen und all den Schleiern, die aufgrund unserer Ichbezogenheit entstanden sind. Sie lösen das dualistische Anhaften auf, das uns von allem anderen trennt. Wir denken, dass wir völlig untrennbar vom Buddha sind und lassen unseren Geist vollkommen eins mit ihm werden.

In diesem Zustand verweilen wir, solange wir können. Wenn wir bemerken, dass unser Geist dumpf oder unklar wird, richten wir unsere Aufmerksamkeit auf die oberen Körperteile des Buddhas, auf den Scheitelpunkt seines Kopfes oder auf sein Gesicht. Dadurch lösen sich Dumpfheit und geistige Schwere auf. Wenn unser Geist hingegen unruhig wird und viele Gedanken auftauchen, richten wir die Aufmerksamkeit nach unten, auf seine Füße und Beine oder auf den Thron und den Lotus. Das besänftigt geistige Erregung. Sind wir weder schläfrig noch unruhig, verweilen wir in der Vereinigung unseres Geistes mit dem des Buddhas. Wir kontemplieren die gesamte Form seines Körpers oder richten unsere Aufmerksamkeit auf seine Herzgegend.

Wenn wir uns beim Betrachten der Form des Buddha leicht ablenken lassen und etwas Mühe haben, in innere Sammlung hineinzufinden, dann lassen wir den Blick immer wieder von oben nach unten über seinen Körper wandern und vergegenwärtigen uns ganz entspannt und ohne jede Anstrengung Punkt für Punkt die Merkmale seiner äußeren Erscheinung. So kann sich der Geist allmählich beruhigen.

Wenn wir nach einiger Zeit die Form des Buddha nicht mehr deutlich sehen oder die Augen müde werden, dann brauchen wir eine Pause und lassen die Betrachtung für einige Minuten sein. Wir richten den Blick nach oben und lösen ihn in die Weite des Raumes. Und wenn unser Geist wieder munterer ist, machen wir mit der Übung weiter.

Besonders wichtig ist es, während der gesamten Sitzung die freudige Gewissheit der Gegenwart des Buddhas und das Vertrauen in seine Segenskraft zu kultivieren.

Am Ende jeder Sitzung stellen wir uns vor, dass Lichtstrahlen von Buddhas Stirn, Kehle und Herz (den Zentren von Körper, Rede und Geist) ausgehen, die in unsere entsprechenden Zentren verschmelzen, wodurch Körper, Rede und Geist gesegnet und all unsere Schleier und unsere Negativität gereinigt werden. Schließlich löst sich der Körper des Buddha ganz in Licht auf und verschmilzt mit uns, so dass kein Unterschied mehr zwischen ihm und uns besteht – so, als würde Wasser in Wasser gegossen. Dann lassen wir den Geist ungekünstelt, frei und entspannt in seiner natürlichen Dimension verweilen.

Diese Praxis ist sehr nützlich, denn sie erlaubt nicht nur, geistige Stabilität zu entwickeln, sondern öffnet uns zugleich für den Segen des Buddhas. Dadurch reinigen wir unser Karma und es entstehen meditative Erfahrungen und Erkenntnisse.

Als weiteren möglichen Bezugspunkt der Geistessammlung können wir den Atem wählen. Bei der Meditation auf den Atem verfolgen wir dessen stetes, natürliches Ein- und Ausströmen, ohne ihn in irgendeiner Weise zu beeinflussen. Wir setzen weder Körper noch Geist unter Druck, sondern bleiben vollkommen entspannt und sind einfach des Ein- und Ausströmens gewahr – ohne anderen Gedanken zu folgen. Wir lassen den Geist sich mehr und mehr mit der Atembewegung verbinden, bis er vollkommen darin aufgegangen ist. Als Hilfe können wir dabei zunächst die Atemzüge zählen, zum Beispiel bis 21, und versuchen, uns dabei von nichts ablenken zu lassen. Dann ist es gut, eine kleine Pause zu machen. Wenn wir entspannt und kontinuierlich des Atems gewahr sind, können wir auch für längere Perioden meditieren, wobei wir die Atemzüge aber nicht weiter zählen, sondern einfach achtsam bleiben.

Achtsam sein bedeutet nicht, sich mit aller Macht auf sein Objekt zu konzentrieren.

Wir sagen uns nicht: »Ich darf die Achtsamkeit auf den Atem unter keinen Umständen verlieren. Ich konzentriere mich mit aller Kraft.« Solche Gedanken nähren unsere Unruhe und stören die Meditation und das natürliche Ein- und Ausstreichen des Atems. Wir kommentieren unsere Meditation und schaffen dadurch eine Distanz, die verhindert, dass wir in der Meditation aufgehen. Eigentlich brauchen wir nur ohne große Anspannung des Atems gewahr zu sein und dabei kommt es vor allem auf eine sanfte, regelmäßige Praxis an. Die entstehende Stabilität wird uns helfen, tiefer in die Meditation einzudringen.

Augenblicklichkeit

Beim Meditieren lassen wir den natürlichen Strom der Gedanken vorüberfließen, ohne nach ihnen zu greifen oder sie zu beurteilen. Wenn wir frei von Anhaften sind, können Gedanken dann noch bleiben? Kann der Geist unruhig sein, wenn wir an nichts mehr festhalten? Sicher nicht. Doch für gewöhnlich halten wir an jedem Gedanken fest, urteilen mit »gut« oder »schlecht«, was eine ganze Kette von Gedanken nach sich zieht, die den Geist in Unruhe versetzt. Wären wir frei von Anhaften, würden wir dem Gedanken bei seinem Erscheinen keine guten oder schlechten Eigenschaften zuschreiben, aufgrund derer wir ihn dann festhalten oder fortschicken wollen. Der Gedanke wäre lediglich eine schöpferische Bewegung des nichthaftenden Geistes. Unser Festhalten jedoch beeinträchtigt diese spielerische, natürliche Dynamik.

Es ist wichtig, in der Meditation nicht an Dinge zu denken, die wir in der Vergangenheit getan haben. Normalerweise greifen wir nach solchen Erinnerungen und spinnen sie weiter aus. Taucht zum Beispiel die Erinnerung an eine gute Handlung oder an einen Erfolg auf, dann denken wir: »Ja, wie war das noch? Dies und jenes habe ich damals getan. Und dann haben alle gesagt, wie schön das war und wie toll ich das gemacht habe …« Wir lassen uns auf der Welle glücklicher Erinnerungen davontragen und unser Geist wird von Selbstzufriedenheit getrübt. Und je länger wir darüber nachdenken, wie gut wir doch sind, desto stolzer werden wir. Erinnern wir uns jedoch an einen Misserfolg, einen Verlust oder an ein Versagen, dann werden wir deprimiert und verstricken uns in Selbstzweifel, Trauer und Reue. Und sofort denken wir auch an die Zukunft: »Damit das nicht noch einmal passiert, sollte ich es so und so anstellen …«, oder bei einer glücklichen Erinnerung: »Damit es so weitergeht, sollte ich dieses und jenes tun …« Wir machen Pläne, um bestimmte Ziele zu erreichen, und wünschen, dass die Ereignisse einen entsprechenden Verlauf nehmen. Das erzeugt Anspannung: Wenn wir uns einreden, wir würden es schon schaffen, den Lauf der Dinge nach unseren Wünschen zu gestalten, werden wir von Hoffnungen erfüllt, und wenn wir daran zweifeln, ob sich die Dinge tatsächlich so einstellen werden, machen wir uns Sorgen. Hoffnung auf Erfolg und Furcht vor Fehlschlägen setzen den Geist unter Anspannung und Druck und er verstrickt sich immer mehr in einem Gewirr von Überlegungen und Spekulationen.

All diese Überlegungen geschehen in der Gegenwart, die dadurch zu einem Feuerwerk von Gedanken wird: »In der Vergangenheit habe ich das getan, in der Zukunft werde ich jenes tun«, und immer so weiter. Hoffnung und Furcht erzeugen unaufhörlichen Stress. In der irrigen

Annahme, unsere Eindrücke und Gedanken seien wirklich und dauerhaft, hängen wir immer mehr an ihnen und sind weit entfernt vom augenblicklichen Gewahrsein.

Beim Meditieren lassen wir alle Beschäftigung mit Vergangenheit, Gegenwart und Zukunft fallen.

Die Vergangenheit ist unwiderruflich vorbei und wird nicht wiederkommen. Folglich ist es sinnlos, vergangenen Dingen nachzuhängen und sie immer wieder gedanklich durchzukauen. Sie wieder auszugraben, ändert nichts an dem, was war, sondern wühlt uns nur auf. Mit dieser Überlegung lassen wir alles Vergangene los und kommen nicht wieder darauf zurück.

Ebenso vergeuden wir unsere Zeit nicht mit Zukunftsmalerei. Die Zukunft ist noch nicht eingetreten und es macht wenig Sinn, sich den Kopf über etwas zu zerbrechen, was noch nicht ist. Zudem werden unsere Spekulationen und Berechnungen sie kaum beeinflussen können. Das Nachdenken über Projekte und ehrgeizige Pläne während der Meditationssitzung ist reine Zeitverschwendung, denn die Zukunft wird sich nicht nach unseren Wünschen richten. Sie wird hauptsächlich von den Handlungen bestimmt, die wir in der Vergangenheit ausgeführt haben. Das wird uns schnell klar beim Versuch, den Lauf bestimmter Ereignisse aufzuhalten und bestimmte Umstände herbeizuführen, die in der Situation nicht schon als karmische Möglichkeiten angelegt sind. Wir werden uns bei diesem Versuch bald eingestehen müssen, dass wir die Geschehnisse selbst mit großer Anstrengung nicht in eine völlig andere Richtung lenken können. Ob und wie eine Situation eintritt, hängt in erster Linie nicht von unseren Absichten und Überlegungen ab, sondern hauptsächlich davon, was wir und all die anderen an der Situation Beteiligten in der Vergangenheit getan haben, welche Kräfte wir bereits in Bewegung gesetzt haben.

Geschehnisse vorhersehen und vorherbestimmen
zu wollen ist ein sinnloses Unterfangen.
Es nützt nichts, sich den Kopf über die Zukunft
zu zerbrechen. Sie kommt ganz von allein.

In der Meditation lassen wir den Geist einfach im gegenwärtigen Moment verweilen, präsent im unfassbaren Jetzt, welches weder Vergangenheit noch Zukunft ist. Dieser gegenwärtige Moment kann nicht vom Intellekt erfasst werden. Er ist kein Gegenstand intellektuellen Verstehens und nicht beschreibbar. Hinführend sagen wir, dass er das Gewahrsein der direkten Erfahrung der Gegenwart ist – jenseits von Zeit und Raum. Er ist die Ewigkeit des Nichtzeitlichen und kann nicht anders erfahren werden als im Gewahrsein unmittelbarer, nondualer Augenblicklichkeit.

Der jetzige Augenblick ist einfach so wie er ist. Verweilen wir in ihm, so erscheinen die Dinge von selbst und lösen sich auch von selbst wieder auf. Es gibt keine Einmischung, keinen Druck, kein Festhalten und Ablehnen mehr, nur noch das Spiel der Gedanken, die ungehindert kommen und gehen. Wenn wir das Haften an Gedanken loslassen, so erscheinen und vergehen sie einfach, ohne dass sich eine Gedankenkette daran heften würde. Es erhebt sich die Welle eines Gedankens im Geist und ebbt wieder ab. Der Geist sieht, dass es eine Bewegung gab – und das ist alles. Es gibt keine Einmischung mehr und so löst sich der erscheinende Gedanke von selbst wieder auf.

Gedanken haben keine eigenständige Natur.
Sie sind wie die Wolken am Himmel –
ohne Ursprung und ohne Ziel.

Weder kommen Wolken von einem bestimmten Ort, noch gehen sie an einen bestimmten Ort – sie bestehen nicht auf dauerhafte Weise.

Sie sind das Ergebnis der Verdunstung von Wasser, unterliegen der Vergänglichkeit und verändern sich ständig, bis sie sich schließlich auflösen. Mit Gedanken verhält es sich ganz ähnlich. Sie sind das Erzeugnis des Geistes und haben letztendlich keine Wirklichkeit, keinen dauerhaften Bestand.

Wenn wir sie nicht festhalten, werden sie wie Wolken verfliegen und wir werden sie als das natürliche Spiel des Geistes erkennen. Alle Verwirrung in Bezug auf ihre vermeintliche Wirklichkeit löst sich auf und wir öffnen uns für die Erfahrung spontaner Leichtigkeit.

Wir sprechen von drei Zeiten – Vergangenheit, Gegenwart und Zukunft – als Ausdruck der Einsicht, dass nichts bleibt, sondern alles von Vergänglichkeit gekennzeichnet ist. Der Eindruck von verstreichender Zeit wird durch die ständige Bewegung des Geistes mit seiner sich unaufhörlich wandelnden Erscheinungswelt hervorgerufen. Intellektuell können wir dies leicht verstehen, doch fällt es uns meistens schwer, diese Einsicht in unserem Alltag anzuwenden, in dem wir oft die Tendenz haben, die Zeit anhalten und Situationen an ihrer Entwicklung hindern zu wollen. Genau dieser Wunsch, den Wandel der Dinge aufhalten zu wollen, erzeugt Leid. Wenn wir Werden und Vergehen zutiefst als etwas Unausweichliches akzeptieren, gibt es keinen Grund mehr zu leiden. Wird Vergänglichkeit gelebt und innerlich tief verstanden, dann wird sie zu einer vertrauten Freundin, die uns hilft, in die Dimension der Augenblicklichkeit hineinzufinden und die Einheit von Geist und Projektionen zu erfahren.

Wenn der Geist keine Erscheinungen projizieren würde, gäbe es dann Vergangenheit, Gegenwart und Zukunft? Sicher nicht. Es gäbe kein Gefühl von verstreichender Zeit, denn der Eindruck von Zeit wird allein von den wechselnden Projektionen des Geistes hervorgerufen. Wenn wir hierüber Gewissheit erlangen möchten, schauen wir in der Meditation immer wieder direkt in den Geist; Worte und intellektuelles Verständnis sind dafür unzureichend. Erst durch das wiederholte Untersuchen unseres eigenen Geistes können wir wirklich begreifen, dass die Welt, die uns umgibt, nichts anderes ist als eine Projektion unseres Geistes – sein dynamischer Ausdruck, seine Strahlkraft.

Geist ist eine Abfolge von Gewahrseinsmomenten – und diese Momente augenblicklichen Gewahrseins lassen sich nicht ausdehnen. Wir können nicht sagen: »Gedanken, bitte haltet mal kurz an, damit ich euch anschauen und verstehen kann.« Zu versuchen, die geistigen Bewegungen anzuhalten, um einen Gedanken oder eine Erkenntnis länger zu betrachten, blockiert die natürliche, spontane Dynamik des Geistes. Es geht nicht darum, eine Einsicht zu erhaschen, um sie uns dann genau anzuschauen. Bei wirklicher Einsicht gibt es nichts, das angeschaut oder verstanden werden könnte. Solange wir den Wunsch hegen, etwas zu verstehen, zu definieren und zu erklären, verfehlen wir den eigentlichen Punkt der Praxis und setzen das gewöhnliche gedankliche Fixieren fort. Wenn wir uns eine Einsicht aneignen wollen, dann gibt es jemanden, der etwas verstehen will – und schon erschaffen wir wieder das Ich oder den Denker. In Wirklichkeit gibt es niemanden, der versteht, und kein Objekt, das verstanden wird – sondern einfach nur Sehen. Sobald wir wieder an einem Ich haften, gibt es kein Sehen mehr.

Wenn wir mit der Aussicht, nicht verstehen zu können, unzufrieden sind, so liegt das daran, dass wir etwas für uns selbst möchten. Wir erhoffen uns die Fähigkeit, Dinge kontrollieren und meistern zu können. Aber in Wahrheit können wir nichts kontrollieren, nichts verstehen. Wollen wir zum wahren Verständnis gelangen, müssen wir alles persönliche Verlangen loslassen. Wir suchen den Denker, der verstehen und kontrollieren möchte. Dann sehen wir, dass wir ihn nicht finden können, da es ihn als solchen gar nicht gibt. Wenn es keinen Denker gibt, ist es nur natürlich, dass es auch kein Verstehen gedanklicher Prozesse und des Geistes gibt.

Denker und Gedanken sind leer, ohne wirkliche Existenz. Diese fundamentale Leerheit ist der Wahrheitskörper. Die Strahlkraft oder Dynamik dieses leeren Geistes, seine Fähigkeit, Gedanken hervorzubringen, ist der Freudenkörper. Der vielfältige Ausdruck des Geistes, seine Fähigkeit, in fortwährendem Wandel sämtliche Formen anzunehmen, ist der Ausstrahlungskörper.

Wenn wir die spontane natürliche Aktivität
des Geistes zulassen, werden wir in den Gedanken
die drei grundlegenden Qualitäten des Geistes erkennen:
leere Natur, Strahlkraft und ungehinderte Manifestation.

Wir werden uns nicht, wie vielleicht befürchtet, in einem leeren, blanken Zustand wiederfinden, sondern werden entdecken, dass Gedanken der Schatz der drei Körper des Erwachens sind, die nie versiegende Quelle einer Fülle von Qualitäten.

Was können wir also tun, um Einsicht in die Natur des Geistes zu erlangen? Wir meditieren und lassen den Geist während der Meditation im augenblicklichen Gewahrsein verweilen. Die wirkliche Natur des Geistes ist dieser Augenblick offenen Gewahrseins – nicht mehr. In diesem augenblicklichen Gewahrsein gibt es nichts, das mit Gedanken erfasst, beschrieben oder gesehen werden könnte. Dies bedeutet jedoch nicht, dass es überhaupt nichts gibt, sondern nur, dass kein Gewahrsein als solches gesehen wird. Verweilen wir im augenblicklichen Gewahrsein der Natur des Geistes, verstehen wir, dass alle Erscheinungen von den Tendenzen unseres verwirrten Geistes erzeugt werden.

Das Ziel der Mahāmudrā-Meditation ist, unmittelbar die Natur dieser Verwirrung zu sehen. Das geschieht, wenn der Geist mit dem augenblicklichen Gewahrsein, seiner grundlegenden Natur, verschmilzt. Im selben Augenblick ist er von aller Negativität und den Schleiern sämtlicher Leben befreit. Um bis zu dieser Erfahrung durchzudringen, meditieren wir lange Zeit immer wieder und nutzen alle Situationen zur Meditation auf die wahre Natur. Tun wir dies, werden wir eines Tages Verwirklichung und vollkommene Gewissheit erlangen. Wir werden direkt sehen, was der Geist ist und wie er arbeitet. Von diesem Tage an werden alle Zweifel völlig aufgelöst sein.

In der Mahāmudrā-Meditation lassen wir Körper und Geist einfach entspannen und in Offenheit verweilen. Völlig zu entspannen, bedeutet nicht, dass wir träge in uns zusammensacken, sondern meint ein klares, lebendiges Gewahrsein, das alle Impulse des Geistes, an etwas festzuhalten, wahrnimmt und sogleich loslässt. Ohne uns über unsere Anhaftung zu ärgern, nehmen wir sie einfach wahr und lassen sie sich selbst befreien. Weil Anhaften das Einzige ist, was wir aufgeben müssen, wird immer wieder so eindringlich vom völligen Entspannen des Geistes gesprochen.

Bei einer Sicht wie der des Mahāmudrā, in der wir keinen Unterschied mehr zwischen guten und schlechten Gedanken machen, sondern gleichermaßen alle Erscheinungen sich in ihrer wahren Natur auflösen lassen, besteht eine Gefahr: Wir mögen uns für einen großen Yogi halten und denken, dass wir mit dieser Sicht, die so weit wie der Himmel ist, nicht mehr auf die kleinen Details des Lebens und unserer Handlungen achten müssten. Diese irrige Sicht wurzelt in einem Stolz, der so riesig ist wie ein Berg. Zu denken, alles sei seiner Natur nach Leerheit und es sei von daher nicht mehr nötig, schädliche Handlungen zu unterlassen und heilsame auszuführen, führt zu arrogantem, rücksichtslosem Verhalten. Der »große Yogi« verstrickt sich so immer mehr in weltliches Denken und Handeln, wodurch seine störenden Emotionen zunehmen und er sich immer weiter vom Erwachen entfernt.

Um nicht diesem Irrtum zu verfallen, pflegen wir das makellose Verhalten eines Bodhisattvas und prüfen stets, ob Körper, Rede und Geist in Übereinstimmung mit den Lehren Buddhas sind. Auch bei einer sehr weiten Sicht wie der des Mahāmudrā, die so umfassend wie das All ist, sind wir in unserem Handeln sehr feinfühlig und genau.

Sobald wir eine korrekte Sicht entwickelt haben und sie auch tatsächlich in der Praxis anwenden, können wir die letztendliche Wirklichkeit in uns selbst erkennen, ohne große Anstrengungen dafür zu unternehmen. Die Erkenntnis der Natur unseres Geistes ist das Einzige, was wir wirklich brauchen, denn sie vermag uns von allem zu befreien und wird auch alle im ganzen Universum befreien.

Alle Erscheinungen der äußeren Welt sind nur die Manifestationen der Strahlkraft des eigenen Geistes und haben letztlich keinerlei Wirklichkeit. Wenn wir den Geist im Erkennen ruhen lassen, dass alles, was er erlebt, seine eigene Projektion ist, hört die Trennung zwischen Subjekt und Objekt auf. Es gibt niemanden mehr, der nach etwas greift, und nichts, das ergriffen wird – Subjekt und Objekt werden als unwirklich erkannt. Um dies zu erfahren, belassen wir den Geist in seinem gewöhnlichen Bewusstsein, dem augenblicklichen Gewahrsein, welches die tiefe, unveränderliche Natur des Geistes selbst ist, auch »ursprüngliches Gewahrsein« genannt. Dies ist die natürliche, spontane Einsicht, die entsteht, wenn wir direkt und in jedem Augenblick die wahre Natur des Geistes betrachten.

> *Beim Sehen der Natur des Geistes*
> *ist nichts zu »sehen«, denn sie ist kein Gegenstand*
> *der Wahrnehmung. Man sieht sie, ohne etwas zu sehen.*
> *Man kennt sie, ohne etwas zu erkennen.*

Der Geist erkennt sich selbst auf spontane Weise jenseits aller Dualität. Der Weg dorthin ist das Gewahrsein des Augenblicks, frei von jeglicher Beeinflussung. Es ist ein Irrtum zu denken, die letztendliche Wahrheit sei schwer zu erkennen. Die Meditation auf die Natur des Geistes ist eigentlich sehr leicht, denn wir müssen uns nirgendwo hinbegeben, um diese Natur zu suchen. Es ist keine Arbeit zu leisten, um sie zu erzeugen, es kostet keine Mühe, sie zu finden. Es genügt, sich hinzusetzen, den Geist in sich selbst ruhen zu lassen und direkt auf denjenigen zu schauen, der denkt, es sei schwierig, die Natur des Geistes zu finden. In diesem Moment entdecken wir sie ganz direkt, denn sie ist ganz nah, immer erreichbar. Es ist absurd, sich zu sorgen, es könnte uns vielleicht nicht gelingen, die Natur des Geistes zu entdecken, denn sie ist bereits in uns gegenwärtig. Es genügt, in uns selbst hineinzuschauen. Wenn der Geist den Blick auf sich selbst richtet, findet er sich selbst und versteht, dass der Suchende und das Gesuchte nicht zweierlei sind. Im Moment können wir die Natur unseres Geistes nicht sehen, weil wir nicht wissen, *wie* wir schauen müssen. Es liegt nicht daran, dass wir die Fähigkeit dazu nicht besäßen, sondern nur daran, dass wir nicht auf die richtige Weise hinschauen.

Um fähig zu werden, den Geist in der beschriebenen Weise zu erkennen, arbeiten wir daran, tief zu entspannen und alles Wollen loszulassen, sodass sich der natürliche Geisteszustand zeigen kann. Diese Arbeit ist genau das Gegenteil von weltlicher Anstrengung, bei der wir nach konkreten Dingen streben und uns in einen Zustand der Anspannung versetzen. In der Dharmapraxis »strengen wir uns mühelos an.« Das bedeutet keineswegs, überhaupt nichts zu tun und einfach so zu bleiben, wie wir sind. Denn dann würden wir weiterhin dieselben, seit anfangsloser Zeit bestehenden Verhaltensmuster reproduzieren. Wir strengen uns an: beim Reinigen ichbezogener Tendenzen, beim Gewahrwerden unserer Beweggründe und auch beim Meditieren, sonst entsteht kein Gewahrsein, kein Erkennen. Doch die Anstrengung, von der hier die Rede ist, ist frei sein von Ehrgeiz und dem Wunsch, etwas erreichen zu wollen. Bewusst, aber entspannt, geben wir unserem Denken und Handeln eine heilsame Ausrichtung. Einfach nur den Wunsch zu haben, erwacht zu werden, reicht nicht aus. Aber wir streben auch nicht voller Anspannung und Ungeduld danach. Es geht in erster Linie um eine Änderung der Geisteshaltung, alles andere ergibt sich daraus wie von selbst.

Hoffnung und Furcht

Wenn wir die Bewegungen des Geistes – auch wenn sie sehr stark und lebhaft sind – unbekümmert und frei von Bewertung akzeptieren, wird sich größere Klarheit und Transparenz einstellen. Starke Gedanken und Gefühle zu haben ist eigentlich gut – vorausgesetzt, wir begegnen ihnen auf die richtige Weise. Fühlen wir uns unwohl, wenn Emotionen auftauchen, so haften wir ganz offensichtlich noch immer am Wunsch nach einem ruhigen Geist.

Aufgrund dieses Anhaftens unterliegen wir leicht der Versuchung, eine angenehme Meditation haben zu wollen, eine Meditation ohne Gedanken, Probleme und Störungen. Wir wünschen uns Ruhe und denken, wenn keine Gedanken mehr auftauchen, wird der Geist sich wohl fühlen. Sobald sich dieser Wunsch regt, können wir sicher sein, dass das Ichanhaften dominiert: Das persönliche Wohlergehen steht im Vordergrund. Diese Einstellung wird Hoffnung genannt, die Hoffnung, dass uns etwas Gutes widerfährt. Sie blockiert den Geist und hindert ihn daran, wirklich frei zu sein.

Trotz einer ichbezogenen Haltung kann Meditation zu einer gewissen, wenn auch sehr beschränkten Stabilität des Geistes führen. Man kann sogar meinen, »erwacht« zu sein, weil man einen Zustand frei von Störung durch lärmende Gedanken verwirklicht hat. Glücklich und selbstzufrieden richtet man sich darin ein und sagt sich: »Die anderen können warten, sie kümmern mich jetzt nicht. Hauptsache ist, dass ich endlich das lang ersehnte Glück erlangt habe.« So macht man es sich im Warmen bequem und döst wie ein Bär im Winterschlaf in gemütlicher Behaglichkeit dahin.

Wenn wir hingegen einfach loslassen, behindern wir die Kraft des Geistes nicht und die Gedanken können sich aus sich selbst heraus spontan befreien. Gedanken sind Geist, nichts anderes als Geist. Ob wir ruhig oder erregt sind, macht von daher keinen Unterschied. Wir trennen Gedanken und Geist nicht künstlich. Da jeder Gedanke, der im Geist erscheint, nichts anderes als der Geist selbst ist, brauchen wir uns nicht als Besitzer der Gedanken zu fühlen. Wir nehmen sie wahr, ohne uns selbst ins Spiel bringen zu wollen, und lassen sie unbekümmert los. Auf diese Weise entsteht keine Anspannung und wir schaffen keine Probleme. Wenn wir uns jedoch in die natürliche Bewegung des Geistes einmischen, wird alles sehr schwierig. Es ist dann so, als wollten wir den Geist vor seinen eigenen Gedanken schützen. Wir suchen nach einem Glück ohne Gedanken. Diese lassen sich aber nicht fortschicken, sondern tauchen immer wieder aufs Neue auf – und so wird alles sehr kompliziert und schmerzhaft. Wenn wir uns hingegen nicht auflehnen, das Kontrollierenwollen aufgeben und tief loslassen, gibt es keine Schwierigkeiten mehr. Auch leidvolle Erfahrungen sind dann kein Problem mehr.

Einen Körper zu besitzen ist zwangsläufig mit Leid verknüpft. Geburt ist Leid und hat weiteres Leid zur Folge: Alter, Krankheit und Tod. Unsere körperliche Existenz beinhaltet, dass wir in ununterbrochener Folge Sinneseindrücke erleben, wobei wir unwillkürlich zwischen angenehmen und unangenehmen Gefühlen unterscheiden und stets das Glück des Angenehmen suchen. Unter dem ständigen Einfluss der Sinnesempfindungen und Bewertungen haben wir ständig »Durst« nach Glück. Und diese Suche nach Angenehmem wird anhalten, solange wir zwischen angenehmen und unangenehmen Erfahrungen unterscheiden. Doch das durch die Sinne erfahrene Glück ist nie dauerhaft, es endet aufgrund unseres Anhaftens immer in Leid.

Im Grunde genommen ist es die Sehnsucht nach Glück, die zu Leid führt.

Je mehr wir uns nach Glück sehnen und danach suchen, desto angespannter ist unser Geist. Solange wir nach einem Ziel streben, nach bestimmten Erfahrungen oder nach dem Erwachen, die wir für getrennt von uns halten, kann unser Geist nicht glücklich und entspannt sein. Wir hängen an den Gedanken und Erfahrungen und versuchen, sie zu ändern, uns vor ihnen zu schützen oder irgendetwas Besonderes in ihnen zu finden. So finden wir keine Ruhe. Der Geist ist völlig rastlos und leidet unablässig. Darum lassen wir in der Meditation unseren Geist völlig frei und geben die Suche nach Glück und Wohlergehen auf. Wir versuchen nicht mehr, irgendetwas zu erreichen, und hoffen nicht darauf, dass uns etwas Gutes widerfährt – und auf diese Weise verspannt sich unser Geist nicht.

Starke Hoffnungen zu haben, ein Ziel erreichen zu wollen, nach Erfahrungen zu streben und den ersehnten Preis der Verwirklichung erlangen zu wollen schafft von Anfang bis Ende nichts als Probleme. Erwartungen, dass etwas Besonderes geschehen werde, führen zu großer Anspannung in Körper und Geist und dazu, dass tatsächlich etwas geschehen wird: Der freie Fluss der Energien wird blockiert werden und wir werden die Erfahrung von seltsamen Geisteszuständen machen, die wir dann für Meditation halten. Wir lassen uns von diesen Erfahrungen faszinieren, entwickeln Anhaftung an sie und hoffen auf mehr davon. Anhaften schafft Anspannung – und Anspannung erzeugt zwangsläufig Erfahrungen. Aber diese Erfahrungen sind nicht der Weg in die Freiheit, sondern nur die Quelle von noch mehr Anspannung.

Gefangen in Hoffnung und Furcht sorgen wir uns
so sehr darum, Verwirklichung zu erlangen,
dass wir sie gerade dadurch verhindern.

Wahre Meditation ist frei von Befürchtungen. Wenn wir uns fragen, ob wir imstande oder gut genug sind, Verwirklichung zu erreichen, so zeigt dies, dass wir die Erklärungen über die Natur des Geistes nicht verstanden haben. Geist ist *Dharmakāya*, der Wahrheitskörper. Wir denken einfach: »Mein Geist ist Dharmakāya, der Geist des Lamas ist Dharmakāya und zwischen dem Geist des Lamas und meinem Geist besteht kein Unterschied. Der Dharmakāya durchdringt alles. Es gibt also keinen Grund für Hoffnung oder Furcht, denn alles ist bereits da.« Wir brauchen uns nur zu entspannen und Vertrauen zu haben – großes Vertrauen in die Kraft des Segens der Drei Juwelen und des Lamas, Vertrauen, dass sich die Natur der Dinge in ihrer ganzen Einfachheit zeigen wird, wenn wir offen und entspannt sind.

Es ist leicht zu verstehen, dass wahre Meditation jenseits von Hoffnung und Furcht ist. Das darf nun aber nicht dazu führen, diese Regungen loswerden zu wollen und sich gegen sie aufzulehnen, denn dann würden wir wieder versuchen, etwas zu erreichen und etwas anderes zu vermeiden.

Gedanken als Freunde der Meditation

So manchen Praktizierenden geht es beim Meditieren nur um ihren persönlichen Frieden. Um diesen zu erlangen, versuchen sie, jegliche gedankliche Bewegung im Geist zu unterbinden. Sie glauben, dass Gedanken von »außen« kommen, und versuchen, diese Eindringlinge von »innen« her abzuwehren, d.h. von da, wo ihr Ichgefühl sitzt. Sie verhalten sich wie jemand, der glücklich und zufrieden in seinem Haus sitzt, draußen jemanden vorbeigehen sieht und plötzlich grundlos annimmt, diese Person sei gefährlich und wolle hereinkommen und stören. Um dies zu verhindern, springen sie eiligst auf und versuchen, alle Fenster und Türen zu verbarrikadieren. Die gleiche Einstellung findet sich bei Meditierenden: Sie halten Gedanken für eine Gefahr und kaum taucht eine Gedanke auf, wollen sie ihm den Zugang verwehren, ihn hinauswerfen und loswerden. Doch Meditation ist nicht der Versuch, keine Gedanken zu haben – es geht darum, nicht an den auftauchenden Gedanken zu haften.

Nach Ruhe, Frieden und Behaglichkeit zu streben ist keine wahre Meditation, sondern zeigt, dass wir Angst vor den Projektionen unseres eigenen Geistes haben. Unter dem Einfluss von Unwissenheit versuchen wir, uns von der Wirklichkeit abzuschotten und suchen nach Ruhe für das geliebte Ich. In der Meditation führt das zu Faulheit und Gleichgültigkeit, denn in diesem bewegungslosen Frieden gibt es keine Dringlichkeit, positive Handlungen auszuführen und negative zu vermeiden – man endet in einer Art Stumpfsinn und vergeudet seine Zeit. Wenn die ideale Meditation darin bestünde, einen Zustand frei von gedanklicher Bewegung zu erlangen, dann sollten wir uns z.B. vor einem Tisch verbeugen, denn der hat niemals irgendwelche Gedanken gehabt. Demnach wäre er ein perfekter Meditierer, der ständig in meditativer Versenkung verweilt. So ist es aber sicher nicht.

Das Ziel der Meditation ist nicht,
wie ein Tisch zu werden, sondern das Gewahrsein
eines Buddha, also völlige Präsenz, zu verwirklichen!

Angesichts der offensichtlichen Probleme, die für uns aus gedanklichen Verwicklungen entstehen, würden wir das Problem gerne kurzerhand beseitigen, indem wir alles Denken verbieten. Bei diesem ohnehin fast unmöglichen Unterfangen, Gedanken aus dem Geist zu verbannen, versucht ein Gedanke, alle anderen zu unterdrücken. Mit großer Anstrengung lässt sich tatsächlich solch eine Diktatur aufbauen, die alle Bewegungen verbietet und jeden Gedanken im Keim erstickt. Aber das kann für unsere geistige Gesundheit gefährlich werden und ist sicher nicht unser Ziel.

Es geht nicht darum, die einzelnen Gedanken zu unterbinden, sondern darum, keine Gedankenketten zu unterhalten. Wenn der Geist aufkommende Gedanken nicht als Aufforderung sieht, zu reagieren und weitere Gedanken an sie zu knüpfen, wird er sie als Bewegung seiner selbst erkennen. Sich selbst in der Bewegung erkennend, bleibt er gelöst und findet Ruhe.

Gedanken sind kein Problem,
nur das Haften an ihnen ist eins.

Wir weisen Gedanken nicht ab, sind aber wachsam gegenüber dem begrifflichen Denken, das sich fast automatisch als Folge einer Wahrnehmung einstellt. Laut Meister *Gampopa*, dem Hauptschüler von *Milarepa*, waren zu seiner Zeit viele Meditierende der Ansicht, Gedanken seien ein Makel. Deshalb unterdrückten sie jegliche geistige Bewegung und konzentrierten sich dabei so sehr, dass sie schließlich in einen Zustand ohne Bewusstsein verfielen, ähnlich dem einer Ohnmacht. Das ist eine falsche Art zu meditieren.

Es geht darum zu erkennen, dass alle Gedanken einfach Geist sind. Ihre wahre Natur ist identisch mit der Natur des Geistes. Ähnlich den Wogen des Ozeans, sind Gedanken die natürliche Bewegung des Geistes. Jede Welle hat ihre eigene Form und Größe, aber das Wasser der einzelnen Wellen ist das gleiche wie das des Ozeans selbst. Wir können die Wellen nicht vom Ozean trennen. Wenn wir dies dennoch tun und »Wellen« und »Ozean« wie auch »Gedanken« und »Geist« für getrennt voneinander halten, dann fallen wir in ein gedankliches Unterscheiden, das nicht der Wirklichkeit entspricht.

Als Meditierende schauen wir direkt in die erscheinenden Gedanken hinein. Wir sehen dann, dass sie weder Farbe noch Form besitzen – nichts, was ihre Existenz bestätigen würde. Ihre wahre Natur erkennend, findet der Geist Zugang zur ursprünglichen Dimension: Leerheit ohne Grenzen, offen wie der Himmelsraum – und so spontan wie der Gedanke entstanden ist, so natürlich löst er sich auch wieder auf.

Wenn wir uns nicht von ihnen faszinieren lassen,
sondern sie direkt betrachten,
werden alle Gedanken zu einer Gelegenheit,
die schöpferische und zugleich
leere Natur des Geistes zu erkennen.

Gedanken lösen sich in diesem Erkennen auf wie Schneeflocken, die auf einen heißen Stein fallen. Meditierende mit solcher Verwirklichung sind in der Lage, den eigenen Geist im freien und unaufhörlichen Spiel der auftauchenden und vergehenden Erscheinungen ruhen zu lassen.

Da das Erscheinen von Gedanken die Grundlage des Erkennens der höchsten Wirklichkeit ist, begegnen wir ihnen so dankbar wie unserem Lama. Wenn der Geist erst einmal stabil ist und sich vom Haften an Gedanken gelöst hat, dann ist es umso besser, je mehr Gedanken da sind. *Gampopa* sagte: »Wer die Gedanken schätzt, dessen Meditation wird nie an Hunger leiden. Je mehr Brennholz, desto größer das Feuer. Je mehr Gedanken, desto strahlender der Dharmakāya!«

Zu glauben, wir könnten die Natur des Geistes sehen, während wir zugleich das Erscheinen von Gedanken verbieten, ist so absurd wie die Hoffnung, die Sonne zu sehen und weiter im Dunkeln einer Höhle zu verharren.

Gedanken ungehindert erscheinen und natürlich wieder gehen zu lassen ist der Schlüssel zum »Nichtdenken«, von dem in den traditionellen Unterweisungen die Rede ist. Freisein von Denken bedeutet, dass die Gedanken keine Reaktionen auslösen.

> *Nichtdenken ist ein freier, natürlich gewahrer*
> *Geisteszustand, in dem Gedanken erscheinen,*
> *ohne dass wir an ihnen haften,*
> *so dass kein »Denken«, kein Gedankenprozess*
> *im üblichen Sinne des Wortes, entsteht.*

Gedanken tauchen weiterhin auf, werden aber nicht als störende Eindringlinge betrachtet. Sie lösen keine Wellen von Hoffnung und Furcht aus, kein Nachdenken über Vergangenheit, Gegenwart oder Zukunft. Die kommenden und gehenden Gedanken sind in ihrem wahren Wesen das Spiel letztendlicher Wahrheit, illusorische Erscheinungen in der Offenheit des Raumes. Sich dessen gewahr zu sein befreit vom Anhaften.

Wir könnten fragen: »Wer ist es, der die Unwirklichkeit der Gedanken erkennt? Es muss doch jemanden geben, der so denkt und diese Entdeckung macht!« Doch wenn wir denjenigen betrachten, der die Natur des Gedankens erkennt, werden wir wiederum weder Form noch Farbe usw. entdecken. Dadurch werden wir in der Lage sein zu sehen, dass da kein Ich oder Subjekt ist, das dies erkennt.

Gedanken sind wie der Lama,
denn sie zeigen uns die Wirklichkeit.

Deshalb betrachten wir unsere Gedanken als Freunde. Sie manifestieren sich, obwohl sie in der Essenz leer sind, und weisen so auf die sich in großer Vielfalt manifestierende und zugleich leere Natur des Geistes hin. Dieser »leere« Geist ist schöpferisch und voller Qualitäten. Und seine Qualitäten sind nicht verschieden von der essentiellen Leerheit. Die Leerheit ist die zugrunde liegende Dimension, deren spontane Kreativität sich als Gedanken manifestiert. Dabei sind die Gedanken nicht verschieden von der letztendlichen Natur des Geistes. Es gibt nicht einerseits die »reine und vollkommene«, leere Natur des Geistes und andererseits die »unreinen und störenden« Gedanken. Und auch bei den Gedanken gibt es hinsichtlich ihrer fundamentalen Natur keine, die reiner wären als andere. Wir brauchen sie nicht in gute und schlechte zu sortieren, um dann nur jene zu behalten, die rein und perfekt sind. Das wäre ein Haften an der Vorstellung einer konkreten Wirklichkeit von Gedanken.

Wenn wir hinschauen, sehen wir, dass alle Gedanken dieselbe leere Natur besitzen und daher von »Einem Geschmack« (*Ro-tschig*) sind. Sie sind alle gleichermaßen die sich offenbarende Kreativität ein und desselben leeren Geistes. Es ist nichts weiter nötig, als sie direkt anzuschauen. Indem wir ihre wahre Natur erkennen, ist der Geist befreit. Das wird das »gleichzeitige Entstehen und Sichbefreien« der Gedanken genannt.

Und Gendün Rinpotsche fährt fort[18]:

---

18 Gendün Rinpotsche sprach häufig in nahezu poetischer Form. Auch diese Passage gehört zu diesen spontanen »Vajra-Liedern«.

Im Strom der Meditation
bleibt mit der Zeit kein Unterschied mehr
zwischen Bewusstsein und jemandem, der bewusst ist.
Denker und Gedanken sind gleichermaßen
das Spiel des Geistes.

Die Unterteilung in Beobachter und Beobachtetes,
in Subjekt und Objekt, fällt weg.
Handelnder und Handlung unterscheiden sich nicht mehr –
alles findet in der Weite des Gewahrseins statt.

Geist ist seiner selbst gewahr
und ruht im natürlichen Zustand,
ohne Beobachter und etwas, das beobachtet wird.
Das ist Nichtbeobachtung: natürliches Bewusstsein.

Der Geist nimmt wahr,
aber zugleich ist kein Subjekt mehr vorhanden.
Das ist wahres Bewusstwerden –
vollkommene, bleibende Gewissheit.

Gendün Rinpotsche

Ratschläge zum Umgang mit Meditationserfahrungen

Auf dem Weg der Meditation – insbesondere, wenn wir intensiv praktizieren – begegnen wir einer Vielfalt von Erfahrungen. Ihren unterschiedlichen Neigungen und Fähigkeiten entsprechend machen die Praktizierenden unterschiedliche Meditationserfahrungen. Doch welcher Art oder Intensität die Erfahrungen auch sein mögen, ihnen allen ist gemeinsam, dass sie im Geistesraum des ursprünglichen Gewahrseins erscheinen. Erfahrungen sind immer Geist und besitzen keine von ihm getrennte Wirklichkeit.

Erfahrungen sind notwendig für das Hervorbringen von Verwirklichung. Manchmal mögen wir recht bizarre, merkwürdige Meditationserfahrungen machen. Das bedeutet einfach, dass aus der Tiefe unseres Bewusstseins Unreinheiten an die Oberfläche kommen. Wir müssen sie erfahren, damit wir uns von ihnen befreien können. Wenn wir uns nicht von ihnen in den Bann ziehen lassen, sie weder fasziniert festhalten noch sie verängstigt abweisen, dann erscheinen sie einfach und lösen sich wieder auf. Das befreit uns von Schleiern, derer wir zuvor nicht einmal gewahr waren. Mit dem Entstehen und Vergehen dieser Erfahrungen lösen sich auch die Schleier auf.

Meditationserfahrungen machen Schleier sichtbar,
die wir auflösen müssen, um die dem Geist innewohnende
Reinheit zu verwirklichen.

Es gibt viele Arten solcher Erfahrungen. Manchmal entsteht der Eindruck, viel mehr Gedanken zu haben als zuvor, besonders, wenn wir gerade erst zu meditieren beginnen. Aber dieser Eindruck täuscht: Durch die Meditation haben wir lediglich eine klarere und wachere Bewusstheit entwickelt und nehmen die Bewegungen im Geist genauer wahr. Wenn wir nicht meditieren, ist der Geist für gewöhnlich wie benebelt und ist sich des ununterbrochenen Stromes von Gedanken nicht bewusst. Deshalb ist der Eindruck, beim Meditieren viele Gedanken zu haben, kein Fehler, sondern ein gutes Zeichen.

Manchmal fühlt man sich himmelhoch jauchzend und hält sich für einen großen Yogi, der alles meistert, als wäre man der Buddha selbst. Man meint, alles unter Kontrolle zu haben, alles scheint so leicht und vortrefflich. Zu anderen Zeiten mag man den Eindruck haben, dass man nicht einmal mehr weiß, wie man richtig meditiert. Je mehr man es versucht, desto weniger scheint dabei herauszukommen und große Verwirrung stellt sich ein. Was man auch anstellt, alles bringt nur Leid und negative Gefühle. Niedergeschlagen glaubt man, niemand sei unglücklicher als man selbst. Es ist, als wäre man in den tiefsten Tiefen von Saṃsāra versunken, wohin nicht der geringste Hoffnungsschimmer dringt. Man hat nicht einmal mehr den Wunsch zu meditieren, alles ist wie zerstört.

Oder man hat ein Gefühl von Leere und fragt sich, ob man überhaupt noch meditiert. Man weiß nichts, denkt an nichts, hat keine Anhaltspunkte mehr und sagt sich dann: »Jetzt praktiziere ich schon so lange, doch ohne Ergebnis, nichts hat sich geändert.« Man wird widerwillig und mutlos und denkt: »Praktizieren hat überhaupt keinen Sinn, alles läuft verkehrt.« Und je mehr man über sich, die Praxis und den Lama nachdenkt, desto mehr ärgert man sich.

Zu anderen Zeiten ist man voller Inspiration, fühlt sich sehr glücklich mit der Praxis, nichts scheint einem wundervoller zu sein, als den Dharma zu praktizieren. Man fühlt starke Hingabe zum Lama und sagt sich: »Ich will keine Zeit mehr verlieren und nur noch praktizieren. Ich habe mich jetzt wirklich fest entschlossen, den Dharma und nichts als den Dharma zu praktizieren, jawohl!« Der Lama ist so großartig und mitfühlend und die Praxis scheint einem so wunderbar, dass man sein ganzes Leben nur damit verbringen möchte.

Oder man führt Selbstgespräche wie: »Ich will ein großer Meister, eine große Meisterin werden, ein Lama mit einer bedeutenden Aktivität«, und dann: »Oh nein, ich sollte einfach in strikter Abgeschiedenheit meditieren, niemanden mehr sehen, am besten in einer dunklen Höhle leben«, und wieder ein andermal: »Nein, dies ist wirklich nichts, ich werde lieber heiraten und ein großes Unternehmen aufziehen.« Manchmal stellt man sich vor, wie man als Lehrperson anderen den Dharma erklärt und welche Anerkennung einem für die Praxis zuteil wird. Und dann wieder rügt man sich: »Es ist völlig verrückt, so zu denken, das ist nur dein ungeheurer Stolz!«

Alle kennen wohl solche Überlegungen und inneren Debatten und wissen, wie man darunter leiden kann. Sie gehören zu den normalen Erfahrungen, die alle machen. Solche Gedanken und Stimmungen erscheinen spontan, ohne dass wir sie verhindern könnten, und wenn wir ihnen keine Wichtigkeit beimessen und sie lassen, wie sie sind, lösen sie sich auch von selbst wieder auf. Das Auftauchen solcher Erfahrungen ist notwendig und natürlich, doch sämtliche Erfahrungen sind flüchtiger Natur.

Erfahrungen sind nicht das Ziel der Praxis.
Das Einzige, was bleiben sollte, ist natürliches Gewahrsein.

Das Auftauchen von Erfahrungen in der Meditation ist das natürliche Ergebnis von Praxis – genauso natürlich, wie es ist, dass auf einer Sommerwiese viele Blumen blühen. Dies zu verstehen, hilft uns, Erfahrungen nicht wichtig zu nehmen. Aber wir müssen noch einen Schritt weiter gehen und in die Erfahrungen selbst hineinschauen. Dann erkennen wir, dass es sie gar nicht wirklich gibt. Sie sind nichts als leere Projektionen des Geistes. Auch das Anhaften an diesen Erfahrungen ist eine Projektion und das Bemerken dieser Anhaftung ebenfalls. Alles hat dieselbe Grundeigenschaft, nichts anderes als Ausdruck des Geistes zu sein. Deshalb halten wir »düstere« Erfahrungen weder für schlecht und unterdrücken sie, noch halten wir »lichte« Erfahrungen für gut und pflegen sie. Wir verweilen einfach in dem Gewahrsein, dass alles eine Projektion des Geistes ist.

Man sagt, Erfahrungen in der Meditation seien wie der Morgennebel, der einen Berg verhüllt. Wenn sich der Nebel auflöst, macht er dem Licht der Sonne und der Pracht des Berges Platz. In derselben Weise lassen Meditationserfahrungen, wenn sie sich auflösen, eine stabile und feste Verwirklichung entstehen. Wir erlauben dem Geist seinen dynamischen Ausdruck, ohne die Bewegung der Gedanken und das Auftauchen irgendwelcher Erfahrungen im Geringsten zu behindern.

Welche Gedanken oder Erfahrungen
auch immer im Geist auftauchen –
wir fahren einfach mit der Praxis fort.

Angenehme Erfahrungen sind kein Zeichen für »gute Meditation« und wir versuchen nicht, sie zu verlängern oder wieder zu erleben. Denn dann wühlen Faszination, Stolz und Hoffnung den Geist unnötig auf und lassen uns die Stabilität verlieren. Auch denken wir nicht, unangenehme Erfahrungen seien das Ergebnis einer »schlechten Meditation« oder wir hätten zu viele Gedanken, um Fortschritte zu machen, denn damit geraten wir in die Fänge von Angst und Sorge. Positive wie negative Bewertungen haben zur Folge, dass wir zu Gefangenen unserer Erfahrungen und diese somit zu Hindernissen werden. Deshalb meditieren wir frei von Hoffnung und Furcht völlig unbesorgt. Dafür genügt es zu erkennen, dass alle Geisteszustände Geist sind. Ruhe ist Geist und Bewegung ist ebenfalls Geist. Es ist falsch, einen ruhigen Geist mit »gut« zu bewerten und einen aufgewühlten Geist für »schlecht« zu halten. Wenn wir dennoch wieder so denken, sollten wir direkt den Gedanken »gut« oder »schlecht« anschauen. Dadurch werden wir erkennen, dass diese Vorstellung nur eine Projektion des Geistes ist.

Wir können auch direkt denjenigen anschauen, der die Erfahrung kommentiert, und versuchen, den Denker zu finden. Das Erkennen, dass es da niemanden gibt, befreit zugleich vom Denker *und* vom Gedanken. Dies ist der Augenblick der Verwirklichung.

Denjenigen direkt anzuschauen, der hofft, ein angenehmes Gefühl möge andauern, oder der befürchtet, seine Meditation sei nicht richtig, ist das Gegenmittel für Hoffnung und Furcht. Wer ist dieser Jemand, der denkt, die Meditation sei gut oder schlecht? Hat er eine Form, befindet er sich an einem bestimmten Ort, besitzt er eine Farbe oder Substanz? Was ist seine wahre Natur? Wir versuchen etwas zu finden, das wir als den Denker definieren könnten. Wir suchen überall und sehen doch nichts. In diesem Nichtsehen von irgendetwas – einem Sehen, ohne zu sehen – verweilen wir dann. So arbeiten wir mit allem, was im Geist erscheint. Wir werden erkennen, dass Bewertungen wie auch der bewertende Geist keinerlei Eigennatur besitzen. So »sehen« wir die Natur des Geistes. Dieses nichtsehende Sehen ist Ausdruck der von Natur aus leeren Strahlkraft des Geistes, der wissenden Qualität, durch die der Geist seiner selbst gewahr ist. Unzerstreut hierin zu verweilen ist höchste Weisheit.

Mit zunehmendem Verständnis werden die Erfahrungen unsere Meditation nicht mehr beeinflussen, denn wir verirren uns weder in Anhaften noch in Ablehnung, sondern öffnen uns der Sphäre der Nichtzweiheit von meditierendem Geist und Meditation. Meditation bedarf dann keiner Anstrengung mehr, es gibt nichts zu tun oder zu erreichen. Wenn uns jemals der Mut verlässt, erinnern wir uns hieran und zweifeln nie an unserer Fähigkeit, *nichts* zu tun!

Zusätzlich zum Loslassen von Hoffnung und Furcht in Bezug auf uns selbst machen wir uns von allen Erwartungen und Befürchtungen frei, die aus dem sich Vergleichen mit anderen Praktizierenden herrühren, beispielsweise zu hoffen, unsere Praxis sei besser als ihre, oder zu befürchten, sie sei schlechter. Alle aufgrund von Erwartungen und Befürchtungen entstehenden Emotionen führen zu Störungen der Meditation. Statt eifersüchtig zu werden, freuen wir uns, wenn wir sehen, dass andere den Dharma gut und sogar besser praktizieren als wir. Wir können sie uns als Vorbild nehmen. Das wird unsere Eifersucht auflösen und uns anregen, den Dharma wirklich zu üben.

Auf dem Weg zu tiefer Sammlung geht es, wie wir bereits gesehen haben, nicht darum, spezielle Geisteszustände zu erzeugen und auf der Suche nach Erfahrungen von Klarheit und Freude die Bewegungen des Geistes zu unterbinden. Das ist ein häufiger Fehler in der Meditation. Solche Praktizierende versuchen, die Bewegungen des Geistes einzuschränken, indem sie sich mehr und mehr konzentrieren, bis ihre Energien wie geknebelt in der Herzgegend festsitzen. Auch ihre Körperhaltung spiegelt dies wider: Es ist, als würden sie sich mit vorgezogenen Schultern, leicht gesenktem Kopf und eingezogenem Kinn um die Herzgegend herum zusammenkauern, um so einen Rahmen zu schaffen, in dem sie ihren Geist festhalten können. Das strengt natürlich sehr an. Sie verwechseln meditative Stabilität mit Abwesenheit von Gedanken und sehnen sich nach einem gedankenfreien Geist. Doch ihr Versuch, den Fluss der Gedanken zu unterbinden, hat nur zur Folge, dass sich der Geist verkrampft. Natürlich haben sie dabei zunächst den Eindruck, ruhiger und stabiler zu sein. Doch diese Ruhe ist nicht echt, sondern voller Anspannung, denn sie müssen sich anstrengen, diesen Zustand aufrechtzuerhalten – und sobald diese Erfahrung vermeintlicher Ruhe nachlässt, verdoppeln sie ihre Anstrengungen, um sie wieder zu erzeugen.

Verkehrter Anstrengung in der Meditation liegen meist Ehrgeiz und starkes Wollen zugrunde. Dabei muten sich manche Praktizierende über lange Zeit anstrengende, steife Körperhaltungen zu, die große Spannungen bewirken und dazu führen, dass sich die subtilen Energien im oberen Teil des Körpers, besonders im oberen Teil des Kopfes und im Gesicht, konzentrieren. Dabei kann es sogar zu Kopfschmerzen kommen. Durch solche Anspannung ist die Natur des Geistes nicht zu verwirklichen. Unnatürliche, verkrampfte Meditation kann zu Schmerzen und Energieblockaden in Rücken, Bauch, Oberkörper und Nacken führen, so dass wir nicht mehr ruhig sitzen können und immer den einen oder anderen Teil des Körpers bewegen müssen, um ihn zu entlasten.

Eine andere Fehlhaltung ist der Versuch, Meditation zu erzeugen, indem man den Körper krampfhaft nach oben streckt und auch die Augen nach oben richtet, als wolle man alle Energien unter der Schädeldecke sammeln. Das kann sehr schmerzhaft werden. Man meint, Meditation wäre ein Zustand, in dem der Geist vollständig »weg« sei und meditiert steif wie ein Stück Holz, gefangen in der Suche nach einer mystischen Erfahrung.

Alle Meditierenden laufen Gefahr, Fehler in der Anwendung der Unterweisungen zu machen. Um sie möglichst zu vermeiden, sind wir uns bewusst, dass Körper und Geist mittels der subtilen Energien verbunden sind, die in den Energiebahnen des Körpers zirkulieren. Bewegungen des Geistes drücken sich in Bewegungen der subtilen Energien aus und verändern den Zustand der Energiekanäle des Körpers.

Wenn der Geist angespannt ist, verspannen sich auch die Kanäle im Körper – und umgekehrt hilft eine gute Körperhaltung, die Kanäle zu entspannen und die Energien frei fließen zu lassen. Deshalb ist es wichtig, einerseits einen offenen, flexiblen Geist zu haben – nichts festzuhalten, wegzustoßen oder zu erzwingen – und andererseits eine Körperhaltung einzunehmen, die solch eine Geisteshaltung fördert.

Dann können sich die Energiekanäle wie Blumen öffnen und die Energien fließen frei, was wiederum den Geist befreit. Wenn wir aber unseren Geist unter Druck setzen, bewegen sich auch die Energien nicht mehr frei und wir haben noch mehr Schwierigkeiten: Ärger, Dumpfheit oder Wildheit des Geistes kommen auf und verschiedenste körperliche oder geistige Probleme können entstehen. Unsere Meditation ist nicht mehr natürlich – der Geist kann seinen natürlichen Zustand nicht finden.

Manche Meditierende halten Meditation für einen behaglichen, etwas diffusen Geisteszustand, eine Art benebeltes Glücksgefühl, in dem keine störenden Gedanken mehr auftauchen und der Geist sich in einen wohligen Kokon der Ruhe und Stille hüllt. Sie halten den Kopf ein wenig nach vorn geneigt und es sieht aus, als wollten sie mit ihrem eingezogenen Kinn die Gedanken blockieren. Dies ist Ausdruck großer Anhaftung: Sie wollen sanft dahindösen.

Sobald weniger Gedanken auftauchen, entwickeln die meisten Meditierenden – ob bewusst oder unbewusst – den Wunsch, in dieser angenehmen Ruhe zu verweilen. Und genau aus diesem Grund sackt ihr Geist in Dumpfheit ab. Nach einiger Zeit werden sie sich aber der Dumpfheit bewusst und beginnen sich zu sorgen, was zu vermehrten Gedanken führt. Diese helfen zwar aus dem Zustand der Dumpfheit heraus, wühlen den Geist aber wieder auf. Das gleichen sie dann durch entsprechende Entspannung aus.

Erst allmählich, indem sie sich aus Hoffnung und Furcht lösen, finden sie in ausgewogene Meditation.

Dumpfheit entsteht, weil wir uns einen klaren, leuchtenden Geisteszustand erhoffen. Haben wir dies einmal verstanden, achten wir darauf, uns aus allem Hoffen und Wollen zu lösen. Durch Willenskraft lässt sich keine wirkliche Klarheit erlangen. Wenn wir jedoch entspannen, den Geist in seinem natürlichen Zustand belassen und seinen Qualitäten vertrauen, dann erscheint die Klarheit von selbst, denn sie ist eine der Grundeigenschaften des Geistes. Sie erzwingen zu wollen bringt nur Dumpfheit.

Wenn Dumpfheit im Geist auftaucht, betrachten wir sie genau wie alle anderen Erfahrungen als eine bloße Bewegung des Geistes, die nicht von seiner fundamentalen Natur getrennt ist. Wir lassen uns nicht von der Dumpfheit »einnebeln«, sondern schauen sozusagen durch sie hindurch, um den Raum klarer, offener Bewusstheit zu entdecken, den sie verdeckt. So können wir alles, was im Geist auftaucht, nutzen, um den Geist selbst zu sehen.

Manche Praktizierende meinen, genau zu wissen, was Leerheit ist. Sie sind so von deren Existenz überzeugt, dass sie die Leerheit gewissermaßen vor sich hinstellen: eine unendlich große, den ganzen, weiten Raum ausfüllende Projektion, als hätten sie eine riesige, leere Blase vor sich. Dann meditieren sie auf diese selbstgeschaffene Leerheit und sagen sich: »Ah, das ist die Leerheit, sie ist wunderbar, alles ist klar und leer!« Solche Gedanken haben nicht den geringsten Wert.

Die vermeintliche Leerheit ist ein bloßes Konzept. Doch sie wenden viel Energie auf, um diese künstliche Leere aufrecht zu erhalten, und das führt zu großer Anspannung. Das ist keine Meditation, sondern bloße Zerstreutheit und Ablenkung. So praktizieren die »Anhänger materialistischer Leerheit«.

Andere versuchen, mit aller Kraft Leerheit im Geist zu erzeugen, indem sie alles leugnen, was erscheint, und den Geist »leer machen«. Dies sind die »Anhänger nihilistischer Leerheit«, die versuchen, die Erscheinungen wegzudenken. Sie sagen sich: »Alles ist leer, es gibt nichts. Außen ist nichts, innen ist nichts. Auch ich, der ich erkläre, dass es nichts gibt, existiere nicht.« Sie verneinen jede Manifestation. Wenn sie so beim Meditieren angestrengt auch noch den letzten Gedanken verneint haben, meinen sie voller Freude, sie hätten die Leerheit gefunden und dies sei nun die Natur des Geistes. Doch das hat nichts mit Meditation zu tun, sondern es ist eine intellektuelle Spielerei ohne jegliche Einsicht.

Zu diesen Fehlern kommt es, wenn sich die Meditierenden aus mangelndem Vertrauen den Unterweisungen nicht wirklich öffnet. Sie suchen sich nur das heraus, was ihnen gefällt und basteln sich so ihre eigene Vorstellung von Meditation.

Da es an vertrauensvollem Loslassen mangelt, werden die Bemühungen vergeblich sein. Der Geist wird gehemmt, frustriert und sogar ärgerlich werden, bis es zu wirklichen Störungen oder Entladungen kommt, die großes Leid hervorrufen.

Gemeinsam sind den beschriebenen Fehlern die sie verursachenden fixen Vorstellungen, die dem Geist seine Freiheit und seinen natürlichen Ausdruck rauben. Alle Meditierenden müssen sich der Fehler, in die sie verfallen, bewusst werden. Nur wer seine Fehler klar erkennt, kann sich von ihnen befreien.

Solange es noch »Ich« und »meine Meditation« gibt,
ist die Meditation künstlich.
In wahrer Meditation löst sich der Denker
im Erkennen seiner eigenen Natur auf.

Wenn wir zum Beispiel denken: »Endlich ist der Geist ruhig und ich ruhe in mir selbst«, dann ruht der Geist schon nicht mehr in seinem natürlichen Zustand, sondern analysiert und unterscheidet. Auch der Gedanke: »Ah, jetzt habe ich verstanden, was Meditation ist«, ist nur ein Beweis, dass wir nichts verstanden haben, denn in wahrer Meditation gibt es keinen solchen Kommentar. Da gibt es kein Subjekt und Objekt, keinen Meditierenden und keinen Beobachter. Gewahrsein erkennt sich selbst als leer, ohne Grenzen, ohne Zentrum. Der Geist ruht in Offenheit, Leerheit und Selbsterkennen. Wahre Meditation ist Nichtmeditation. Da gibt es kein »Ich weiß« und auch keine Meditation. Um nicht in die Fehler künstlicher Meditation zu verfallen, hören wir als erstes wirklich hin, wenn uns die Meditation erklärt wird.

Der wahre Sinn der Unterweisungen eröffnet sich uns,
wenn wir der Bedeutung hinter den Worten lauschen
und uns für ihren tieferen Sinn öffnen.

Es geht vor allem darum, den Geist sich öffnen und lockern zu lassen. Doch hier im Westen werden Kinder in der Schule sehr darin trainiert, exakt mit Wörtern umzugehen: Dieses Wort meint dieses und jenes Wort meint jenes. Sie lernen, genau zu unterscheiden und Begriffe nicht zu verwechseln. Und wenn sie nicht so gut mit Wörtern umgehen können, sind sie schlechte Schüler. Oft stehen sie unter Druck. Wenn sie den hohen Ansprüchen nicht genügen können, haben sie die Befürchtung, etwas stimme nicht mit ihnen. Von tibetischen Kindern hingegen wurde früher eigentlich nichts Besonderes verlangt. Sie waren einfach glücklich, denn es wurde kaum Druck auf sie ausgeübt. Wenn sie später Unterweisungen, z.B. in Mahāmudrā, erhielten, klebten sie nicht an den Worten, sondern ließen ihren Geist frei und offen. Die Worte halfen ihnen einfach, ihre Meditation ein wenig auszurichten. Sie setzten sich nicht unter Druck. Aber hier im Westen sind die meisten so sehr darin trainiert worden, alles fein säuberlich zu unterscheiden, dass sie nur die Wörter hören und an ihnen haften: »Dies muss *so* sein, denn es ist mit *diesen* Wörtern erklärt worden, es kann auf keinen Fall anders sein.« Auch in der Meditation haften sie dann so sehr an der vermeintlichen Wirklichkeit ihrer Erfahrungen, dass sie kaum noch offen sind für andere, weiterführende Sichtweisen.

Einfache Praktizierende wünschen sich vor allem einen harmonischen Geist, sie haben kein Interesse an besonderen Erfahrungen und Komplikationen. Aber hier im Westen scheint es viele zu geben, die innere Ausgeglichenheit als nicht ausreichend empfinden und stets etwas vermissen. Nur wenn besondere Erfahrungen auftauchen, meinen sie, wirklich zu meditieren. So manche haben, wie wir schon gesehen haben, eine große Vorliebe für »Leerheit« und versuchen, aus ihr eine mit den Händen greifbare Erfahrung zu machen. Doch darum geht es ganz und gar nicht.

Die Unterweisungen über Leerheit
sollten als Heilmittel gegen das Haften
an vermeintlicher Wirklichkeit verstanden werden –
und als nichts anderes.

Wenn jemand meint, die Welt bestehe wirklich und die Dinge würden beständig und wahrhaft existieren, dann versuchen wir, das zu korrigieren, indem wir erklären, dass die Dinge keine bleibende Existenz haben und »leer« sind. Aber der Hinweis auf die Leerheit ist nur ein Mittel gegen das Anhaften und sollte nicht zu neuem Haften führen. Leerheit als solche gibt es nicht. Wie das Haften an der Wirklichkeit der Welt ist auch das Haften an der Leerheit falsch. Letzteres ist sogar schädlicher, da es zu einem Nihilismus führt, der alle Unterschiede zwischen heilsamem und schädlichem Handeln verwischt. Man sagt sich: »Alles ist gleich, alles ist leer, kein Grund für Unterscheidungen.« Das ist eine gefährliche und extreme Einstellung, die zu einem großen Hindernis werden kann.

Das größte Hindernis auf dem Weg ist aber unser Mangel an Vertrauen gegenüber der Lehre und dem Lama. Wir brauchen ständig Bestätigungen, Versicherungen und ganze Abhandlungen über das Wie und Warum der Praxis. Viele Unterweisungen sind nötig, bis wir zu einem einfachen Vertrauen bezüglich der Natur des Geistes gelangen und sicher sind, dass der beschriebene Weg auch tatsächlich zur Verwirklichung führt. Bevor wir einen ersten Schritt tun, muss der Lama uns erst einmal überzeugen, dass unsere Arbeit auch mit unfehlbarer Sicherheit von Erfolg gekrönt sein wird, dass sich unsere »Investition« lohnt. Zweifel zwingen uns, ständig weitere Erklärungen und Bestätigungen zu suchen. Doch über komplizierte Erklärungen, Analysen und künstliche, berechnende Meditation ist Verwirklichung nicht zu erlangen.

Die Verwirklichung der Natur des Geistes
ist allein in der Einfachheit und im direkten Kontakt
des Geistes mit sich selbst zu finden.

Arbeiten wir also am Wesentlichen: am Vertrauen! Wenn wir die Anweisungen vertrauensvoll in allen Bereichen unseres Lebens anwenden, kommt der Geist immer mehr zur Ruhe, wodurch wir mehr und mehr die Richtigkeit des Dharma und der Ratschläge unseres Lamas entdecken werden. Je mehr unser Vertrauen und unsere Gewissheit zunehmen, desto mehr finden wir zur Einfachheit. Unser Denken wird weniger kompliziert. Solche vertrauensvolle Einfachheit findet sich nicht durch große Studien und Reflexionen.

Im Prozess der natürlichen Beruhigung des Geistes fällt allmählich alles Künstliche von uns ab. Wir lassen die Fragen hinter uns, ob die

Unterweisungen auch ausreichend seien, ob es nicht vielleicht doch noch tiefergehendere gäbe, welche Aspekte der Meditation wir mehr betonen sollten usw. Besitzen wir Vertrauen, finden all diese aus Zweifel geborenen Spekulationen keinen Nährboden mehr. Wir wenden die Unterweisungen so an, wie sie gegeben wurden, ohne sie verbessern zu wollen oder uns nur das auszusuchen, was uns am interessantesten oder leichtesten erscheint. Aufgrund unseres Vertrauens werden wir ganz natürlich in die Meditation finden, ohne ihre Einfachheit durch künstliche Anstrengungen zu verderben.

Wenn wir wirklich Zuflucht nehmen, werden wir diese einfachen Unterweisungen vertrauensvoll anwenden. Nehmen wir aber nicht aus der Tiefe unseres Herzens Zuflucht, wird es uns an Vertrauen mangeln und wir werden denken, dass man den Dharma verbessern müsse. Als Folge davon werden unsere persönlichen Vorlieben die Unterweisungen und speziell die Erläuterungen zur Natur des Geistes trüben, denn die subtilen Unterweisungen über den Geist sind für persönliche Interpretationen sehr anfällig und können leicht verfälscht werden. Bei mangelndem Vertrauen begegnen wir nicht wirklich der Lehre und dem Meister, sondern bleiben gefangen in persönlichen Anschauungen, ichbezogenen Bedürfnissen und dem Kampf für unsere Standpunkte. Da gibt es keine Entspannung, kein Loslassen, sondern im Gegenteil enorme Anspannung und Ermüdung. Der Geist ist von seinen eigenen Ideen fasziniert. Weil er sich nicht selbst anschaut, kann er seine Natur nicht verwirklichen und alle Bemühungen in der Meditation sind notgedrungen vergebens.

Der Schlüssel zur Verwirklichung von Mahāmudrā ist, sich dem Guru anzuvertrauen. Vertrauen und Hingabe ermöglichen es, die Unterweisungen offen und frei von Arroganz aufzunehmen und sie freudig anzuwenden. So wird sich Verwirklichung einstellen. Sie ist das Ergebnis des Segens des Lamas, der uns die Natur unseres Geistes zeigt, und unseres Vertrauens in seine Anweisungen sowie des Fleißes, mit dem wir meditieren.

Wenn Segen, Vertrauen und freudige Ausdauer zusammenkommen, sind wir auf dem direkten Weg zur Verwirklichung, dem alle Buddhas gefolgt sind.

Beeinflusst von persönlichen Vorlieben verwandelt sich der Weg hingegen in einen zeitraubenden »Pfad der Umwege«. Deshalb begegnen wir den Unterweisungen zur Meditation mit großem Respekt und wirklicher Offenheit, ohne uns anzumaßen, sie vorschnell aus einem nur intellektuellen Verständnis heraus zu kritisieren.

Ein Lama hilft uns zu erkennen, ob unsere Meditation fehlerhaft ist und Schleier unsere Sicht vernebeln. Sie macht uns auf Fehler aufmerksam und besteht darauf, dass wir auf die richtige Weise meditieren, auch wenn er sich damit unter Umständen nicht gerade beliebt macht. Sucht der Lama lediglich eine angenehme Beziehung zum Schüler, weil er Belastungen und Unannehmlichkeiten vermeiden möchte, wird dies dem Schüler nicht helfen, irgendwelche Fortschritte zu machen. Er wird immer stolzer werden, immer überzeugter, dass er richtig meditiert, und die wahren Qualitäten der Meditation können sich niemals entwickeln.

Wenn wir von unserem Lama kritisiert werden, denken wir vielleicht manchmal, der Lama solle lieber seine eigenen Fehler anschauen. Aber so werden wir nie verstehen, was er uns zu zeigen versucht, und können keine Fortschritte in der Meditation machen.

Lobt uns der Lama hingegen, denken wir vielleicht, einen wirklich tollen Lama zu haben, denn er erzählt uns genau das, was wir gerne hören. Aber so stellen sich keine Früchte ein, weil wir nie unsere Fehler sehen und uns daher nicht von ihnen befreien, beziehungsweise sie nicht in wahre Qualitäten umwandeln können. Deshalb müssen wir uns unbedingt einem qualifizierten Lama anvertrauen, der bereit ist, seinen Schülerinnen und Schülern ihre Fehler aufzuzeigen, ohne ablehnende Reaktionen zu fürchten. Dann wird sich unsere Praxis kontinuierlich entwickeln.

Wenn wir alle Besorgnis fallen lassen,
wird der Geist spontan Verwirklichung finden.

Der Geist wird sich aus sich selbst heraus erkennen – Klarheit erkennt ihr eigenes Wesen, ihre eigene Leerheit. Darüber hinaus gibt es nichts zu tun. Nur unsere Ängste, das Ziel verfehlen zu können, versperren den Weg. Durch Vertrauen wird sich unser Geist entspannen und sich selbst immer besser kennen lernen. Sein Suchen wird im Gewahrsein seiner ungehindert dynamischen Natur zur Ruhe kommen.

Der Geist ähnelt einem Spiegel, in dem sich ungehindert alles zeigt, was erscheint. Wie in einem Spiegel haben die in ihm auftauchenden Bilder keine greifbare Wirklichkeit und es können Wahrnehmungen von unbegrenzter Zahl auftauchen, ohne dass es je zu viele wären und ohne dass es je an Genauigkeit und Klarheit mangeln würde. Wie ein Spiegel hält der Geist nichts fest und bleibt immer offen für Neues. Dies ist die ungehinderte und zugleich unzerstreute Qualität des Geistes, die sich uns enthüllt, wenn wir mit Vertrauen praktizieren.

Wenn es uns an Vertrauen fehlt, den Geist einfach so zu lassen, wie er ist, aus Angst, er würde sich dann zerstreuen, lehnen wir im Grunde das Auftauchen von Gedanken und damit die natürliche Strahlkraft des Geistes ab. Wir wollen nur die Leerheit ohne ihre Dynamik und ihre Erscheinungen, den letztendlichen Aspekt ohne den relativen. Wir hätten gerne nur den Wahrheitskörper, ohne den Freuden- und Ausstrahlungskörper. Als Meditierende lernen wir, den Geist in seiner Gesamtheit anzunehmen, mit allen Qualitäten, die dem ursprünglichen Gewahrsein innewohnen: Leerheit, Strahlkraft und Manifestation – Wahrheitskörper, Freudenkörper und Ausstrahlungskörper. Wir können den Geist nicht auf einen seiner Aspekte reduzieren, sondern sind uns bewusst, dass alle drei Aspekte gleichzeitig gegenwärtig sind und niemals einer ohne die anderen erscheinen kann.

Geistige Ruhe und intuitive Einsicht

Mit fortschreitendem Üben der Meditation entwickeln wir eine immer größere Fähigkeit, in anstrengungslos gelöster Sammlung zu verweilen, unabhängig davon, was im Geist auftaucht: Meditation geschieht dann ganz von allein. Unser Geist tritt tiefer in die Erfahrungen geistiger Ruhe ein und nach und nach lösen sich unsere Schleier auf. Der Geist wird klarer und das Haften an Erfahrungen geringer. Wir lassen den Geist in tiefer Entspannung in seinem natürlichen Zustand ruhen, ohne ihm eine besondere Ausrichtung zu geben. Dadurch gelangen wir in immer entspanntere, freiere Geisteszustände.

Auf der ersten Stufe geistiger Ruhe werden wir zunächst des ständigen Spieles von Vorstellungen und Gedanken gewahr, die in steter Folge erscheinen und sich wieder auflösen. Sie rauschen vorbei wie ein Wasserfall. Unser Haften an Gedanken hat bereits abgenommen, doch der Geist ist noch nicht wirklich zur Ruhe gekommen. In diesem Stadium stellen sich die ersten meditativen Erfahrungen von Freude, Klarheit und Nichtdenken ein.

Mit dem Fortschreiten der Praxis werden auch die subtileren gedanklichen Bewegungen ausklingen, sie fließen vorbei wie ein langsamer Strom und verschwinden dann fast ganz. Wir gelangen dadurch zu einer Erfahrung von tiefer Ruhe. In dieser Stabilität, der zweiten Stufe geistiger Ruhe, in der es nur wenig gedankliche Bewegung gibt, kann der Geist sich bereits selbst erkennen.

Setzen wir in dieser Weise unsere Meditation fort, lösen sich allmählich alle gedanklichen Bewegungen auf und wir gelangen zu einer Sammlung des Geistes, die wirklich tiefe geistige Ruhe ist. Es entsteht auf natürliche Weise eine große Stille, in der selbst das ungehinderte Spiel der Gedanken aufhört. In dieser Stille verweilen wir unzerstreut, ohne etwas anderes zu suchen und ohne zu meditieren. Der Geist verweilt ohne jegliche gedankliche Bewegung – wie ein Ozean ohne Wellen in der strahlenden Mittagssonne. Er ruht, da er weder von Gedanken noch von einer Meditationsmethode abgelenkt wird, einfach in sich selbst und ist seiner selbst gewahr. In dieses Selbstgewahrsein kann man nur über Meditation hineinfinden.

Die zunehmende Entspannung mit den Erfahrungen von Klarheit, Freude und der Abwesenheit analytischer oder konzeptueller Prozesse erlauben dem Geist, seine wahren Qualitäten zu zeigen. Das ist geistige Ruhe, *Śāmatha* auf Sanskrit und *Schinä* auf Tibetisch. Damit meinen wir nicht die Form von Konzentration, bei der wir dem Geist vorgeben, unbewegt auf einem Objekt zu verweilen – das wäre nur eine erste Annäherung an geistige Ruhe. Hier geht es um eine tiefgründigere Herangehensweise an geistige Stabilität, die auf dem Erkennen der Natur des Geistes beruht. Der Geist erkennt sich in seinen Wahrnehmungen als in der Essenz leer und zugleich als kraftvoll und dynamisch – Weisheit erkennt sich selbst. So entsteht auf natürliche Weise tiefe meditative Versenkung, *Samadhi*. In Samadhi verweilen bezieht sich nicht auf mystische Konzentrationszustände, wie man vielleicht meinen mag, sondern bedeutet, den Geist tief in sich selbst ruhen zu lassen, in größter Offenheit, ohne den Projektionen zu folgen. Der Geist erkennt sich selbst in allen Erscheinungen, ohne Dualität zu erzeugen. Es gibt kein Subjekt mehr, welches die Wahrnehmung von Objekten projiziert. Der Geist lässt sich jenseits von Dualität auf natürliche Weise in sich selbst nieder. Das ist geistige Ruhe im tiefsten Sinne.

Der Geist ist nicht mehr von Gedanken fasziniert, sondern kontempliert seine wahre Natur. Er erzeugt nicht mehr absichtsvoll Gedanken, um die Freude des inneren Dialoges zu genießen. Das innere Gerede kommt zur Ruhe, ohne dass die hier und da spontan auftauchenden Gedanken zurückgewiesen würden – der Geist erkennt sich selbst in ihnen, seinen dynamischen, kreativen Aspekt und zugleich dessen leere Natur. So findet er auf natürliche Weise in ein stetes, waches Gewahrsein, ohne begriffliche Prozesse zu unterhalten.

*Wenn der Geist sich selbst erkennt,
entsteht tiefe Freude, da sich die Zwänge
des Anhaftens und Ablehnens auflösen.*

Der Geist entspannt sich, leidet nicht mehr und tritt in tiefe Glückseligkeit ein. Da sich das Haften an der Wirklichkeit der Erscheinungswelt auflöst, tauchen die Erfahrungen von Freude, Nichtdenken und völliger Klarheit der Wahrnehmung auf. Dies sind die drei Merkmale der Verwirklichung geistiger Ruhe.

Zunächst erscheint meist eine Erfahrung von Transparenz oder »Leerheit«: Wir haben den Eindruck, dass die Welt ihren festen Charakter verliert und ohne wirkliche Substanz ist. Ihre scheinbar stoffliche Wirklichkeit wird in dieser Stille als immer weniger dicht erfahren. Die Welt erscheint unwirklich wie ein Traum oder eine Illusion, leuchtend und transparent, ohne irgendwelche Festigkeit, und wir verstehen, dass sie die Schöpfung des Geistes ist. Diese Erfahrung entsteht ganz natürlich und wir lassen sie, ohne sie zu ergreifen, als einfache geistige Bewegung vorüberziehen.

Die transparente Stille des Nichtdenkens ist mit einer Erfahrung von Freude verbunden, da sich hierdurch eine unbegrenzte Weite auftut – der Geist ist völlig still und der Körper vollkommen entspannt. In Offenheit und tiefer Freude ruhen wir ganz natürlich. Wir erleben großes Wohlbefinden und Zufriedenheit und haben das Gefühl, dass Körper und Geist nicht getrennt sind. Das Wohlbefinden selbst wird als in sich leer, substanzlos wahrgenommen.

Gleichzeitig stellt sich eine Qualität ein, die wir Klarheit nennen. Damit ist die dynamische, lebendige Qualität des Geistes gemeint, eine helle, wache Bewusstheit, die äußerst klar, strahlend und präzise ist. Der Geist nimmt sich selbst und alle geistigen Bewegungen völlig ungetrübt wahr. Alles Neblige, Dumpfe und Schläfrige hat sich aufgelöst, es gibt nicht das geringste Anzeichen von Müdigkeit. Diese Erfahrung von präziser Bewusstheit ist mit einer Erfahrung von Offenheit oder weitem Raum verbunden. Alle Begrenzungen des Geistes scheinen wegzufallen. Es ist, als würde der Geist alles um uns herum beleben, wobei zugleich eine innere Wärme vorhanden ist, ein tief empfundenes Wohlwollen gepaart mit Freude. Dieser Zustand von Freude und Offenheit ist frei von jeder noch so subtilen gedanklichen Bewegung. Wir sind vollkommen ruhig und ein Gefühl stellt sich ein, als wäre der Körper nicht mehr vorhanden. Es gibt nur noch offenen Geist, der Glückseligkeit und Wärme erfährt. Bei sich weiter vertiefender Versenkung löst sich die Wahrnehmung des eigenen Körpers völlig auf und wir haben den Eindruck, so lange in Meditation verweilen zu können, wie wir wollen.

Bei diesem unzerstreuten Verweilen in den Erfahrungen von Freude, Klarheit und Nichtdenken erscheint kein Gedanke wie: »Ich verweile in Meditation.« Es bedarf keiner Anstrengung, um die Sammlung zu wahren, denn es ist keine künstliche Stabilität, so als hätte man einen Deckel auf den Geist gelegt, unter dem sich nichts bewegen darf. Im Gegenteil: Die alten Deckel springen auf und wir kommen aus unserer Enge heraus in einen weiten Raum, in dem nichts kontrolliert wird, sondern alles sich natürlich entfaltet.

Solange der Geist Gedanken erzeugt – selbst, wenn er sie frei von Anhaftung vorüberziehen lässt – ist dies noch nicht wirkliche geistige Ruhe. Davon sprechen wir erst, wenn der Geist frei von allen Vorstellungen natürlich in sich selbst zur Ruhe kommt, in einem stillen, gelassenen, klaren Gewahrsein, das sich selbst wahrnimmt. Dieses wache Selbstgewahrsein des Geistes ist der entscheidende Unterschied zwischen unfruchtbaren Meditationszuständen und wirklicher Meditation, denn in dieser wachen und gelösten Sammlung ist es dem Geist möglich, von bloßer geistiger Ruhe zur intuitiven Einsicht in seine wahre Natur hinüberzuwechseln.

Es ist wichtig, den Unterschied zwischen Erfahrung und Verwirklichung zu kennen. Freude, Klarheit und Nichtdenken sind nur Erfahrungen und noch keine Verwirklichung. Wir bleiben nicht an ihnen hängen und versuchen, sie weiter zu kultivieren, sondern sie alsbald hinter uns lassen, um Verwirklichung zu erlangen. Verwirklichung zeichnet sich dadurch aus, dass sie vollkommen frei von allem Anhaften ist und von jeder Beurteilung dessen, was wir gerade erleben.

Indem wir Erscheinungen im Moment ihres Auftauchens loslassen, befreien wir uns von den vielen Schichten unseres Anhaftens, welche die Freiheit des Geistes einschränken, so als würden wir zu enge Kleider ablegen. Der Geist läuft den Objekten, nach denen er vorher gegriffen hat, nicht mehr hinterher. Er kommt zur Ruhe und verweilt in Klarheit, dem Erkennen aller Phänomene als Geist – als nicht materiell und nicht greifbar.

Geist nimmt sich selbst so wahr, wie er ist:
kreativ und leuchtend, die Quelle aller Manifestation
und zugleich leer, ohne Substanz.

Die sich vertiefende Selbstwahrnehmung des Geistes führt zu weiter, umfassender Ruhe, der natürlichen Stabilität eines Geistes, der zu seiner eigenen Natur findet. Im Unterschied hierzu bewirkt die gewöhnliche Praxis von geistiger Ruhe, in der man z.B. auf den Atem meditiert, nur ein oberflächliches Beruhigen des Geistes. Wahre geistige Ruhe ist, wenn der Geist sein eigenes Wesen wahrnimmt.

Die zunehmende geistige Ruhe führt zum Entstehen von intuitiver Einsicht, *Vipaśyanā* auf Sanskrit und *Lhaktong* auf Tibetisch: Die Klarheit nimmt allmählich zu und es eröffnet sich eine Dimension, die nicht mehr Gegenstand des Denkens ist. Die Trennungslinie zwischen dem Meditierenden und seiner Meditation löst sich zunehmend auf, bis weder Meditierender noch Meditation übrig bleiben. Diese Erfahrung der Untrennbarkeit führt in die Nondualität. Unser klarer und transparenter werdendes Gewahrsein löst sich von den Erfahrungen und findet in einen gesammelten Zustand spontaner Nichtzweiheit, frei von jeglicher Trübung durch dualistische Muster. Hier taucht das ursprüngliche Gewahrsein der durchdringenden, intuitiven Einsicht auf. Es gibt keinen Wahrnehmenden und keine Erfahrungen mehr. Die Meditation vollzieht sich jenseits der Dualität. Das ist wahre Verwirklichung, jenseits aller Erfahrungen wie Freude, Klarheit und Nichtdenken.

> *Der Geist erkennt in nondualer Wahrnehmung seine eigene Natur, die zugleich auch die Natur der Erscheinungswelt ist.*

Der Geist sieht, ohne zu sehen. Es gibt keine Person mehr, die etwas weiß. Intuitive Einsicht bedeutet: Der Geist nimmt sich selbst wahr, ohne zwischen Seher und Gesehenem, Subjekt und Objekt zu trennen. Der Beobachter ist verschwunden. Bei dieser »Selbsterkenntnis« des Geistes gibt es nichts, das von irgendwem gesehen würde. Dieses erste Sehen des Nichtzusehenden ist Verwirklichung, das erste völlig klare Aufscheinen von Erkenntnis. Sie ist allerdings noch nicht vollständig – genauso wie wir von der schmalen Mondsichel kurz nach Neumond nicht sagen können, sie sei der Vollmond. Es ist unleugbar, dass man die Natur des Geistes gesehen hat, doch es braucht noch Zeit bis zur vollen Verwirklichung. Ähnlich wie der Mond, der fünfzehn Tage benötigt, bis er rund wird, durchläuft der Geist zehn Bodhisattva-Stufen, bis er voll und ganz erkennt, dass er schon immer der Buddhageist war.

In dieser Übergangsphase der sich entwickelnden Einsicht ist der Meditierende noch wie ein kleines Kind, das zwar dieselben Gliedmaßen besitzt wie ein Erwachsener, aber noch nicht in der Lage ist, eine große Aktivität zu entwickeln. Wir haben noch keine große Fähigkeit, unsere Einsicht tatsächlich anzuwenden, doch indem wir die Meditation weiterentwickeln, wird sich unser Handlungsvermögen vergrößern und wir werden die Verwirklichung der Natur des Geistes konkret zum Wohl der Wesen umsetzen können.

Durch fortgesetzte Meditation der intuitiven Einsicht reinigt und klärt sich unser Geist. Er reift heran und wir gelangen schließlich zu der direkten Einsicht, dass der spirituelle Meister, unser Wurzellama, wirklich ein Buddha ist. Es entsteht Gewissheit über die Buddhanatur, ein Vertrauen frei von allen Zweifeln oder Vorbehalten. Jetzt erkennen wir, dass die Natur des Buddha, die Natur des Lamas und die Natur des eigenen Geistes ein und dasselbe und vollkommen untrennbar sind. Dies ist das Zeichen, dass das ursprüngliche Gewahrsein der intuitiven Einsicht vollkommen hervorgebracht wurde.

Wir bemühen uns, den offenen Geisteszustand der Meditation im täglichen Leben zu bewahren und in alle Aktivitäten einfließen zu lassen. Dabei wird uns helfen, uns immer wieder die unwirkliche, illusorische Natur aller Erfahrungen klarzumachen. Die Welt erscheint zwar recht konkret, aber die Situationen haben nicht die feste Wirklichkeit, die wir ihnen für gewöhnlich zuschreiben. So wie in der Meditation lassen wir die Gedanken entstehen, ohne ihnen zu folgen. Sie sind wie das Spiegelbild des Mondes im Wasser: Sie erscheinen, besitzen aber keine Wirklichkeit.

Allmählich lernen wir so, die Ereignisse des täglichen Lebens zum Fortschreiten auf dem Weg zum Erwachen zu nutzen. Wenn wir Probleme haben oder jemand uns schaden will, betrachten wir diese Situationen oder Personen als Manifestationen unseres Lamas, die uns Geduld lehren. Alles Leid, das wir um uns herum sehen, gibt uns Gelegenheit, Mitgefühl zu entwickeln: Wir ignorieren oder weisen das Leid nicht zurück, sondern sehen es als eine Aufforderung an, die Qualitäten des Erwachens zu praktizieren und den Nutzen anderer zu bewirken. Wir vergessen unsere gewöhnliche Sicht der Welt, um unsere Aufmerksamkeit auf tiefere Schichten zu richten, die uns diese Welt als eine Welt voller Buddhas und Bodhisattvas wahrnehmen lassen:

E Ma Ho! Erstaunt nehmen wir wahr,
dass wir in einer reinen Welt leben!

Wir ahnten gar nicht, welche Fülle an Qualitäten unsere tägliche Umgebung in sich birgt. Für einen Yogi ist alles ein Wunder. Er erfreut sich der Dinge und staunt über alles. Schwierigkeiten haben wir nur, wenn wir in engen, festgefahrenen Vorstellungen leben. Wenn wir die Dinge fixieren, gibt es keinen Platz mehr für Bewegung, nicht einmal zum Atmen. Lösen wir uns jedoch von unseren festen Vorstellungen, kommt alles in Fluss und wird leicht. Nichts wird beurteilt und in Schubladen gesteckt – es gibt nichts, dem wir mit Ablehnen oder Anhaften begegnen. Alles ist offen, nichts ist wirklich ein Hindernis, alles wird voller Freude als Mittel zur Befreiung genutzt.

Weitere Erklärungen zu Mahāmudrā

Mit sich vertiefender Praxis von geistiger Ruhe und intuitiver Einsicht wird die Meditation zur Nichtmeditation: Der entspannte Geist nimmt alle gedanklichen Bewegungen als Ausdruck seiner selbst wahr und erkennt in ihnen die Leerheit und spontane Kreativität des Geistes. Unwissenheit löst sich so spontan und natürlich auf. Der direkte Blick des Geistes auf sich selbst durchtrennt das Anhaften des unwissenden Geistes an der Erscheinungswelt, die er bisher nicht als Projektion seiner selbst erkannt hat. Damit befreit er sich von den Tendenzen des Ergreifens und Ablehnens, des Besitzen- und Zerstörenwollens. Alles Karma löst sich natürlich und ohne Anstrengung auf, da wir erkennen, dass die Schleier der Unwissenheit keine Wirklichkeit besitzen.

Zu Beginn des Weges erscheinen uns die Schleier noch als etwas Wirkliches, dessen wir uns entledigen müssen. Je weiter wir fortschreiten und der Geist sich selbst erkennt, desto deutlicher nehmen wir wahr, dass die Schleier nur das Spiel des Geistes selbst sind und von derselben leeren und klar leuchtenden Natur wie alle anderen Erscheinungen. Im Nichthaften lösen sich die Schleier von selbst auf. Das ist die spontane Befreiung des Geistes durch *Mahāmudrā*, das Erkennen seiner wahren Natur.

Der Geist ruht in sich selbst und nimmt in völligem Gleichmut die Gleichwertigkeit aller Erscheinungen, den »Einen Geschmack« aller Phänomene wahr. Hieraus entsteht ein tiefes Glücksgefühl, tiefer als es alle Befriedigung durch äußere Dinge jemals sein könnte. Alle Anhaftungen lösen sich ganz natürlich auf, ohne dass wir sie bekämpfen müssten. Zu Anfang des Weges betrachteten wir Schleier und Emotionen als Probleme, die wir beseitigen wollten. Nun entdecken wir als Folge der sich vollziehenden Reinigung die wahre Natur des Geistes, die zugleich auch die Natur all dieser zeitweiligen Schleier ist.

Auch wenn uns diese Erklärungen einleuchten und überzeugen mögen, müssen wir uns hinsetzen und meditieren, bis aus unserer Überzeugung Verwirklichung wird. Verwirklichung lässt sich nicht beschreiben, denn beim Analysieren und Beschreiben befinden wir uns stets auf der Ebene der Dualität, bei der ein Subjekt ein Objekt betrachtet. Verwirklichung muss jeder persönlich erfahren. Sie bringt völlige Gewissheit mit sich. Wir meditieren, bis eine umfassende, grenzenlose Gewissheit entsteht, in welcher der Geist jenseits aller Zweifel weilt, ohne diese Erfahrung jedoch beschreiben zu können.

Erkennen wir die wahre Natur eines jeden Gedankens, werden wir das Auftauchen und Vergehen von Gedanken als das Spiel des *Dharmakāya*, der wahren Natur der Wirklichkeit erkennen. Diese unmittelbare Einsicht, die schnell und direkt zum vollkommenen Erwachen führt, trägt verschiedene Namen. Sie wird Großes Siegel *(Mahāmudrā)* genannt, Große Vollendung *(Maha-Ati)* oder auch Weg der Mitte *(Madhyamaka)*. Man spricht von dieser höchsten Dimension auch als der Vollendung der Weisheit *(Prajñāpāramitā)*. Diese verschiedenen Ausdrücke bezeichnen keine unterschiedlichen Dinge, sondern weisen auf ein und dieselbe Wirklichkeit hin, auf dasselbe vollkommene Erwachen. Als Wege tragen sie zwar verschiedene Namen, in der Essenz sind sie aber identisch und schließen einander nicht aus. Wir erzeugen deshalb keine künstlichen Unterschiede und haften an keinem dieser

Begriffe oder Wege, identifizieren uns nicht mit einem und lehnen die anderen ab.

Die Mahāmudrā-Praxis baut auf dem Basis-Mahāmudrā auf, folgt dem Weg-Mahāmudrā und führt zur Verwirklichung des Frucht-Mahāmudrā. Diese drei Aspekte – Basis, Weg und Frucht – sind untrennbar und Ausdruck einer einzigen, spontanen Wirklichkeit, in der es letztendlich keine solchen Unterscheidungen wie Basis und Frucht gibt. Mahāmudrā ist die Buddhaschaft selbst, die Verwirklichung des Wahrheitskörpers.

Manchmal wird von der *Basis* der Verwirklichung als *Mahāmudrā* gesprochen, das Große Siegel der Natur aller Erscheinungen. Damit ist der spontane, ungeborene Weisheitsraum gemeint, der seit anfangsloser Zeit als Buddhanatur allen Wesen innewohnt und sie durchdringt. Und eben weil diese Basis bereits in uns vorhanden ist, ist es überhaupt möglich, Verwirklichung zu erlangen.

Um zur Buddhaschaft zu gelangen, folgt unsere Praxis dem *Weg* des Freilegens dieser Buddhanatur. Dieser wird *Madhyamaka*, der Weg der Großen Mitte, genannt, weil er die völlige Integration der relativen und der letztendlichen Wirklichkeit darstellt, jenseits aller extremen Anschauungen wie Existenz und Nichtexistenz. Ohne einen solchen Weg des sich immer wieder und weiter Öffnens für die Buddhanatur würde das in uns liegende Potential der Buddhaschaft nie zur völligen Entfaltung kommen.

Dieser Weg führt zur *Frucht* der vollkommenen Verwirklichung der Buddhanatur, welche *Maha-Ati*, die Große Vollendung, genannt wird. Das ist die Erkenntnis, dass alle Phänomene des Universums unterschiedslos in ihrer eigenen, wahren Natur immer schon vollendet und perfekt waren, sind und sein werden, weil sie in ihrem Erscheinen nie von der letztendlichen Reinheit getrennt sind. Die Frucht ist also das volle Eintreten in die Gewahrseins-Dimension eines Buddha, die als Basis schon immer in uns vorhanden war. Von daher sind Basis, Weg und Frucht ein und dieselbe Wirklichkeit, auf die aus verschiedenen Blickwinkeln als Etappen der Verwirklichung hingewiesen wird.

Zu Anfang liegt die Buddhanatur noch
wie ein unentdeckter Schatz in uns,
auf dem Weg enthüllt sie sich allmählich
und als Frucht ist sie ununterbrochen manifest.

Mahāmudrā wird oft als ein Synonym für die Natur des Geistes gebraucht und von daher als die drei Körper *(kāyas)* des vollkommenen Erwachens erklärt: Dabei entspricht die Tatsache, dass alle Erscheinungen – äußere wie innere, belebte wie unbelebte – genauso wie unser eigener Geist nicht wirklich bestehen und ihrer Natur nach leer sind, dem Wahrheitskörper. Die Tatsache, dass die Leerheit, dieser leere Gewahrseinsraum, schöpferisch Erscheinungen hervorbringt, entspricht dem, was wir als Freudenkörper bezeichnen. Und die Tatsache, dass sich diese Erscheinungen unaufhörlich und in vielfältigster Gestalt manifestieren, bezeichnen wir als Ausstrahlungskörper.

Eine andere Erläuterung des *Mahāmudrā* folgt der Beschreibung von fünf Facetten des ursprünglichen Gewahrseins, die auch die »fünf Weisheiten« genannt werden. Aus nondualer Sicht sind alle Erscheinungen Ausdruck dieser fünf Weisheitsaspekte: Erscheinungen als leer zu erkennen und nicht für wirklich zu halten – das ist die Weisheit des *Dharmadhatu*, des unwandelbaren weiten Raumes aller Erscheinungsformen. Gewahr zu sein, dass die Erscheinungen zwar in der Essenz leer sind, sich aber dennoch spontan, klar und deutlich manifestieren – das ist die spiegelgleiche Weisheit. Gewahr zu sein, dass dieser Leerheits- und Klarheitsaspekt eine untrennbare Einheit bilden – das ist die Weisheit der Gleichheit. Gewahr zu sein, dass Leerheit und Klarheit dennoch nicht identisch, sondern durchaus unterscheidbare Aspekte der einen Wirklichkeit sind – das ist die unterscheidende

Weisheit. Gewahr zu sein, dass sich alle Erscheinungen völlig spontan und vollendet manifestieren, ohne erschaffen werden zu müssen – das ist die alles vollendende Weisheit. Diese fünf Weisheiten sind fünf Aspekte ein und desselben erwachten Gewahrseins. Wenn wir alle dualistischen Auffassungen loslassen, öffnet sich dieser Gewahrseinsraum des Mahāmudrā, in dem die verschiedenen Manifestationen der Erscheinungswelt untrennbar eins sind.

Durch Mahāmudrā-Meditation befreien wir uns von allen Mustern, die Schleier und Trübungen im Geist verursachen. Sobald der Geist von diesen Tendenzen befreit ist, kann er den *Dharmakāya*, seine ureigenste Natur, sehen. Den Dharmakāya oder die Buddhaschaft zu verwirklichen bedeutet, dass der Geist sich als das erkennt, was er ist. Wir sollten nicht meinen, dass wir dazu ein ganz anderer Mensch werden oder außerhalb nach etwas suchen müssten. Wir schauen nur nach innen auf den Geist. Es gibt außen auch nichts aufzugeben, denn es gibt kein äußeres Saṃsāra.

Das Saṃsāra, das wir aufgeben müssen,
sind die ichbezogenen Muster in unserem eigenen Geist,
die dualistische Sicht – ist dies getan,
ist das vollkommene Erwachen erreicht.

Um die dualistische Sicht aufzulösen, gibt es im *Vajrayāna*, dem diamantenen oder »unzerstörbaren« Fahrzeug buddhistischer Praxis, die Möglichkeit, auf einen *Jidam*, einen Buddha-Lichtkörper zu meditieren. Dabei sehen wir entweder uns selbst als die Lichtform eines solchen Buddha oder stellen sie uns im Raum vor uns vor. Durch diese Meditation vollzieht sich allmählich eine Umwandlung der Wahrnehmung von uns selbst wie auch der Welt.

Auf relativer Ebene besteht das, was wir als unser Selbst ansehen, aus den fünf Aggregaten (*Skandhas*): Form, Empfinden, Unterscheiden, Geistesfaktoren und Bewusstsein. Ihr Zusammenwirken macht die

Gesamtheit unserer körperlich-geistigen Erscheinung aus. Doch durch den Filter der dualistischen Sicht verkennen wir das wahre Wesen dieser fünf Aggregate. Um ihre wahre Natur zu erkennen, meditieren wir uns selbst als Buddha-Lichtkörper. Dadurch wandelt sich allmählich unser Erleben. Wir erfahren die Aggregate als Ausdruck der Einheit von Dynamik (Klarheit) und Leerheit des Geistes und erkennen in ihnen die eben beschriebenen fünf Facetten des ursprünglichen Gewahrseins. Sämtliche Erscheinungen, die als Ausdruck des unaufhörlichen Spiels wechselseitiger Bedingtheit entstehen, offenbaren sich uns als leere Projektionen des dynamischen Geistes.

Im Zustand der Unwissenheit glauben wir an die Wirklichkeit der Dinge, an das materielle Vorhandensein dessen, was unsere Sinne wahrnehmen. Unser Geist misst den fünf Aggregaten konkrete Wirklichkeit bei und identifiziert sich mit ihnen als »Ich«. Er nimmt weder den Leerheitsaspekt noch den dynamischen, klaren Aspekt der Erscheinungen wahr. An diesen starken Schleiern arbeiten wir mit Hilfe der Jidam-Praktiken: Sie lassen uns schrittweise erkennen, dass alle physische Manifestation – unser Körper, unsere Umwelt und alle Lebewesen – sowie das gesamte Spiel der Sinneseindrücke und des Bewusstseins in Wahrheit die Entfaltung der dynamischen Qualitäten der Natur des Geistes sind: klar erscheinend, doch zugleich leer. Wir entspannen uns in diesem Erkennen wie eine Welle, die sich in den Ozean hinein entspannt, weil sie erkennt, dass sie dieselbe Natur hat wie der Ozean.

Zum Umgang mit Emotionen in Meditation und Alltag

Zwischen Gedanken und Emotionen besteht kein grundsätzlicher Unterschied, beide sind nichts anderes als Bewegungen des Geistes. Emotionen sind Wellen eng aufeinanderfolgender Gedanken. Sie beginnen mit einem einzelnen Gedanken, dem wir große emotionale Bedeutung beimessen und an den wir weitere Gedanken knüpfen, bis diese schließlich alle unsere Überlegungen, Worte und Handlungen beeinflussen und den Geist quasi überfluten. Emotionale Verwicklung ist das Ergebnis von Unwissenheit: Der Geist, der sich selbst nicht erkennt, wird Opfer seines Anhaftens und lässt sich von Emotionen mitreißen. Unfähig, sich von ihnen zu befreien, kämpft er, um die Objekte, die ihn so aufregen, zu bekommen oder abzuwehren. Dabei erschöpft er sich völlig, während er eigentlich entspannt in sich selbst ruhen könnte. Er bräuchte die Emotionen lediglich im Gewahrsein ihrer wahren Natur loszulassen.

Um die wahre Natur der Emotionen zu erkennen, richten wir unseren Blick direkt im Moment ihres Auftauchens auf sie, genauso wie es bereits für Gedanken im Allgemeinen beschrieben wurde. Jedes Mal, wenn eine Emotion den Geist aufwühlt, schauen wir direkt in sie hinein und versuchen herauszufinden, ob sie eine Form, Farbe oder irgendein anderes Merkmal besitzt, das ihre konkrete Existenz bezeugen würde. Als Folge des wiederholten Hineinschauens erkennen wir, dass Emotionen in ihrer Essenz nicht fassbar sind. Sie haben keine konkrete Existenz, sondern sind eine flüchtige Erscheinung im Geist, ähnlich wie ein Traum.

Die Emotion ist kein »Etwas«, kein Ding – es ist nichts Konkretes zu finden. Das Gewahrwerden der Tatsache, dass nichts zu finden ist, führt zum direkten Erkennen der Natur einer jeden Emotion. Sie enthüllt sich als eine illusorische Erscheinung und wird als Ausdruck des unaufhörlich schöpferischen, ursprünglichen Gewahrseins erkannt. Obwohl diese Praxis des direkten Hineinschauens in die Emotionen zunächst nicht leicht ist, bemühen wir uns doch darum. Mit zunehmender Übung werden wir die fünf Geistesgifte – Unwissenheit, Begierde, Wut, Stolz und Eifersucht – in ihrer wahren Natur als die fünf erleuchteten Weisheiten, die fünf Facetten des ursprünglichen Gewahrseins erkennen.

So entwickelt sich in uns die reine Sicht der Erwachten: Die emotionalen Bewegungen werden frei von Anhaften und Ablehnen einfach als Bewegungen des Geistes wahrgenommen und nicht als »störende«

Emotionen. Wir erkennen, dass sie Ausdruck der natürlichen Dynamik der Weisheitsnatur des Geistes sind. Dadurch wird das Auftauchen einer Emotion zu einer Meditation der Natur des Geistes. Statt Verwirrung herrscht nun reines Gewahrsein. Unsere Sicht der Welt öffnet sich dadurch für ihre reine, wahre Dimension. Emotionen, Ereignisse, alle Erscheinungen, die sonst den Geist aufwühlen und trüben, werden nun zu Unterweisungen in der wahren Natur des Geistes. Das ist die höchste Form spiritueller Praxis.

Wir beginnen mit dem Blick nach innen,
sind achtsam, erkennen die Emotion,
ohne zu reagieren und lassen sie sich auflösen.

So wird sich die Erkenntnis der wahren Natur der Emotionen einstellen. Mit dieser Praxis fahren wir fort, bis wir erkennen, wie sich die Emotionen direkt im Moment ihres Entstehens auflösen. Das wird die »Selbstbefreiung« der Emotionen genannt. Sie vollzieht sich genauso wie die Selbstbefreiung der Gedanken.

Das direkte Schauen ins Innerste einer Emotion
enthüllt die dynamisch-kreative und zugleich
leere Natur des Geistes und verwandelt die Emotion
in eine Kraft der Befreiung.

Dadurch sind Emotionen kein Problem mehr und es ist dann sogar umso besser, je mehr Emotionen auftauchen. Mit zunehmender Übung wird es uns gelingen, bei jedem Reiz, jedem Gedanken und jeder Emotion spontan und mühelos im Gewahrsein der wahren Natur des Geistes und damit in innerer Ausgeglichenheit zu verweilen. Sämtliche im täglichen Leben auftauchenden Gedanken und Gefühle dienen dann als Gelegenheit, uns von karmischer Last und emotionalen Schleiern zu befreien – je mehr davon hochkommen, desto besser. Im Erkennen ihrer wahren Natur sind wir zugleich auch frei von allem Leid, das Emotionen sonst verursachen. Leid entsteht durch den Glauben an die Wirklichkeit unserer Erfahrungen. Wenn wir glauben, *wirklich* eine Emotion zu haben, dann leiden wir. Wenn wir die illusorische Natur der Emotion erkennen, befreien wir uns aus dem Leid, das durch unser Fürwirklichhalten und die Identifikation mit der Emotion entsteht.

Wenn sich das direkte Schauen in die Emotionen als zu schwierig erweist, kann uns folgende Betrachtung weiterhelfen: Unsere gegenwärtige Emotion und das mit ihr verbundene Leid ist die Folge früherer Handlungen und der dadurch erzeugten karmischen Kräfte. Es ist aussichtslos zu versuchen, das Leid wegzuschieben und ihm dadurch zu entkommen. Dieser Versuch verstärkt das Leid nur noch. Stattdessen nehmen wir unangenehme Situationen als das natürliche Reifwerden der Früchte unserer früheren Handlungen an und durchleben sie klar und bewusst. Das führt zur Gewissheit, dass das Auflösen des Ichanhaftens die einzige Methode ist, dem Leid ein Ende zu setzen. Wenn wir nicht mehr aus Ichanhaften handeln, erzeugen wir kein weiteres Karma mehr und haben von daher auch kein zusätzliches künftiges Leid mehr zu fürchten. Schwierige Situationen anzunehmen ist eine Quelle von tiefem Verständnis. Wir bemühen uns im Alltag genau wie beim Meditieren, nicht in Bewertungen von »richtig« und »falsch« stecken zu bleiben, denn solche ichbezogenen Sichtweisen lassen uns ständig in Konflikt mit anderen geraten. Wenn wir unsere festgefahrenen Anschauungen loslassen, werden wir andere nicht mehr manipulieren. Wir brauchen niemandem mehr unsere Meinung aufzuzwingen und beharren nicht mehr auf unseren Standpunkten. Unsere übliche dualistische Sicht von »Ich« und »anderen« ist Quelle des Leides für uns selbst wie für andere.

Haben wir einmal entdeckt, dass es kein Ich gibt,
das in Beziehung zu anderen genährt
oder verteidigt werden müsste,
sind alle Konfliktmöglichkeiten aufgehoben.

Die Wurzel aller Konflikte ist, dass alle glauben: »Ich habe Recht, ich weiß, wie es sein sollte, und bin sicher, dass die anderen Unrecht haben.« Alle Konflikte, ob zwischen einzelnen Menschen oder ganzen Nationen, wurzeln in dieser irrigen Sicht. Deshalb ist das Entwickeln von Toleranz ein wichtiger Teil der Dharmapraxis. Überall begegnen wir Menschen, die nicht unsere ethischen Anschauungen und unsere Sicht der Welt teilen, die anders denken und leben und von denen wir meinen, dass sie sich irren. Diese Annahme braucht in uns aber keinen Ärger auszulösen, kein Ablehnen oder Intoleranz, denn wir brauchen uns nicht für die Vertreter des Richtigen und Angemessenen in dieser Welt zu halten.

Wenn wir sehen, dass andere sich tatsächlich irren und nichtheilsame Handlungen ausführen, mit denen sie sich und anderen Leid zufügen, dann sollte dies in uns Mitgefühl und Kreativität auslösen, so dass wir intelligente Möglichkeiten finden, ihnen zu helfen. Wir können uns sagen: »Diese Person handelt, wie viele andere auch, unter dem Einfluss von Unwissenheit. Sie ist Gefangene ihrer Unwissenheit und Gewohnheitsmuster und verfügt deshalb über äußerst wenig Entscheidungsspielraum und Handlungsfreiheit.« Mit solch einer Sicht wird die Situation für uns zu einer Unterweisung über das leidvolle Wesen bedingter Existenz. Wir fragen uns, wie wir helfen können, und suchen nach Mitteln, dieser Person in ihrem Dilemma beizustehen. Auch wenn im Moment unsere tatsächlichen Möglichkeiten sehr begrenzt sein mögen, so nehmen wir uns fest vor, intensiv weiter zu praktizieren, um baldmöglichst fähig zu sein, echte Hilfe zu bringen. So kultivieren wir Toleranz, Liebe und Mitgefühl.

Wenn Dharmapraktizierende immer engstirniger und dogmatischer werden und von sich glauben, einer Elite anzugehören, welche die Weisheit gepachtet hat, dann ist ihre Praxis von Eifersucht und Stolz getrübt und hat nichts mehr mit wirklichem Dharma zu tun. Um diese schwerwiegende Verirrung zu korrigieren, müssen wir des eigenen Stolzes gewahr werden und Offenheit entwickeln. Jeden Tag und in jeder Situation bemühen wir uns um diese Offenheit und Geistesgegenwart. Das ist wahre Disziplin, durch die sich unsere Praxis Tag für Tag vertieft. Wenn wir unseren Stolz nicht bemerken, werden wir immer angespannter und anfälliger für ärgerliche Gefühle im Umgang mit anderen. Dieser Ärger kann sich sogar gegen den Lama und gegen die Dharmapraxis richten. Das ist die größte Gefahr für einen Praktizierenden.

Es gibt auch den Stolz derjenigen, die sich immer bescheiden geben und nett benehmen, die nie ein böses Wort sagen, niemals Streit haben, nie etwas Falsches tun und immer zu allen freundlich sind. Sie, die dem Anschein nach demütig und zurückhaltend sind, frei von allen negativen Gefühlen, haben oft großen Stolz. Er zeigt sich in Gedanken wie: »Oh, ich bin nicht stolz, aber die anderen sind stolz und glauben, dass sie immer Recht haben.« So halten sie viel Missgunst in sich verborgen. Dieser Stolz ist schlimmer als andere Formen, da er es nicht einmal zulässt, als Stolz erkannt zu werden.

Es gibt viele Arten von Stolz. Manche denken herablassend: »Mit Leuten von solch niedrigem Niveau verkehre ich doch nicht!« Und andere sagen: »Du hast Recht, in Ordnung, du bist der Beste, tue ruhig, was du willst!« und sind eigentlich zu stolz, um sich überhaupt mit anderen zu beschäftigen. Und wieder andere verhalten sich während der gemeinsamen Meditationen ausgesucht heilig und rein, so schön und beeindruckend. Wir alle haben Stolz in der einen oder anderen Weise. Stolz ist subtil und kann sich in jeder Haltung niederschlagen. Wenn wir uns prüfen, werden wir ihn finden und uns allmählich von ihm befreien können . Wir fühlen uns dann leichter, werden umgänglicher und haben anderen gegenüber weniger negative Gefühle. Dies ist das Anzeichen, dass Stolz wirklich erkannt und aufgelöst wird. Wenn wir zugeben, dass er vorhanden ist, entwickelt sich Gewahrsein und das löst die Negativität auf. Nur wer die eigenen Fehler sieht, kann sie auflösen und ein Bodhisattva werden, der frei von negativen Gefühlen ist.

Um die Qualitäten der Bodhisattvas in uns freizulegen, leisten wir eine kontinuierliche innere Arbeit, bei der wir vielen Herausforderungen begegnen. Wir stellen uns all den noch nicht bearbeiteten Tendenzen, die in uns verborgen sind, und das kann schmerzhaft sein. Doch wir kommen nicht daran vorbei – Buddhaschaft wird sich nicht eines Tages sanft und ganz von selbst offenbaren. Dank der Güte und des Mitgefühls unseres Lamas und der Drei Juwelen sind wir uns bereits ein wenig unserer Unwissenheit und Negativität bewusst geworden und ein Teil unserer Unwissenheit hat sich bereits aufgelöst. Das gibt Vertrauen in die Lehre und die Lehrenden – ein erstes Anzeichen, dass etwas Einsicht entstanden ist. Es ist, als wären wir gerade aus dem Schlaf erwacht und hätten die Augen einen winzigen Spalt geöffnet. Wir sehen noch nicht sehr klar, sind uns aber bewusst, dass wir etwas zu sehen beginnen, das wir vorher nicht gesehen haben. Dies ist der Beginn des Bodhisattva-Weges.

Ein Bodhisattva interessiert sich für andere und ist betroffen, wenn sie leiden. Er wünscht ihnen von Herzen, glücklich und frei von Leid zu sein. Wenn sie Glück erfahren, freut er sich zutiefst, denn ihr Glück ist sein einziges Anliegen. Wo solches Wohlwollen vorhanden ist, verschwindet jegliche Art von Eifersucht und Wettbewerb, ebenso auch Stolz, Zorn und Neid. Ein Bodhisattva hat nicht mehr den Wunsch, besser oder glücklicher zu sein als andere. In seinem Herzen ist kein Raum mehr für Eifersucht und so erlebt er anhaltende Freude, wahren Frieden und tiefe Stabilität. Frei von persönlichen Interessen, haftet er nicht mehr an den Objekten, denen er zuvor hinterherlief. Sie werden als Projektionen des Geistes erkannt und er findet inneren Frieden. Dieser Frieden entspringt dem Interesse an anderen und ist das, was wir geistige Ruhe nennen. Frei von Anhaften entsteht tiefes Glück und der Geist wendet sich anderen Wesen zu, mit dem einzigen Wunsch, dass sie glücklich sein und sich befreien mögen.

Je mehr sich diese Hinwendung zu anderen vollzieht,
desto mehr erfüllen uns Glück und Freude.

Sämtliche Phänomene,
die äußere Welt wie auch alle Wesen,
sind die Erscheinungen unseres eigenen Geistes.

Erscheinungen sind Geist,
erscheinend und doch leer,
leer und doch erscheinend.

Erscheinungen sind untrennbar von Leerheit,
trügerisch wie ein Traum oder eine Illusion.
Sie sind nichts und erscheinen doch –
wie der Mond auf dem Wasser.

Dies zu erkennen
befreit völlig von der tiefen Verstrickung
in dualistisches Ergreifen und Fixieren.

Öffne dich der Frische der wahren Natur
des selbstgewahren Bewusstseins,
ungekünstelt, entspannt und gelöst.
Abgesehen davon
gibt es nichts zu kontemplieren oder meditieren.

Denke nicht, tue nichts, meditiere nicht,
bleibe einfach unabgelenkt.
Ich bitte dich –
meditiere natürlich und gelöst!

Gendün Rinpotsche

Die Vorbereitung auf den Tod

Dharmapraxis findet ihren eigentlichen Sinn
in der Vorbereitung auf den Tod,
denn dann wird sich ihr voller Nutzen zeigen.

Da wir zu Lebzeiten praktiziert haben, werden wir keine Angst haben, wenn der Sterbeprozess beginnt. Uns wird Vertrauen erfüllen und wir werden wissen, welche Haltung hilfreich und welche hinderlich ist. Wir werden die Früchte eines Lebens ernten, das der Dharmapraxis gewidmet war. Wenn wir jedoch mit der Praxis erst in der letzten Minute beginnen, werden sich ihre positiven Wirkungen nicht mehr rechtzeitig einstellen können. Die Folgen unserer nichtheilsamen Handlungen werden uns im Todesprozess wie Schatten folgen und zu Erfahrungen von großem Leid führen. Deshalb sollten wir die Unterweisungen unverzüglich anwenden und die Last unserer schädlichen Handlungen auflösen, solange noch Zeit ist.

Wir sagen uns vielleicht, dass wir lieber nicht zu viel an den Tod denken sollten, da wir ihn ohnehin nicht abwenden können und uns der Gedanke daran nur ängstigen und deprimieren würde. Doch es ist nicht sehr weise, den Gedanken an den Tod zu verdrängen. Wenn wir uns heute schon der Wirklichkeit des Todes, seiner Unausweichlichkeit und Unvorhersehbarkeit stellen, können wir uns auf ihn vorbereiten und ihm dann gelassen und mit klarem Geist ins Auge schauen.

Der Tod kann jederzeit eintreten, sei es durch einen Unfall, eine plötzliche Krankheit, verdorbene Nahrung – eigentlich kann fast alles zu einer Todesursache werden. Wir können nicht wissen, wann es so weit sein wird. Und was auch immer wir anstellen: Wir können das Kommen des Todes nicht verhindern – genauso wenig, wie wir den Lauf der Sonne anhalten können. Aller Reichtum und alle Macht werden uns angesichts des Todes nicht im Geringsten helfen. Wir werden alles hinter uns lassen müssen. Wenn wir unser ganzes Leben damit verbracht haben, Güter anzuhäufen, Freunde zu gewinnen, Macht aufzubauen und Ansehen zu erringen, bedeutet das eigentlich nur, dass wir völlig unseren ichbezogenen Tendenzen gefolgt sind und uns emotional immer tiefer verstrickt haben. Im Tod werden wir dann keine Möglichkeit mehr haben, uns aus diesen Konditionierungen zu befreien. Alle Anstrengungen, die wir unternommen haben, um aus diesem Leben Glück für uns selbst zu ziehen, werden nur zu einem großen Berg von negativem Karma geführt haben, da alle unsere Handlungen von Ichanhaften motiviert waren. Im Tod wird uns die Kraft dieser nichtheilsamen Handlungen in einen der drei leidvollen Daseinsbereiche schleudern: in die Höllenbereiche, zu den hungrigen Geistern oder in das Dasein eines Tieres. In diesen Bereichen herrscht großes Leid, viel intensiveres als im Menschenbereich.

Mangelnde Motivation zur spirituellen Praxis zeigt, dass wir nicht genug über Tod und Vergänglichkeit nachdenken. Wir möchten nicht darüber nachdenken, welche Folgen ein Leben hat, das mit sinnlosen Aktivitäten vergeudet wurde, und behaupten einfach, es sei unnötig, sich auf den Tod und die Zeit danach vorzubereiten. Wir haften am weltlichen Leben und seinen Freuden und halten unser momentanes Wohlbefinden für das Allerwichtigste. Doch wir werden uns den Folgen unserer Handlungen unweigerlich stellen müssen – und dann wird es zu spät sein, noch etwas zu ändern.

Wenn wir uns der Wirklichkeit des Todes stellen, wird uns vieles klar, das sich bisher unserem Blick verbarg. Wir sehen, dass der Tod nicht nur auf jeden Fall kommt, sondern dass sein Eintreten zudem völlig unvorhersehbar ist. Er kann jeden Moment kommen. Wir haben keine Zeit zu verlieren. Sofort sollten wir mit der Vorbereitung beginnen und alle Handlungen unterlassen, die zu leidvollen Wiedergeburten führen. Die Kontemplation über die alles bestimmende Kraft des Karmas, durch das sich im Moment unseres Todes entscheidet, wie es weitergeht, ist ein mächtiger Antrieb, heilsame Handlungen auszuführen, uns dem Dharma zu widmen und keine weitere Zeit auf dem Weg zum Erwachen zu verlieren.

Die größte Gefahr im Tod sind die Auswirkungen der vielen nichtheilsamen Handlungen, die wir ausgeführt haben. Wir sollten deshalb unverzüglich lernen, wie wir diese Saat des Leides mit Hilfe des Dharma auflösen und zugleich Samen des Glücks setzen können. Nur der Dharma – der Weg des Auflösens aller Ichbezogenheit – hat diese Kraft und wir sollten deshalb unverzüglich die Dharma-Methoden anwenden. Wenn wir im Sterbeprozess und danach verzweifelt Schutz suchen, wird die einzig wirksame Hilfe von Buddha, Dharma und Saṅgha kommen. Wir irren uns, falls wir meinen, es sei ausreichend, sich einfach im letzten Moment für die Drei Juwelen zu öffnen. Wir müssen uns das ganze Leben darin üben, Wunschgebete zu machen und vertrauensvoll Zuflucht bei den Drei Juwelen und beim Lama zu finden, damit diese Haltung tief genug verwurzelt ist und im Tod völlig natürlich sein wird. Sterben ist ein schmerzlicher Prozess und wir werden nicht so besonnen reagieren, wie wir es uns wünschen, denn es ist nicht leicht, alles loszulassen und ins Unbekannte zu gehen. Es wird zu spät sein, Neues zu lernen – dann müssen uns unsere guten Gewohnheiten tragen.

Wer sein Leben zur Praxis nutzt, kann lernen, schwierige Umstände in den Weg des Erwachens zu verwandeln, sein Karma zu reinigen und sich so vom Ballast der Vergangenheit zu befreien. Dharmapraxis befreit zudem von den tief verwurzelten Tendenzen, die gleichen Fehler immer wieder zu begehen und stets neues Leid zu erzeugen. Sie befähigt uns allmählich sogar, anderen in ihrem Leid beizustehen und ihnen beim Auflösen ihres Karmas zu helfen. Durch die Kraft unserer Praxisverpflichtung und die Reinheit unserer Motivation werden wir fähig, immer mehr Lebewesen für den Weg der Befreiung zu inspirieren. So bewirkt unsere Praxis tatsächlich das Wohl aller Lebewesen.

Wenn wir durch Dharmapraxis gut vorbereitet sind,
ist der Tod eine außerordentliche Gelegenheit,
die Einsicht zu vertiefen.

Weit fortgeschrittene Praktizierende können im Tod Buddhaschaft erreichen, indem sie erkennen, dass ihr Geist der Wahrheitskörper ist. Etwas weniger weit Fortgeschrittene, die sich durch Jidam-Praxis darin geübt haben, alle Erscheinungen als die vielfältigen Ausdrucksformen des Buddhageistes zu sehen, können im Tod Befreiung in der Verwirklichung des Freudenkörpers erlangen.

Wenn wir nicht ganz so qualifizierte Praktizierende sind, aber einen offenen, gelösten Geist und tiefes Vertrauen in den Lama entwickelt haben, werden wir uns von den illusorischen Erscheinungen des Nachtodzustandes nicht bedroht fühlen, sondern in ihnen die wahre Natur aller Erscheinungen, die Leerheit, wiedererkennen. Da wir im Entwickeln von Hingabe und Offenheit dem Lama gegenüber und im Ausführen von Wunschgebeten geübt sind, werden wir fähig sein, unseren Geist mit dem Geist des Lamas zu verschmelzen. Dadurch werden alle Erscheinungen der Nachtodphase, die nichts anderes als die Manifestationen unserer karmischen Tendenzen sind, unmittelbar bei ihrem Erscheinen gereinigt. Sie lösen sich in dem Erkennen ihrer wahren Natur auf und wir finden völlige Befreiung.

Aus diesen Gründen ist es so wichtig, dass wir uns jetzt, wo wir noch am Leben sind, dem Studium des Dharma zuwenden und Vertrauen und Offenheit dem Meister und der Lehre gegenüber entwickeln. Materielle Güter und Freunde sind keine Hilfe im Tod. Nur die in der Praxis entwickelte Kraft und unsere Fähigkeit, uns vertrauensvoll dem Segen der Drei Juwelen und des Lamas zu öffnen, können uns dann schützen. Deshalb nutzen wir von jetzt an alle Situationen, besonders auch die schwierigen und schmerzhaften, um Vertrauen und Hingabe zu den Drei Juwelen und insbesondere zum Lama zu entwickeln. Situationen, in denen wir leiden, angegriffen werden oder Problemen begegnen, sind das beste Übungsfeld, nicht zu weltlichen Mitteln Zuflucht zu suchen, sondern uns für den Segen zu öffnen.

Je vertrauter wir mit dem Zufluchtnehmen werden, desto mehr wird uns die Zuflucht auch im Schlaf bei schweren Träumen und im Tod eine Hilfe sein: Durch die Gebete, die wir im Wachzustand an die Zuflucht richten, erzeugen wir Gewohnheiten, die bewirken, dass wir auch im Traum natürlicherweise Zuflucht nehmen. Dadurch lösen sich alle Ängste augenblicklich auf und der Traum nimmt eine andere Wendung. Das spontane Zufluchtnehmen im Traum zeigt zudem, dass die Zufluchtnahme zu einer verlässlichen, nahezu automatischen Reaktion wird, die uns auch im Sterbeprozess eine Stütze sein wird. Durch die Kraft der Gewohnheit, die wir während unseres Lebens entwickelt haben, werden wir uns im Tod und danach an die Zuflucht und damit an den Dharma erinnern und können aus allen Ängsten und Verwicklungen herausfinden.

In der Hinwendung an die Zuflucht
werden wir die Todeserfahrungen als Projektionen
unseres Geistes erkennen und nicht für Kräfte halten,
die von außen auf uns einwirken.

Um sicher zu sein, dass wir im Tod Befreiung erlangen, entwickeln wir zusätzlich zu Vertrauen und Hingabe ein direktes Verständnis der wahren Natur der Erscheinungen. Deshalb meditieren wir unablässig darüber, dass die gesamte Welt – alle Lebewesen und Phänomene – wie ein Traum ohne Wirklichkeit ist, das illusorische Spiel des Geistes.

Wenn wir die illusorische Natur aller Erfahrungen von Glück und Leid wirklich verstehen, werden wir unserem Erleben keine konkrete Wirklichkeit mehr beimessen und werden auch die Projektionen der Todesphase als illusorisch erkennen. Wir werden verstehen, dass sie – so furchterregend sie auch sein mögen – lediglich Bilder im Spiegel unseres Geistes sind. Dieses Verständnis entwickelt sich, indem wir uns für den Segen des Lamas und der Drei Juwelen öffnen. Immer wieder kommen wir auf diese Schlüsselpunkte der Praxis zurück: Vertrauen, Offenheit und Segen.

Sind wir zu Lebzeiten nicht fähig, unsere Erfahrungen wie einen Traum zu leben und den Traumzustand selbst als Illusion zu erkennen, wird es schwierig sein, im Tod oder im Nachtodzustand Befreiung zu finden. Denn da sich die Erscheinungen und unsere Tendenzen nach dem Tod auf dieselbe Weise wie jetzt manifestieren, werden wir unsere Erfahrungen ohne Übung auch dann für genauso wirklich halten wie jetzt. Um gut auf den Tod vorbereitet zu sein, üben wir uns deshalb schon jetzt darin, die Unwirklichkeit aller Erscheinungen zu erkennen.

Oft wird das tibetische Wort *Bardo* benutzt, um die Nachtodphase zu bezeichnen, aber eigentlich bedeutet Bardo nur ganz allgemein »Zwischenzustand«. Auch jetzt sind wir in einem solchen Bardo: dem Zwischenzustand zwischen Geburt und Tod. Der Unterschied zum Nachtod-Bardo besteht nur darin, dass unsere Erfahrungen nach dem Tod intensiver sein werden als jetzt. Was immer wir in früheren Leben erlebt haben, was wir im gegenwärtigen Bardo erleben und was wir im Nachtod-Bardo erleben werden, ist die Folge des Heranreifens der karmischen Samen, die wir in unzähligen Leben gesät haben. All diese verschiedenen Bardo-Erfahrungen folgen den gleichen Gesetzmäßigkeiten: Sie entstehen aufgrund von karmischen Ursachen und Bedingungen. Mit Hilfe der Dharmapraxis zu lernen, im Bardo des gegenwärtigen Momentes zu leben, ist von daher die beste Vorbereitung für den Nachtod-Bardo. Aus der Sicht des Dharma ist Tod einfach eine Veränderung dessen, was wir wahrnehmen. Die

Erscheinungen unserer momentanen Welt hören auf und machen anderen Wahrnehmungen Platz. Dabei gibt es keine wirkliche Unterbrechung: Der Geist bleibt weiterhin, was er von Natur her ist, und nimmt mit denselben Tendenzen wahr. Der Bezugsrahmen der Wahrnehmungen ändert sich, aber grundsätzlich ist es derselbe Prozess und die Reaktionen des Geistes bleiben die gleichen wie zuvor. In Wahrheit ist der Tod – genauso wie das Leben – eine Illusion, ein vorübergehender Zwischenzustand, ein Bardo. Mit ihm hört nicht, wie wir vielleicht annehmen, einfach alles auf.

Der Tod ist die Fortsetzung des Lebens:
ein Szenenwechsel im kontinuierlichen Prozess
der Veränderung.

Die Wahrnehmungen nach dem Tod sind die sich fortsetzende Manifestation des zur Reife kommenden karmischen Potentials. Dieses Karma wird weiterhin vom Geist und seinen Sinnen erlebt. Die Sinneswahrnehmungen gehen weiter, auch wenn wir zunächst keinen materiellen, sondern nur einen geistigen Körper besitzen. Und genauso wie in unserem jetzigen Leben reagieren wir mit Anhaftung oder Ablehnung und all den anderen Emotionen, je nachdem, ob unser Karma friedvolle oder erschreckende Erfahrungen bewirkt.

Der Tod kann mit einem Umzug verglichen werden: Wir leben in einem Haus, in dem wir bestimmte Gewohnheiten entwickelt haben, und eines Tages erlöschen die Bedingungen, um dort weiterzuleben. Wir sterben, nehmen notgedrungen unsere »karmischen Koffer« und ziehen woanders hin, um in einer anderen Situation und Umgebung zu leben, weiterhin begleitet von unseren alten Gewohnheiten. Wir finden uns in einer neuen, unbekannten Welt wieder. Die Dharmalehren helfen uns, uns in dieser neuen Situation zurechtzufinden, da wir schon jetzt in diesem Leben Gewohnheiten entwickeln, die uns in unbekannten Landen weiterhelfen werden.

Im Tod löst sich unser gegenwärtiger Bezugsrahmen auf. Er ist das Ende der uns vertrauten Welt. Wenn wir während des Lebens an die Wirklichkeit dieser bedingten Welt geglaubt haben, wird uns der Tod in völlige Verwirrung stürzen. Wir werden uns nicht mehr zurechtfinden, denn alle vertrauten Bezugspunkte fehlen – all die Spiegel, die uns früher das Gefühl gegeben haben, dass es uns gibt. Wir werden entdecken, dass wir ganz allein sind. Die Illusion, von anderen umgeben zu sein, jemand zu sein und wichtige Dinge zu tun, bricht im Tod zusammen. Und wenn wir unser Leben nicht genutzt haben, tiefes Vertrauen in die Zuflucht und damit auch in unseren Geist zu entwickeln, werden wir uns entwurzelt und verloren fühlen.

Was im Tod bleibt, ist unser Geist,
unsere Sicht der Dinge und das, was an Vertrauen,
Erfahrungen und Verwirklichung
in unserem Wesensstrom entstanden ist.

Im Tod hängt alles davon ab, ob wir gelernt haben, wirklich Zuflucht zu nehmen: Zuflucht zum Lama, der zugleich die wahre Dimension unseres Geistes ist. Wenn sich im Sterbeprozess unsere Umgebung auflöst und der äußere Lama nicht mehr erreichbar ist, sollten wir frei von Zweifeln Zuflucht zur wahren Natur des Lamas nehmen können. Durch solches Zufluchtnehmen ist der eigentliche Lama in uns gegenwärtig.

Im Tod trennt sich der Geist von allem Materiellen, dem Körper wie auch der Welt. Er ist dann vollkommen »nackt«, nicht mehr eingebunden in diesen Körper, der ihn zwar einschränkt, aber auch vor dem allzu schnellen Umsetzen von Impulsen schützt. Das leere, dynamische Bewusstsein, das nicht mehr in einem physischen Körper verankert ist, zeigt dann seine erstaunliche Kraft: Jeder Gedanke hat in dieser rein geistigen Dimension unmittelbare Folgen. Taucht eine Emotion auf, finden wir uns sofort in einer Umgebung wieder, die diese Emotion spiegelt. Obwohl der grundlegende geistige Prozess jetzt und später identisch ist, mag es uns im Moment schwerfallen, uns den Geisteszustand nach dem Tod vorzustellen, da wir im gewöhnlichen Leben nie dieses nackte, nicht in der Materie verankerte Bewusstsein erfahren. Im gewöhnlichen Zustand erzeugen wir ständig konzeptuelle Schleier, welche die wahre Natur unseres Geistes und auch der Welt verhüllen. Wir nehmen nie wirklich bewusst mit unserer tieferen Natur Kontakt auf – es sei denn, wir üben Meditation. In der Zeit nach dem Tod ist der Geist sehr beweglich und besitzt viele Kräfte, deren Kontrolle er nicht gelernt hat. Zudem begegnen ihm völlig unerwartete und unbekannte Situationen. Unvorbereitet wie er ist, kann er kaum angemessen auf diese Herausforderungen antworten. Er ist sehr instabil, alles kann passieren und er verliert leicht sein Gleichgewicht. Je nachdem, welche Richtung die Gedanken nehmen, können wir uns in Zuständen größten Glücks oder stärksten Leides wiederfinden.

Der Dharma lehrt Methoden, die es ermöglichen, das Erkennen der Natur des Geistes hervorzubringen. Diese tiefgründigen Unterweisungen, wie zum Beispiel die Lehren des Großen Siegels *(Mahāmudrā)*, der Großen Vollendung *(Maha-Ati)*, der Vervollkommnung der Weisheit *(Prajñāpāramitā)* und des Weges der Mitte *(Madhyamaka)*, üben mit ihren beeindruckenden Namen eine große Faszination auf spirituell Suchende aus. Doch um diese Lehren aus eigener Erfahrung zu verstehen, bedarf es regelmäßiger, ausdauernder Praxis. Nur dann werden wir ins Herz dieser Methoden vordringen und nicht bei einem bloß intellektuellen Verständnis stehenbleiben. Sich für Praktizierende dieser Lehren zu halten, ohne wirklich ihren Sinn zu verstehen, ist Ausdruck von spiritueller Überheblichkeit und Stolz.

Im Tod brauchen wir eine Methode,
die wir gut beherrschen –
Selbstüberschätzung wird uns dann nicht weiterhelfen.

Es ist angebracht, sich in Bescheidenheit zu üben und sich auf eine einfache und sichere Praxis zu stützen, die wirklich in unserer Reichweite liegt und auch Unwissende wie uns sicher zur Befreiung führt. Besonders geeignet dafür ist das Ausführen von Wunschgebeten zur Wiedergeburt im reinen Land von *Amitābha*, dem Buddha des Grenzenlosen Lichtes. Diese Praxis ermöglicht uns, allein durch Vertrauen in Buddha Amitābha, im Tod Zugang zu den reinen Ländern der Verwirklichung der Natur des Geistes zu finden. Wenn wir Wiedergeburt in einem reinen Land annehmen, wie in Amitābhas reinem Land *Dewatschen*, sind wir vom Kreislauf der Existenzen befreit, begegnen keinen Hindernissen mehr und können schnell zum vollständigen Erwachen voranschreiten.

Natürlich ist es möglich, Mahāmudrā, die Einsicht in die wahre Natur des Geistes, innerhalb dieses Lebens zu verwirklichen, doch verlangt das völligen Einsatz. Wir müssen unser Leben lang unsere gesamte Energie darauf ausrichten und unermüdlich praktizieren, bis wir die Entwicklungs- und Vollendungsphasen[19] der Meditation gemeistert haben. Vielen von uns fehlen im Moment die Zeit und die Energie dafür: Die karmischen Bedingungen kommen nicht zusammen – und vielleicht sind wir auch ein wenig faul! Für all diejenigen, die entweder zu faul oder zu beschäftigt sind, um intensiv praktizieren zu können, aber eine tiefe Sehnsucht nach Befreiung von den Leiden des Daseinskreislaufes haben, gibt es die Praxis der Wunschgebete zur Wiedergeburt in Amitābhas »Reinem Land der Freude« (Skt. *Sukhavatī*, Tib.

---

19 In der *Entwicklungsphase* der Meditation (*Kye-rim*), auch schöpferische Phase genannt, arbeiten wir mit der kreativen Seite des Geistes, indem wir z.B. Visualisationen ausführen und uns der illusorischen Natur aller Erscheinungen bewusst werden. In der *Vollendungsphase* (*Dsog-rim*) lassen wir alle Vorstellungen los und verschmelzen mit der nondualen Dimension, die allen Erscheinungen zu Grunde liegt. In der Kagyü-Tradition werden diese beiden Phasen nicht nacheinander, sondern als Einheit praktiziert.

Dewatschen). Diese Praxis ist einfach, braucht wenig Zeit, bringt aber große Ergebnisse.

Von allen reinen Ländern, den erleuchteten Bewusstseinsbereichen, ist das Land von Amitābha am leichtesten zu erreichen, denn Amitābha hat während seines gesamten Weges zur Buddhaschaft Wunschgebete ausgeführt, dass es auch für gewöhnliche Lebewesen, die zu ihren Lebzeiten noch nicht die Natur des Geistes verstanden haben, möglich sein werde, in ein Land der Verwirklichung zu gelangen. Jeder Bodhisattva macht während seiner spirituellen Entwicklung Wunschgebete für seine zukünftige Aktivität. Amitābha sah, dass die anderen reinen Länder für gewöhnliche Lebewesen nur schwer zugänglich sind, weil sie voraussetzen, dass man schon zu Lebzeiten eine gewisse Verwirklichung der Natur des Geistes erreicht hat. Er wünschte, dass mit seinem Erlangen der Buddhaschaft eine spirituelle Umgebung entstehen werde, die für alle erreichbar sei – allein aufgrund des Vertrauens in ihn und des aufrichtigen Wunsches, in diesem reinen Land wiedergeboren zu werden. Als er dann ein vollkommen erleuchteter Buddha wurde, gingen seine Wunschgebete durch die Kraft seiner Verwirklichung in Erfüllung: Das »Reine Land der Freude« manifestierte sich, offen für alle, die über genug Vertrauen verfügen.

Um nach Dewatschen zu gelangen,
brauchen wir ein starkes Vertrauen in Buddha Amitābha
und dürfen keinen Zweifel daran haben,
dass es uns möglich ist, dort wiedergeboren zu werden.

Dafür ist es von großem Nutzen, täglich Wunschgebete zu machen, unmittelbar nach dem Tod in dieses reine Land zu gelangen, ohne vorher noch einmal im Daseinskreislauf Geburt annehmen zu müssen. Mit diesen Wunschgebeten üben wir während unseres ganzen Lebens, uns voller Hingabe Amitābha anzuvertrauen. Besonders hilfreich dafür ist auch die Meditation auf *Tschenresig*, den Buddha des Großen Mitgefühls, denn er ist es, der uns die Tür zu dieser reinen Gewahrseins-Dimension öffnen und uns zu seinem Lama, Buddha Amitābha, geleiten wird. Durch die Verbindung von Tschenresig-Praxis und Wunschgebeten wird sich eine tiefe Sehnsucht in uns entwickeln, nach Dewatschen zu gelangen. Die Praxis beinhaltet natürlich auch, dass wir uns bemühen, alle nichtheilsamen Handlungen zu vermeiden und so viel Nützliches wie möglich zu tun. Wenn wir so unser Leben ganz auf Befreiung und Erwachen ausrichten, lösen wir uns allmählich von den Belangen dieser Welt und werden im Moment des Todes bereit sein, die Welt des Anhaftens hinter uns zu lassen. Wenn wir jegliches Verlangen, im Daseinskreislauf wiedergeboren zu werden, aufgelöst haben, gelangen wir nach dem Tod direkt nach Dewatschen. Wir können sicher sein, dass dies wirklich in der Reichweite von uns allen liegt.

Um diesen großen Übergang voller Vertrauen vollziehen zu können, entwickeln wir ein Verständnis davon, wie wir im Sterbeprozess praktizieren sollten: Wenn der Moment unseres Todes naht, bringen wir zunächst unseren Körper, unsere Rede und unseren Geist sowie alle positiven Handlungen, die wir im Verlauf unseres Lebens ausgeführt haben, dem Wohl der Lebewesen dar. So vollkommen wie möglich widmen wir ihnen alles Gute und wünschen ihnen die Erfüllung all ihrer Wünsche: Mögen sie glücklich werden, möge ihr Geist sich öffnen und möge ihr offener, glücklicher Geist sie zur Buddhaschaft führen!

Dann wecken wir in uns den starken, reinen Wunsch, unmittelbar nach dem Tod bei Buddha Amitābha wiedergeboren zu werden. Um diese innere Ausrichtung zu verstärken, können wir uns Amitābha als leuchtende Form vor uns im Raum oder über unserem Kopf vorstellen. Wir denken, dass er untrennbar von unserem Wurzellama ist, der uns das ganze Leben begleitet hat und zu dem wir eine starke Verbindung entwickelt haben. Wir haben uns bereits in vielen schwierigen Situationen an ihn gewendet und an die Offenheit, das Vertrauen und die tiefe Hingabe, die dadurch entstanden sind, können wir jetzt anknüpfen. Wir stellen uns den Lama deutlich als Buddha Amitābha vor und entwickeln Vertrauen in seine Gegenwart, bis wir mit Gewissheit spüren, dass er tatsächlich anwesend ist.

Voller Hingabe und Freude bringen wir ihm dann geistig alles dar, was wir in diesem Leben als zu uns gehörig empfunden haben: unseren Besitz, unsere Wohnstätte, die einzelnen Mitglieder unserer Familie, alle Freunde, unsere Heimat, kurz alles, an dem wir eventuell noch hängen, bis hin zu unserem Körper. Alles wird Amitābha anvertraut und gehört nun nicht mehr uns. Wir bringen es ohne irgendeine Zurückhaltung und Berechnung dar – ohne eine Gegenleistung zu erwarten. Wir opfern all das, was wir ohnehin zurücklassen müssen. Auf diese Weise können wir uns von der letzten Anhaftung befreien, die wir noch an diese Welt haben.

Jede noch so kleine verbleibende Anhaftung
an dieses zu Ende gehende Leben
wird im Augenblick des Todes
ein Hindernis für die Befreiung darstellen.

Anhaftungen und die vielen sich daraus ergebenden Emotionen sind das größte Hindernis für eine Wiedergeburt in Dewatschen. Aus diesem Grund sollten wir uns innerlich von allem trennen und es Lama Amitābha und damit dem Wohl der Lebewesen opfern. Dadurch entwickeln wir zugleich eine starke positive Kraft, die uns auf dem Weg helfen wird. Frei von allen Sorgen und Anhaftungen können wir uns wirklich den Buddhas Amitābha und Avalokiteśvara (Tschenresig) zuwenden. In diesem tiefen Loslassen öffnet sich unser Geist und es durchdringt ihn bereits die Freude des Landes Dewatschen. Wenn der Geist dann den Körper verlässt, wird der Übergang ganz natürlich in einem einzigen Moment stattfinden – wir werden unsere gewöhnliche Daseinsebene hinter uns lassen und eine geistige Geburt im Reinen Land der Freude annehmen. Wenn wir jedoch weiter an unserem Besitz und den Freuden dieses Lebens hängen, dann werden wir vielen

Hindernissen begegnen, denn uns wird vor und nach dem Tod die Angst plagen, die Objekte unseres Anhaftens zu verlieren. Das ist eine Quelle großen Leides.

Nach dem Tod nehmen wir noch für eine Weile unseren Körper und unsere frühere Umgebung wahr und es könnte uns sehr aufwühlen, miterleben zu müssen, dass die Dinge, an denen wir hängen, nun anderen gehören, vielleicht sogar denen, die uns am meisten schadeten oder die wir am meisten hassten. Wir müssen vielleicht mit ansehen, wie sich unsere Angehörigen gierig auf unseren Besitz stürzen und sich streiten. Das könnte große Enttäuschung und Wut in uns auslösen, was uns direkt in leidvolle Daseinsbereiche katapultieren würde. Deshalb ist es so wichtig, uns von allen Verwandten, Freunden und von allem Besitz zu lösen und auch unseren Körper dem Buddha zu opfern, so dass unser Geist nicht davon beeinflusst wird, was nach dem Tod mit und um unseren Leichnam herum geschieht.

Haben wir dieses Leben und diese Welt völlig losgelassen, konzentrieren wir uns auf Amitābha und den Wunsch, in seinem reinen Land wiedergeboren zu werden. Dieses Bewusstsein halten wir bis zu unserem letzten Atemzug aufrecht. Wenn wir ganz auf dieses Ziel ausgerichtet sind, wird sich unser Bewusstsein im Tod natürlicherweise zu Buddha Amitābha nach Dewatschen begeben. Dafür ist es nicht einmal notwendig, die Praxis des *Phowa* – eine Meditationsmethode zum gezielten Hinüberwechseln des Bewusstseins in andere Bereiche – zu kennen. Tiefes Vertrauen in die Kraft von Amitābhas Wunschgebeten und die Sehnsucht unseres völlig ausgerichteten Geistes sind ausreichend.

Mit solchem Vertrauen und der Kraft innerer Ausrichtung wird das Bewusstsein unseren Körper natürlicherweise durch den Scheitelpunkt des Kopfes verlassen und wir werden augenblicklich, in einem einzigen Moment, Wiedergeburt in einer Lotusblüte im Reinen Land der Freude annehmen. Wenn wir wirklich tiefes Vertrauen entwickelt haben, wird sich der Lotus sofort öffnen und wir können in dieses reine Land erwachten Gewahrseins eintreten. Die Lotusblüte, in der wir geboren werden, symbolisiert unseren vertrauensvollen Geist. Bei großem Vertrauen ist der Lotus weit offen, aber bei schwankendem Vertrauen und mangelnder Hingabe bleiben die Blütenblätter um uns herum zunächst geschlossen. Das ist keineswegs unangenehm, denn wir haben alles, was wir brauchen. Wir haben die Möglichkeit, alle Unterweisungen Buddha Amitābhas zu hören, aber wir können weder ihn noch die Umgebung von Dewatschen sehen. Erst wenn völliges Vertrauen entstanden ist, wird sich der Lotus öffnen. Die Wiedergeburt in Dewatschen durch einfaches Erscheinen in einem einzigen Augenblick mag uns wie ein Wunder anmuten, doch ist sie nichts anderes als die Folge unserer Wunschgebete in Verbindung mit der Segenskraft und dem Mitgefühl des Buddhas »Grenzenloses Licht«. Solch eine Wiedergeburt in Dewatschen ist wirklich in unserer Reichweite – vorausgesetzt, wir wünschen sie inständig.

Die Beschreibung dieses reinen Landes und all seiner Qualitäten stammt von Buddha Śākyamūni selbst. Die Lebewesen dort haben keinen Körper aus Fleisch und Blut, sondern besitzen einen Lichtkörper geistiger Natur, der Ausdruck ihrer Buddhanatur ist. Es gibt keine Entwicklung vom Säugling zum Erwachsenen zu durchlaufen – unser Lichtkörper ist augenblicklich so vollkommen wie der eines Buddhas. Dabei gibt es keine Unterscheidung in Mann oder Frau, denn die Polarität der Geschlechter ist dann aufgelöst. Da es keine Geburt im üblichen Sinne gibt, sind wir auch nicht dem Prozess von Alter, Krankheit und Tod ausgesetzt. Wir leben zusammen mit Amitābha und vielen Bodhisattvas in diesem wunderschönen Land. Es gibt keine Sorgen, keine Arbeit – alle Wünsche erfüllen sich spontan, es fehlt an nichts. Alles hat Lichtnatur, auch die Bäume und Pflanzen. Die Nahrung – wenn wir überhaupt welche einnehmen wollen – ist reiner Weisheitsnektar. Wir brauchen uns nicht vor Gefahren oder Witterungseinflüssen zu schützen und Häuser sind deshalb überflüssig. Wir haben keinen festen Wohnort, können uns überall aufhalten und sind frei von Anhaftung an materielle Güter. Es ist ein Ort großen Glücks und tiefen Friedens.

In Dewatschen ist alles Ausdruck der Aktivität von Buddha Amitābha. Unaufhörlich bewirken unzählige seiner Ausstrahlungen auf spontane Weise das Wohl aller Lebewesen. Sie manifestieren sich in den Formen von *Guru Rinpotsche*[20], *Tschenresig, Tārā*[21] und unzähligen anderen Helfenden, die alle Welten durchdringen. Im Herzen von Amitābha befindet sich eine Lichtsphäre, in der Guru Rinpotsche weilt und von der unzählige Formen von Guru Rinpotsche in alle Welten und Daseinsbereiche ausstrahlen. Aus einer Lichtsphäre in Amitābhas rechter Hand tritt ein ununterbrochener Strom von Emanationen des Tschenresig aus, die alle Lebewesen mit erwachtem Mitgefühl beschützen und führen. Aus einer Lichtsphäre in seiner linken Hand strömen unzählige Formen des weiblichen Buddha Grüne Tārā, welche die Lebewesen vor Angst und Gefahren bewahren und sie aus allem Leid befreien. So wirken Amitābha und seine Ausstrahlungen unaufhörlich für das Wohl und das Erwachen aller Lebewesen.

In Dewatschen wird allen offensichtlich, was erleuchtete Aktivität ist. Der Dharma ist überall gegenwärtig. Wann immer wir ihn hören möchten, kommen uns Amitābhas Unterweisungen ganz natürlich zu Ohren. Wir verstehen alles, was er erklärt, und können uns später vollkommen daran erinnern. So entwickeln wir uns schnell zu Bodhisattvas

---

20 Mit *Guru Rinpotsche* (»Juwelengleicher Meister«) ist hier die mitfühlende, erleuchtete Aktivität von Buddha Amitābha gemeint. Damit wird auch auf die Ausstrahlung Amitābhas verwiesen, die als Guru Rinpotsche (Padmasambhava) im 8. Jahrhundert u. Z. den Dharma von Nordindien nach Tibet brachte und als großer Wegbereiter buddhistischer Lehren, speziell des *Vajrayāna*, verehrt wird.

21 *Tara* ist ein weiblicher Buddha. Sie manifestiert sich in vielfältigen Formen, deren bekannteste die Grüne Tara ist, um den Lebewesen aus ihrer Bedrängnis zu helfen. Es heißt, sie sei aus den Tränen von *Tschenresig* entstanden, der verzweifelt darüber war, dass die Lebewesen immer wieder in ihre ichbezogenen Muster und in nicht enden wollendes Leid zurückfallen.

und schließlich zu Buddhas, ohne einem langen, leidvollen Weg mit vielen Hindernissen folgen zu müssen. Nichts lenkt uns ab und unser Geist findet mit Leichtigkeit in tiefe Meditation. Wir können jede gewünschte Meditation ausführen und ihre Verwirklichung erlangen.

Die Lebewesen in Dewatschen werden nicht mehr aufgrund von Karma im Daseinskreislauf wiedergeboren und erfahren selbst kein Leid mehr, aber sie nehmen das Leid der gewöhnlichen Lebewesen in den anderen Daseinsbereichen wahr und können Emanationen aussenden, um ihnen zu helfen. So sind sie sich zum Beispiel der Verwirrung und Schrecken der Lebewesen bewusst, die im Nachtodzustand umherirren, und haben die Fähigkeit, sie ins reine Land zu führen.

Auf der Bewusstseinsebene von Dewatschen bewegt man sich mit dem Geist fort: Durch einen einzigen Gedanken sind wir augenblicklich dort, wo wir hin wollen. Mit unserem Geistkörper können wir auch eine Vielzahl anderer Buddhagefilde besuchen, in denen wir die Unterweisungen anderer Buddhas erhalten können. Die Bedingungen für die innere Entwicklung sind ideal und so sollten wir den tiefen Wunsch kultivieren, am Ende dieses Lebens nach Dewatschen zu gelangen.

Diese Unterweisungen öffnen uns das Tor nach Dewatschen – nun liegt es nur noch an uns, ob wir sie anwenden. Aber wir sollten nicht glauben, dass wir durch den bloßen Gedanken: »Ich sollte mal Dewatschen ausprobieren, die Beschreibung hört sich nicht schlecht an«, schon dort wiedergeboren werden. Eine solche Wiedergeburt ist die Frucht eines Lebens, das mit vielen Wunschgebeten und regelmäßiger Tschenresig-Praxis ganz auf dieses Ziel ausgerichtet ist. Nur dann wird genug Vertrauen in Amitābha, Tschenresig und Dewatschen vorhanden sein, so dass sich diese Wiedergeburt spontan und ohne Hindernisse vollziehen kann.

Wenn wir lernen, jeder Situation offen zu begegnen und sie für den Weg zu nutzen, werden sich uns die Qualitäten des Dharma schnell offenbaren. Wir werden lernen, wie wir uns von Leid befreien und es in Glück verwandeln können. Besonders hilfreich für uns wie auch für alle anderen Lebewesen ist dabei die Meditation auf *Tschenresig*, den Buddha des Großen Mitgefühls, und die Rezitation seines Mantras Om Mani Padme Hung.

Tschenresig ist die symbolische Manifestation des erwachten Mitgefühls, das alle Lebewesen gleichermaßen einschließt. Erwachtes Mitgefühl ist untrennbar von Weisheit, dem Gewahrsein der Leerheit. Tschenresig *ist* dieses vollkommen erwachte Gewahrsein, das allen Lebewesen innewohnt und dessen Natur die Einheit von Mitgefühl und Leerheit ist. Er ist kein Gott, sondern der Spiegel unseres eigenen wahren Wesens und als solcher nicht getrennt von uns. Wenn wir sein Mantra rezitieren, entwickeln sich Liebe und Mitgefühl auf natürliche Weise und die Erfahrung der Leerheit wird sich allmählich auftun. Liebende Güte und Mitgefühl führen zur Verwirklichung des Wahrheitskörpers, der leeren Natur des Geistes und aller Erscheinungen. Von daher ist es sehr nützlich, diese Praxis regelmäßig auszuführen. Dabei ist es wichtig, mit Freude und Vertrauen zu praktizieren. Wir beenden die Tschenresig-Praxis stets mit Wunschgebeten für die Wiedergeburt in Dewatschen. Beständige Übung hierin wird uns den Tod sehr erleichtern.

Wenn wir keine Verwirklichung erlangt haben und angesichts des Todes alle Konzepte zusammenfallen, bleibt uns immer noch die Verbindung mit dem Buddha des Großen Mitgefühls. Unser Vertrauen in ihn und die Kraft all der Mantras des erwachten Mitgefühls, die wir rezitiert haben, werden uns dann helfen. Wenn uns in den letzten Momenten vor dem Tod die Angst überfällt, werden wir uns wie von selbst an Tschenresig wenden, ihn um Hilfe anrufen und Zuflucht erhalten. Es wird ganz natürlich sein, das Mitgefühl und den Segen aller Buddhas anzurufen, da wir dieses Vertrauen durch beständige Praxis kultiviert haben.

Der Ruf nach Tschenresig wird nicht aus dem Intellekt, sondern aus der Tiefe unseres Herzens kommen. Wir werden seine Gegenwart spüren, unser Geist wird sich öffnen, das Mitgefühl Tschenresigs wird uns erfüllen und wir werden merken, dass unser Geist untrennbar eins mit Tschenresig geworden ist. Unsere Rede wird, da wir sein Mantra rezitieren, zu seiner Rede werden und unser Körper wird untrennbar von seinem Körper sein. Wir werden erleben, dass unser Körper, unsere Rede und unser Geist dem erwachten Körper, der erwachten Rede und dem erwachten Geist Tschenresigs gleich sind. Wir können dann ohne Furcht, voller Sicherheit und Vertrauen den letzten Atem ausströmen lassen. Aber dafür müssen wir zuvor viel praktizieren. Wenn wir uns jetzt mit der Tschenresig-Praxis vertraut machen und uns darin üben, den Geist in Ursprünglichkeit und Mitgefühl ruhen zu lassen, wird das zu einer Gewohnheit, die uns auch im Moment des Todes helfen wird.

Wenn der Tod naht, sollten wir uns von aller Angst freimachen und nicht denken, dass uns leidvolle Erfahrungen erwarten. Wir widmen, wie bereits beschrieben, freudigen Geistes all unsere guten Handlungen und spirituellen Verdienste dem Wohl aller Lebewesen und stellen uns vor, dass sie ins Glück des vollkommenen Erwachens finden. So füllt sich unser Geist mit Liebe und Freude. Wenn wir mit der Praxis des Austauschens von uns selbst und anderen *(Tonglen)* bereits gut vertraut sind und sie häufig geübt haben, dann können wir sie auch jetzt ausführen und sie zudem noch verstärken, indem wir das Tschenresig-Mantra rezitieren und uns vorstellen, dass wir zu Tschenresig werden. Zum Abschluss verweilen wir für eine Weile in vollkommener Natürlichkeit, jenseits aller Vorstellungen von Ich und anderen. Wir beschließen diese heilsame Handlung mit dem Wunsch, dass nach dem Tod unser Körper, unsere Rede und unser Geist zur Quelle von all dem werden mögen, was hilfreich und nützlich für die Lebewesen ist:

Was immer die Lebewesen in all den Daseinsbereichen erstreben oder benötigen – möge ich wie von selbst alle dafür dienlichen Formen annehmen. Mögen alle Lebewesen sich in völliger Freiheit, ohne irgendwelche Beschränkungen und Gefahren, daran erfreuen und mögen all ihre Wünsche in Erfüllung gehen. Möge ich befähigt sein, stets das Wohl der Lebewesen zu bewirken.

Wenn unsere Fähigkeit, uns ganz dem Wohl der Lebewesen hinzugeben, noch begrenzt ist, können wir Wunschgebete machen, dass sich diese Geisteshaltung und Aktivität immer weiter ausdehnen mögen, so dass wir in Zukunft von immer größerem Nutzen sein werden und andere tatsächlich zur Befreiung führen können. Wenn wir so praktizieren, werden wir im Moment des Todes große Freude empfinden. Mit solchen Wünschen zu sterben, wird zu einer Wiedergeburt führen, die für den Weg zum vollständigen Erwachen hilfreich ist. Aufgrund unserer spontanen Neigung zu Liebe und Mitgefühl für alle Lebewesen werden wir in zukünftigen Leben auf natürliche Weise die Bedingungen finden, die zum Erlangen der Buddhaschaft notwendig sind. Wir werden mit vielen Qualitäten und Fähigkeiten ausgestattet sein, anderen helfen zu können. Die Kraft der Wunschgebete im Augenblick des Todes ist wirklich außergewöhnlich.

Der Geisteszustand im Moment des Todes ist deshalb von so entscheidender Bedeutung, weil die letzten Impulse dieses Lebens augenblicklich zu der Erfahrung einer geistigen Welt führen, die der Spiegel dieser Impulse ist. In dem Moment, in dem das Bewusstsein den Körper verlässt, ist es sehr instabil und leicht beeinflussbar. Wenn sich die letzten Momente des Lebens in Zorn oder Schrecken vollziehen, prägen diese emotionalen Kräfte das Bewusstsein mit der ihnen entsprechenden Energie und es besteht die Gefahr einer Wiedergeburt in den niederen Daseinsbereichen. Ist der Geist aber ruhig, voller Zuversicht und frei von Anhaftungen an dieses Leben, ist es möglich, ihn auf Dewatschen und die Befreiung auszurichten. Zumindest bestehen dann große Chancen, in einem der höheren Daseinsbereiche wiedergeboren zu werden. Daher achten wir sehr auf die Atmosphäre, die eine sterbende Person umgibt, und versuchen, ihr so viel Ruhe und Sicherheit wie möglich zu geben. Noch wichtiger aber als äußere Ruhe ist das Hervorbringen einer reinen, altruistischen Motivation. Es ist äußerst hilfreich, wenn wir in uns wie auch bei der sterbenden Person solch eine Motivation wecken können.

Oft geht Sterben mit Leid, Angst und auch Panik einher. Viele Menschen erfahren dabei Verwirrung, quälende Gedanken und starke Emotionen, wie Ärger, Enttäuschung und Hass. Wir müssen rechtzeitig lernen, mit diesen Geisteszuständen umzugehen, damit sie uns im Tod nicht davontragen können. Denn in einem negativen Geisteszustand zu sterben hat einen starken negativen Einfluss auf das nächste Leben. Meist wird man unter ungünstigen Bedingungen wiedergeboren, in einem für die Dharmapraxis untauglichen Körper, was wiederum den Geist und alles weitere Tun beeinflusst. Die Tendenz, nichtheilsame Handlungen auszuführen, wird sich weiter verstärken und die karmische Last zunehmen. Um dies zu vermeiden, ist es wirklich wichtig, heute schon zu lernen, unsere Gefühle zu meistern, um im Tod entspannen zu können. Sonst sterben wir wie Tiere, die, ohne zu verstehen, was geschieht, impulsiv ihren Instinkten und Emotionen folgen. Als Menschen haben wir die Chance, im vollen Bewusstsein dessen zu sterben, was vor sich geht, und in dem Wissen, was wir tun können, um die Situation zur Befreiung zu nutzen.

Im Augenblick des Todes ist es sehr wichtig, ruhig, ausgeglichen und frei von Anhaftung zu sein. Das gilt zunächst für die Sterbenden selbst, aber auch für jene, die ihnen beistehen. Wir sollten mit Feingefühl und Weisheit alle zur Verfügung stehenden Mittel nutzen, damit die Sterbenden diese Welt in einer friedlichen Umgebung mit ruhigem Geist verlassen können. Wir versuchen, sie im Entwickeln einer positiven Geisteshaltung zu unterstützen, auch wenn sie nicht mit Buddhas Unterweisungen vertraut sind und nicht dieselben Gebete ausführen. Das Wichtigste im Sterben ist die Geisteshaltung.

Sterbende machen intensive emotionale Zustände durch: Sie haben Schmerzen, sind nervös und schwach – und das alles beunruhigt sie sehr. Um sie nicht noch mehr aufzuwühlen, sind wir in unseren Bewegungen und Worten sanft und behutsam und stehen ihnen bei, wo wir können. Wir vermeiden alles, was sie mit Bedauern erfüllen könnte oder sie wütend, stolz, neidisch oder eifersüchtig werden lässt – alle Emotionen, die zu einem schwierigen Tod und zu leidvoller Wiedergeburt führen. Solche Emotionen bei Sterbenden auszulösen – und sei es auch nur aus Unwissenheit oder Ungeschicklichkeit – hat nicht nur für die Sterbenden starke Folgen, sondern hinterlässt auch bei uns negative karmische Spuren. Wir sollten deshalb nicht unbedacht handeln oder sprechen, sondern sehr aufmerksam sein und uns versöhnlich und mitfühlend verhalten. Wenn wir durch regelmäßige Praxis lernen, unseren Geist in allen Situationen zu entspannen und uns nicht von Emotionen davontragen zu lassen, wird dies auch in der Sterbebegleitung eine große Hilfe sein.

Nach dem Tod können wir den Verstorbenen ihren weiteren Weg erleichtern, wenn wir nicht an ihnen festhalten, sondern Mitgefühl entwickeln und viele positive Handlungen mit Körper, Rede und Geist ausführen, die wir ihrem Erwachen widmen. Besonders hilfreich für sieund für ihre Angehörigen ist es, die Tschenresig-Praxis auszuführen, falls möglich sogar zusammen mit anderen Praktizierenden, wobei wir stellvertretend für die Verstorbenen auch Lichter, Blumen und dergleichen darbringen können. Dabei ist es unerheblich, ob die Verstorbenen eine nähere Verbindung zum Dharma hatten oder nicht – die Tschenresig-Praxis ist universell und erreicht alle Lebewesen gleichermaßen.

Um innere Freiheit zu finden, kommt es vor allem darauf an, nicht mehr automatisch auf jede Erfahrung mit Anhaften und Ablehnen zu reagieren. Dafür kultivieren wir Achtsamkeit und Güte, sonst wird uns der Ausstieg aus diesen Reaktionsmustern nicht gelingen. Nur wenn wir gewahr sind, was in unserem Geist geschieht, können wir uns die Zeit nehmen herauszufinden, welche Antwort auf eine bestimmte Situation die sinnvollste ist. Ohne Achtsamkeit werden wir von unseren ichbezogenen Impulsen mitgerissen und werden zwangsläufig die Spirale negativen Karmas weiter verstärken. Die einzige Lösung, um aus diesem Teufelskreis auszusteigen und leidvolle Wiedergeburten zu vermeiden, besteht im Entwickeln einer reinen, altruistischen Geisteshaltung und eines aufmerksamen Gewahrseins von Moment zu Moment.

Wenn wir in richtiger Weise an uns gearbeitet haben, gibt es im Tod nichts zu befürchten.

Wir haben Vertrauen in die Drei Juwelen, in die Qualitäten des Erwachens, gefasst und unsere negativen Tendenzen so weit wie möglich gereinigt. Den Tod werden wir dann nicht mehr als das furchtbare Ende eines Lebens voller Freuden sehen, sondern als eine Möglichkeit, weitere Erfahrungen zu machen, die uns der Befreiung näher bringen und uns helfen werden, auch andere Lebewesen zu befreien. Sterben ist dann nicht mehr ein Grund zur Panik, sondern ein Anlass zu wirklicher Freude. Ob wir den Tod als furchtbar oder befreiend erleben, hängt von uns selbst ab, von unseren Handlungen und unserer inneren Arbeit. Wenn wir nicht bewusst an uns gearbeitet haben, werden wir wie ein Fisch sein, der an den Strand geworfen wird und sich im Todeskampf windet. Was im Tod bleibt, ist das, was unseren Geist seit langer Zeit geprägt hat. Es ist nicht schwierig, würdig zu sterben, wenn wir durch ein Leben der Praxis gut vorbereitet sind.[22]

---

22 Im folgenden Gedicht spricht Gendün Rinpotsche von *Annehmen* und *Aufgeben.* Dies bezieht sich auf das Kultivieren von heilsamen und das Unterlassen von nichtheilsamen Handlungen. Das willentliche Annehmen einer heilsamen Lebensweise und das vorsätzliche Aufgeben nichtheilsamer Handlungen sind im Zustand des Mahamudra überflüssig, da der vollkommen offene, nicht mehr ichbezogene Geist ohnehin spontan zum Wohle aller Lebewesen handelt.

Ein kleiner Gesang über die vollkommen reine Natur,
der meinem Mund entschlüpfte:

Königliche Sicht ist,
alle Vorstellungen von Subjekt und Objekt hinter sich zu lassen.
Königliche Meditation ist,
nichts zu tun, nicht zu meditieren und nicht abgelenkt zu sein.
Königliches Handeln ist,
frei von Anstrengung, Annehmen und Aufgeben zu sein.

Hoffnung und Furcht loslassend
offenbart sich die Frucht.
Jenseits aller Bezugspunkte, wo es keinen Geist gibt,
erstrahlt das Wesen des Geistes.
Ohne Stufen oder Pfade zu durchlaufen,
wird das Ende des Weges aller Buddhas erreicht.
Ohne Meditationsobjekte meditierend
wird unübertreffliche Buddhaschaft erlangt.

Gendün Rinpotsche

SARWA MAṄGALAṀ!
Möge alles glückverheißend sein!

Schlusswort

Ein auf das Wohl anderer ausgerichtetes Leben wird uns den Reichtum und die Güte des Dharma verstehen lassen. Frei von Eigeninteressen stellt uns der Dharma die Mittel zur Verfügung, mit denen wir uns aus allen Verwicklungen befreien können. Er bringt Licht ins Dunkel und lässt uns klar sehen. Wenn wir entdecken, wie der Dharma hilft, sich von Emotionen und allem damit verbundenen Leid zu befreien, beginnen wir, seine Kostbarkeit zu schätzen. Unser Verhältnis zum Dharma wird dann sehr innig – das ist die Frucht tiefen Zufluchtnehmens. Wir sind frei von Zweifeln und fragen uns nicht mehr: »Was soll ich machen? Bin ich auf dem richtigen Weg oder nicht?« Wir sind sicher, die wahre Bedeutung des Dharma verstanden zu haben. Große Einfachheit stellt sich ein und wir finden in lichte, klare Offenheit. Beschränkungen lösen sich auf – das Leben erhellt sich und im Licht des Dharma gewinnen alle Ereignisse eine klare Bedeutung. Das Leben verläuft reibungslos, wir gehen im Dharma auf und brauchen uns nicht mehr anzustrengen, ihn zu verstehen. Das Schwanken zwischen Vertrauen und Zweifeln hört auf, wir leben in Offenheit und Transparenz. Der Geist öffnet sich für die reine Sicht des Dharma: Alle Begegnungen, alle Ereignisse werden zu Unterweisungen und unser Leben wird einfach. In dieser Einfachheit brauchen wir keine großen Reden zu schwingen, brauchen weder uns selbst noch andere zu überzeugen und nicht angestrengt nachzudenken: Die Dinge sind offensichtlich. Die Wahrhaftigkeit des Dharma – seine Tiefe – zeigt sich auf natürliche Weise. Der Dharma kommt zu uns, weil sich unser Geist in wahrem Zufluchtnehmen öffnet. Eine tiefe, freudige Kraft entsteht und wir verstehen den Dharma wirklich.

Möge aus diesen Unterweisungen großer Nutzen
für alle Lebewesen, unsere ehemaligen Mütter, entstehen.
Mögen sie von Leid befreit sein
und sich der Freude jenseits aller Worte öffnen.

Index

A

B

D

H

I

J

K

L

M

N

O

P

Q

R

S

T

U

V

W

Z

Kontaktadressen

Dhagpo Möhra
Schedrub Tschöpel Ling
Zentrum für buddhistische Studien und Meditation
Hofmannshöhe 1
D – 36433 Bad Salzungen OT Möhra
info@dhagpo-moehra.org
www.dhagpo-moehra.org

Dhagpo Kündröl Ling
(Kloster und Klausurzentrum)
Le Bost, F – 63640 Biollet
www.dhagpo-kundreul.org

Dhagpo Kagyü Ling
Landrevie, B.P.2
F – 24290 St. Léon s/Vézère
contact@dhagpo.org
www.dhagpo.org

Ekayana Institut für zeitgemäßen Buddhismus
Raitenbucher Straße 17
D – 79853 Lenzkirch
info@ekayana-institut.de
www.ekayana-institut.de

Deutsche Buddhistische Union e.V. – Buddhistische Religionsgemeinschaft
Amalienstr. 71, D – 80799 München
info@dbu-brg.org
www.buddhismus-deutschland.de

Schweizerische Buddhistische Union (SBU)
CH – 3000 Bern
info@sbu.net
www.sbu.squarespace.com

Österreichische Buddhistische Religionsgemeinschaft - ÖBR
Fleischmarkt 16, Stiege 1
Ö – 1010 Wien
office@buddhismus-austria.at
www.buddhismus-austria.at

Verzeichnis der Vajra-Gesänge

Bildnachweis

Alle Zeichnungen wurden von dem Künstler Pierre Chauvet angefertigt und freundlicherweise Lama Tilmann Lhündrup zur Verfügung gestellt.

Weitere Bücher des Norbu Verlags

Shamar Rinpoche

Grenzenlose Weisheit

Ein Handbuch für die
Mahamudra-Praxis

»Versteht, dass es keine Beschäftigung im Leben gibt, die lohnender wäre als Meditation. (...)«

Paperback
252 Seiten | € 25,00
ISBN 978-3-944885-36-0

Lodjong
Der große Weg des Erwachens

Grundlagentexte des
Mahayana-Geistestraining

Beginnend mit Unterweisungen von Buddha Śākyamuni, ist der zentrale Text des Buches ein Kommentar von Djamgön Kongtrül Lodrö Thaye, in dem alle wesentlichen Elemente des Geistestrainings erläutert werden.

gebundene Ausgabe mit Schutzumschlag
2 Lesebändchen
416 Seiten | € 28,90
ISBN 978-3-940269-02-7

Gendün Rinpoche

Der große Pfau

Die Umwandlung der Emotionen im tibetischen Buddhismus

Paperback
144 Seiten | € 14,90
ISBN 978-3-940269-01-0

Gampopa

Die kostbare Girlande für den höchsten Weg

Mündliche Unterweisungen von Djetsün Gampopa

Paperback
104 Seiten | € 14,90
ISBN 978-3-944885-02-5

15. Karmapa Khakyab Dordje

Fortwährender Regen zum Wohle aller Wesen

Kommentar zur Meditation auf Avalokiteśvara

Broschüre
32 Seiten | € 8,00
ISBN 978-3-944885-06-3

Karmapa Rangdjung Dordje

Das Mahāmudrā-Wunschgebet des Wahren Sinnes

Broschüre
20 Seiten | € 6,00

ISBN 978-3-944885-05-6

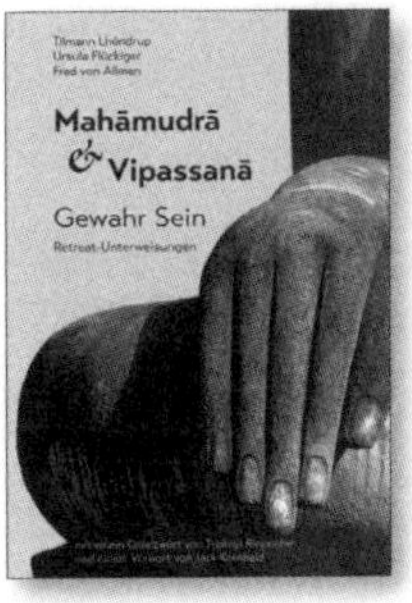

T. Borghardt, U. Flückiger, F. von Allmen

Mahāmudrā und Vipassanā

Gewahr sein, Retreatunterweisungen

gebundene Ausgabe
408 Seiten | € 26,90
ISBN 978-3-944885-07-0

Gampopa

Der kostbare Schmuck der Befreiung

Dritte, überarbeitete Auflage,
2 Lesebändchen

gebundene Ausgabe
304 Seiten | € 26,90
ISBN 978-3-940269-00-3